Cubierta:
*Mezquita Mayor, cúpulas,
1400, Bayezid I, Bursa.*

Guías temáticas *Museum With No Frontiers (MWNF)*

EL ARTE ISLÁMICO EN EL MEDITERRÁNEO | **TURQUÍA**

Los inicios del arte otomano
La herencia de los emiratos

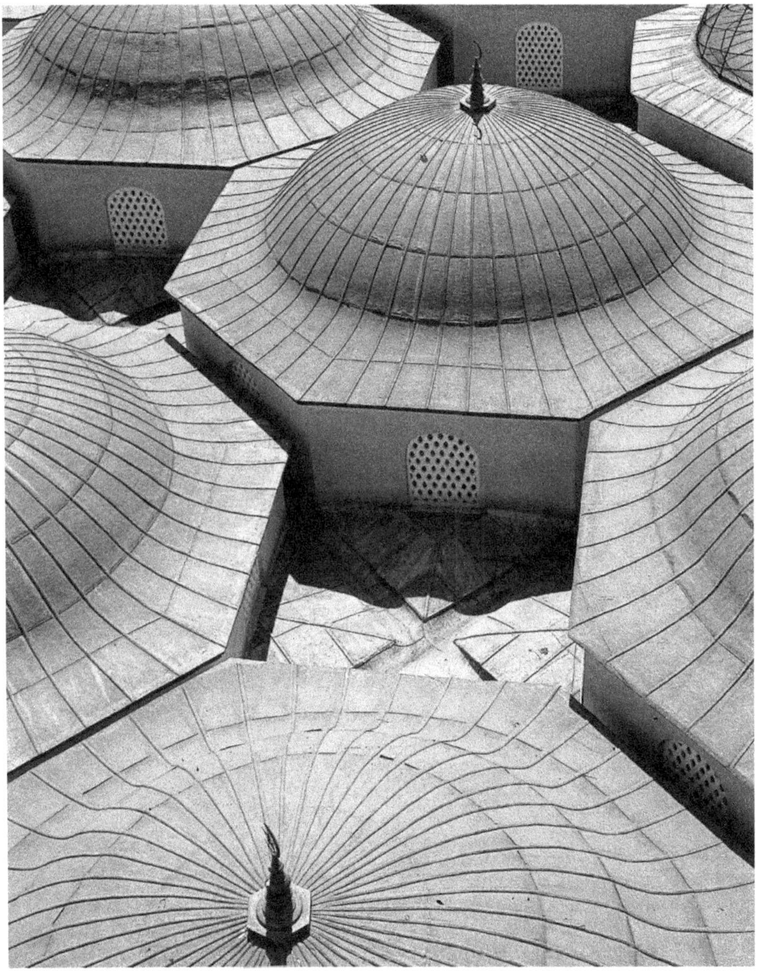

UNIÓN EUROPEA
Euromed Heritage

El Itinerario-Exposición Museum With No Frontiers
LOS INICIOS DEL ARTE OTOMANO: La herencia de los emiratos
ha sido inaugurada como parte de las actividades de la celebración del
700 Aniversario de la Fundación del Estado Otomano, ha sido cofinanciada
por la **Unión Europea** en el marco del Programa **Euromed Heritage**
y ha recibido el apoyo de las siguientes instituciones turcas e internacionales:

Ministerio de Cultura,
República de Turquía, Estambul

Universidad EGE, İzmir

Comité para la Celebración del 700 Aniversario
de la Fundación del Estado Otomano

Primera edición
© 2002 Ege University, Izmir & Museum With No Frontiers (textos e ilustraciones)
© 2002 Electa (Random House Mondadori, S.A.), Madrid, España & Museum With No Frontiers

Segunda edición
eBook
© 2010 Ege University, Izmir & Museum Ohne Grenzen | Museum With No Frontiers (textos e ilustraciones)
© 2010 Museum Ohne Grenzen | Museum With No Frontiers

Libro de bolsillo
© 2010 Ege University, Izmir & Museum Ohne Grenzen | Museum With No Frontiers (textos e ilustraciones)
© 2019 Museum Ohne Grenzen | Museum With No Frontiers, MWNF

ISBN: 978-3-902782-91-5 (eBook)
      978-3-902782-90-8 (libro de bolsillo)
Todos los derechos reservados.

Información: www.museumwnf.org

Museum Ohne Grenzen | Museum With No Frontiers (MWNF) hace todos los esfuerzos posibles por garantizar la exactitud de la información contenida en sus publicaciones. Sin embargo, MWNF no puede ser considerado responsable por posibles errores, omisiones o inexactitudes y declina toda responsabilidad en caso de accidente, de cualquier tipo, que pueda ocurrir durante las visitas propuestas.

Este libro se preparó entre 1998 y 2000. Toda la información práctica (como llegar, horarios, contactos, etc.) se refiere al momento de la preparación del libro y por lo tanto se recomienda comprobar los datos antes de programar una visita.

Las opiniones expresadas en esta obra no reflejan necesariamente las opiniones de la Unión Europea o de sus estados miembros.

Programa
Museum With No Frontiers
Idea y concepción general
Eva Schubert

Directora del proyecto
Gönül Öney, İzmir

Comité científico
Lale Bulut,
Universidad Ege, İzmir
Şakir Çakmak,
Universidad Ege, İzmir
Ertan Daş,
Universidad Ege, İzmir
Aydoğan Demir,
Universidad Ege, İzmir
Yekta Demiralp,
Universidad Ege, İzmir
İnci Kuyulu,
Universidad Ege, İzmir
Gönül Öney,
Universidad Ege, İzmir
Rahmi H. Ünal,
Universidad Ege, İzmir

Catálogo

Introducciones
Gönül Öney
Aydoğan Demir

Presentación de los recorridos
Comité científico

Edición científica
Gönül Öney
Rahmi H. Ünal

Revisión de los recorridos
Inci Türkoglu, Estambul

Edición técnica
Mehmet Kahyaoğlu, İzmir
Yavuz Tuna, İzmir

Fotografía
Ertan Daş, İzmir
Biblioteca Nacional Austriaca, Viena
Colección İş Bankası, Estambul
Biblioteca del Palacio Topkapı, Estambul

Mapa general
Yetka Demiralp, İzmir

Planos de los monumentos y esquemas
Şakir Çakmak, İzmir
Yetka Demiralp, İzmir

Introducción general
El Arte Islámico en el Mediterráneo

Texto
Jamila Binous, Túnez
Mahmoud Hawari, Jerusalén-Este
Manuela Marín, Madrid
Gönül Öney, İzmir

Planos
Şakir Çakmak, İzmir
Ertan Daş, İzmir
Yekta Demiralp, İzmir

Traducción
Miguel García López, Madrid

Revisión de textos
Rosalía Aller Maisonnave, Madrid

Diseño y maquetación
Agustina Fernández,
Electa España, Madrid
Christian Eckart,
MWNF, Viena (2ª edición)

Coordinación local
Mehmet Kahyaoğlu, İzmir
Yavuz Tuna, İzmir

Coordinación internacional

Coordinación General
Eva Schubert

*Coordinación Comités Científicos,
traducciones, edición y producción
de los catálogos (1ª edición)*
Sakina Missoum, Madrid

Agradecimientos

Agradecemos a las instituciones y personas abajo mencionadas su contribución a la realización de este proyecto:

Ministerio de Cultura, República de Turquía
Dirección General de Fundaciones de la Presidencia, República de Turquía
Dirección de Asuntos Religiosos de la Presidencia, República de Turquía
Fondo para la Propaganda de la Presidencia, República de Turquía
Comité para la Celebración del 700 Aniversario de la Fundación del Estado Otomano
Instituto Austriaco de Cultura, Estambul
Dirección del Museo del Palacio Topkapi, Estambul
Türkiye İş Bankası, Estambul
Biblioteca Nacional Austriaca, Viena
Kıymet Giray
Üstün Erek

Por otra parte, Museum With No Frontiers agradece

al Gobierno de España
Ministerio de Asuntos Exteriores y de Cooperación, Agencia Española de Cooperación Internacional para el Desarrollo (AECID)
Ministerio de Cultura

al Ministerio Federal de Asuntos Europeos e Internacionales, Austria
al Ministerio de Bienes y Actividades Culturales (Museo Nacional de Artes Orientales, Roma), Italia
al Secretariado de Estado para el Turismo, Portugal
al Museo de Antigüedades del Mediterráneo y de Oriente Próximo, Estocolmo, Suecia

así como
al Gobierno de la Región del Tirol (Austria) donde se instaló el proyecto piloto de los Itinerarios-Exposición de Museum With No Frontiers.

Referencias de fotografías

Véase la página 5, así como
Biblioteca Nacional Austriaca, Viena (páginas 84, 156, 159, 178, 190, 205 y 206)
Biblioteca del Palacio Topkapi, Estambul (páginas 40, 41, 42, 153, 157, 158, 177, 228 y 230)

Introducción general El Arte Islámico en el Mediterráneo
Ann & Peter Jousiffe (Londres), página 20 (Alepo)
Archivos Oronoz Fotógrafos (Madrid), página 23 (Alhambra, Granada)

Referencias de planos

Ayverdi, E. H. (Estambul, 1989), página 53 (*bedesten*, Edirne), página 54 (*han* Issız, Ulubat)
Çakmak, Ş. (İzmir, 1999), página 143 (decoración del portal de la mezquita Mayor, Bursa), página 168 (decoración del portal de la mezquita Yeşil, İznik), página 135 (decoración del portal de la mezquita Yeşil, Bursa)
Daş, E. (İzmir, 1998), página 52 (*turbe* de Saadet Hatun, Selçuk)
Demiralp, Y. (Ankara, 1999), página 147 (decoración de la fachada del *iwan* de la *madrasa* de Muradiye, Bursa), página 50 (*madrasa* de Yıldırım, Bursa)
Demiriz, Y. (Estambul, 1979), página 165 (*imaret* de Nilüfer Hatun, İznik)
Durukan, A. (Ankara, 1988), página 44 (mezquita de İlyas Bey, Balat)
Emir, S. (İzmir, 1994), página 184 (*zawiya* de Postinpuş Baba, Yenişehir)
Sönmez, Z. (Ankara, 1995), página 45 (mezquita Eski, Edirne), página 47 (mezquita de İsa Bey, Selçuk), página 48 (mezquita de Firuz Bey, Milas), página 49 (mezquita Üç Şerefeli, Edirne), página 51 (*turbe* Yeşil, Bursa), página 119 (mezquita Mayor, Manisa), página 136 (mezquita Yeşil, Bursa)
Ünal, R. H., página 46 (mezquita Mayor, Birgi), página 105 (mausoleo de Aydınoğlu Mehmed Bey, Birgi)

Introducción general El Arte Islámico en el Mediterráneo
Ettinghaussen, R., y Grabar, O. (Madrid, I, 1997), página 26 (mezquita de Damasco) y página 30 (Qasr al-Jayr al-Charqi)
Blair, S. S., y Bloom, J. M. (Madrid, II, 1999), página 19 (*madrasa* del Sultán Hassan)
Kuran, A. (Estambul, 1986), página 31 (*han* Sultan Aksaray)
Sönmez, Z. (Ankara, 1995), página 27 (mezquitas de Divriği y Estambul) y página 28 (mezquita de Sivas)
Viguera, S. (Madrid), página 28 (tipología de alminares)

Palabras liminares

El Itinerario-Exposición *LOS INICIOS DEL ARTE OTOMANO: La herencia de los emiratos* se ha realizado gracias al esfuerzo conjunto de Museo Sin Fronteras, la Comisión Europea, el Ministerio de Cultura de la República de Turquía y la Universidad Ege. Es la primera vez que se lleva a cabo un trabajo así en nuestro país. Creemos que exposiciones semejantes de los diferentes periodos serán de gran utilidad para la presentación del patrimonio cultural común del Mediterráneo.

Quiero aprovechar aquí la oportunidad de expresar nuestro agradecimiento a los miembros del Comité Científico, a los Directores de Producción, a nuestro rector el Dr. Rafet Saygılı, que ha puesto a nuestra disposición la ayuda y los recursos de la Universidad, y al Ministro de Cultura de la República de Turquía, Sr. İstemihan Talay, que nos ha apoyado de tantas maneras.

Les estamos también agradecidos a la dirección del Comité para la Celebración del 700 Aniversario de la Fundación del Estado Otomano, al Sr. Fikret Ünlü, Ministro de Estado de la República de Turquía, y a la Sra. Füsun Koroğlu, Subsecretaria Adjunta del Primer Ministro de la República de Turquía.

Asimismo, deseamos dar las gracias a las siguientes personas, que nos han ayudado a superar todas las dificultades: Sr. Fikret Üçcan, Subsecretario del Ministerio de Cultura, Sr. Tekin Aybaş, ex Subsecretario del Ministerio de Cultura, Sr. Alpay Pasinli, Director General de Monumentos y Antigüedades, Sr. Kenan Yurttagül, Director General en Funciones de Monumentos y Antigüedades y Ministro de Cultura, y Sra. Nilüfer Ertan, Directora del Departamento de Actividades Culturales del Ministerio de Cultura.

El extraordinario empeño puesto por la Sra. Eva Schubert ha sido la clave para salvar los problemas y organizar esta Exposición. En nombre del equipo turco, la felicito y le expreso nuestro profundo agradecimiento.

Dra. Gönül Öney
Directora del Proyecto

Advertencias

Transcripción del árabe

Se han utilizado los arabismos del castellano como "magreb", "alcazaba", "alminar", "zoco", etc. que han conservado el sentido de su lengua de procedencia y se ha respetado la transcripción fonética de los términos del dialecto árabe hablado en las diferentes regiones de Marruecos, suministrada por los propios autores. Para las demás palabras, hemos utilizado un sistema de transcripción simplificado, para el cual hemos optado por no transcribir la *hamza* inicial y por no diferenciar entre vocales breves y largas, que se transcriben por *a, i, u*.

La *ta' marbuta* se transcribe por *a* (estado absoluto) y *at* (seguida de un genitivo). La transcripción de las veintiocho consonantes árabes se indica en el cuadro siguiente:

ء	'	ح	h	ز	z	ط	t	ق	q	ه	h
ب	b	خ	kh	س	s	ظ	z	ك	k	و	u/w
ت	t	د	d	ش	sh	ع	'	ل	l	ي	y/i
ث	th	ذ	dh	ص	s	غ	gh	م	m		
ج	j	ر	r	ض	d	ف	f	ن	n		

Las palabras que aparecen en cursiva en el texto, salvo las que están seguidas por su traducción entre paréntesis, se encuentran en el glosario, acompañadas por una breve definición.

La era musulmana

La era musulmana comienza a partir del éxodo del Profeta Muhammad desde La Meca a Yathrib, que tomó entonces el nombre de Madina, "la Ciudad" por excelencia, la del Profeta. Acompañado de su pequeña comunidad (70 personas y miembros de su familia) recién convertida al Islam, el Profeta realizó *al-hiyra* (Hégira, literalmente "emigración") y se inició una nueva era.

La fecha de esta emigración está fijada al primer día del mes de *Muharram* del año 1 de la Hégira, que coincide con el 16 de julio del año 622 de la era cristiana. El año musulmán se compone de 12 meses lunares, cada mes tiene 29 ó 30 días. Treinta años constituyen un ciclo en el cual el 2.º, 5.º, 7.º, 10.º, 13.º, 16.º, 18.º, 21.º, 24.º, 26.º y 29.º año son años bisiestos de 355 días; los demás son años corrientes de 354 días. El año lunar musulmán es 10 u 11 días más corto que el año solar cristiano. Cada día empieza, no justo después de medianoche, sino inmediatamente después del ocaso, en el crepúsculo. La mayoría de los países musulmanes utiliza el calendario de la Hégira (que señala todas las fiestas religiosas) en paralelo con el calendario cristiano.

Las fechas

Las fechas aparecen primero según el calendario de la Hégira, seguidas de su equivalente en el calendario cristiano, tras una barra oblicua.

La fecha de la Hégira no figura cuando se trata de referencias procedentes de fuentes cristianas, de acontecimientos históricos europeos o que hayan tenido lugar en Europa, de dinastías cristianas y de fechas posteriores a la firma del tratado de 1856 que obligó a Marruecos a reconocer, entre otras cosas, el régimen de la protección.

La correspondencia de los años de un calendario a otro sólo puede ser exacta cuando se proporcionan el día y el mes. Para facilitar la lectura, hemos evitado los años intercalados y, cuando se trata de una fecha de la Hégira comprendida entre el final y el comienzo de un siglo, se mencionan directamente los dos siglos correspondientes.

Abreviaturas:
principio = p.; mediados = m.; primera mitad = p.m.; segunda mitad = s.m.; final = f.

Indicaciones prácticas

El Itinerario-Exposición *LOS INICIOS DEL ARTE OTOMANO: La herencia de los emiratos* está formado por ocho recorridos que se visitan en nueve días. Los recorridos del catálogo vienen indicados con números romanos, las ciudades y otros centros con numeración arábiga y los monumentos con letras. Al principio de cada recorrido, un mapa muestra los lugares y la clase de monumentos que lo componen. El visitante necesitará un mapa más detallado y planos de las ciudades para ir de un lugar a otro. Turquía tiene un sistema de transporte público muy práctico —los dolmuş o minibuses y los autobuses interurbanos—, pero es preciso informarse con antelación de los horarios.

En los planos, la ruta principal está indicada con una línea negra. Algunos monumentos son opcionales, y vienen indicados con un círculo gris, el mismo color que se ha utilizado para marcar el camino a esos monumentos. En los planos hay dos tipos de iconos: los grandes corresponden a los monumentos principales y los pequeños a los opcionales. Después del nombre de los monumentos aparece alguna información técnica (por ejemplo, la dirección, el horario, etc.).

Los textos impresos sobre fondo gris informan acerca de otros aspectos de interés de la región o la ciudad que se esté visitando.

Algunos sitios no están abiertos al público; Museo Sin Fronteras está tratando con las autoridades para conseguir que se abran.

Los edificios religiosos comprendidos en el Itinerario-Exposición no deben visitarse durante los oficios religiosos. Puesto que algunas mezquitas solo abren para la oración, la visita ha de realizarse poco antes o inmediatamente después de la plegaria. Hay que llevar ropa apropiada: no ir en pantalones cortos ni con los hombros descubiertos, y a las mujeres se les pedirá que se tapen el pelo con un pañuelo.

En términos generales, se ha mantenido la ortografía admitida por los diccionarios de español para las palabras turcas empleadas. La ortografía de los nombres propios de personas y lugares es la proporcionada por los autores del catálogo. Las palabras que aparecen en cursiva en el texto, salvo las acompañadas por su definición o explicación, se encuentran en el glosario.

Museo Sin Fronteras no se responsabiliza de los cambios de horarios producidos con posterioridad a la publicación del catálogo ni de los incidentes que pudieran ocasionarse durante la visita del Itinerario-Exposición.

Mehmet Kahyaoğlu
Yavuz Tuna
Directores de Producción

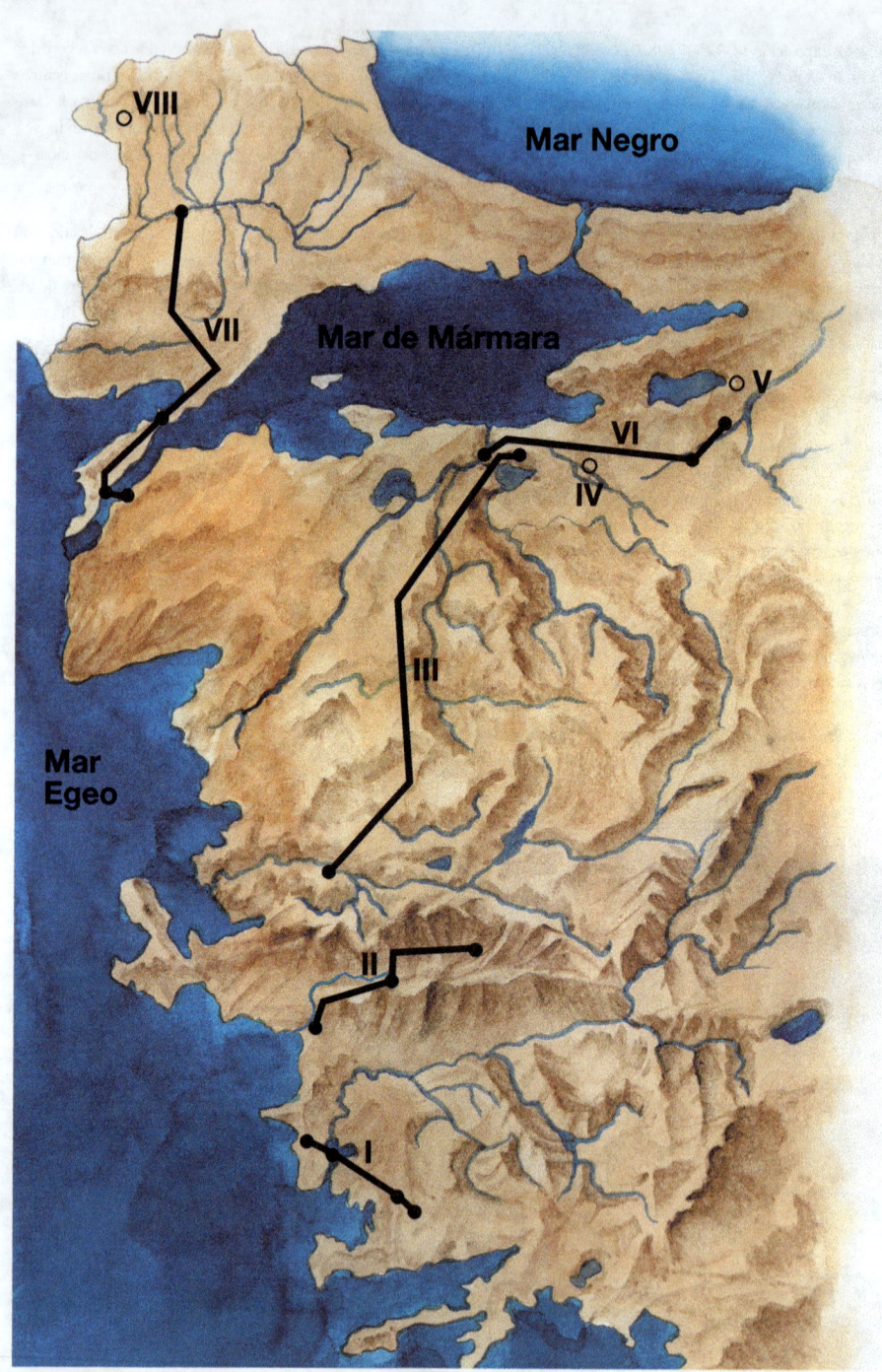

Sumario

15 **El Arte Islámico en el Mediterráneo**
Jamila Binous, Mahmoud Hawari, Manuela Marín, Gönül Öney

35 **Los inicios del arte otomano: la herencia de los emiratos**
Gönül Öney

38 **Historia de Anatolia occidental en los siglos XIV y XV**
Aydoğan Demir

44 **Arte y sociedad de los emiratos y del primer periodo otomano**
Gönül Öney

67 **Recorrido I**
El sultán de las costas
Aydoğan Demir, Yekta Demiralp, Rahmi H. Ünal
La enseñanza en las *madrasas*
Yekta Demiralp

87 **Recorrido II**
Los mecenas y los artistas
Lale Bulut, Ertan Daş, Aydoğan Demir, İnci Kuyulu
Las tradiciones funerarias turcas
Ertan Daş

111 **Recorrido III**
Manisa, la ciudad de los príncipes
Lale Bulut, Şakir Çakmak, Aydoğan Demir, Rahmi H. Ünal
El comercio en Anatolia
Rahmi H. Ünal

127 **Recorrido IV**
Bursa, la ciudad de los sultanes
Lale Bulut, Aydoğan Demir, Yekta Demiralp
La tradición del *hammam*
La batalla de Ankara
Aydoğan Demir

161 **Recorrido V**
Orhan Gazi, el sultán del pueblo
Lale Bulut, Aydoğan Demir, Rahmi H. Ünal
"Flores brotadas de las llamas": el arte de los azulejos y la cerámica en los siglos XIV y XV
Lale Bulut
La administración en el Estado otomano
Aydoğan Demir

181 **Recorrido VI**
Solidaridad social
Şakir Çakmak, Aydoğan Demir, Rahmi H. Ünal
*Tabhane*s, *zawiya*s y derviches itinerantes
Şakir Çakmak

193 **Recorrido VII**
La cerradura del mar
Şakir Çakmak, Aydoğan Demir
Los *waqfs*
Los jenízaros
Aydoğan Demir

209 **Recorrido VIII**
Terapia musical en el *daruşşifa*
Lale Bulut, Aydoğan Demir, İnci Kuyulu
Los palacios
İnci Kuyulu

233 **Glosario**

239 **Personajes históricos**

245 **Orientación bibliográfica**

247 **Autores**

LAS DINASTÍAS ISLÁMICAS EN EL MEDITERRÁNEO

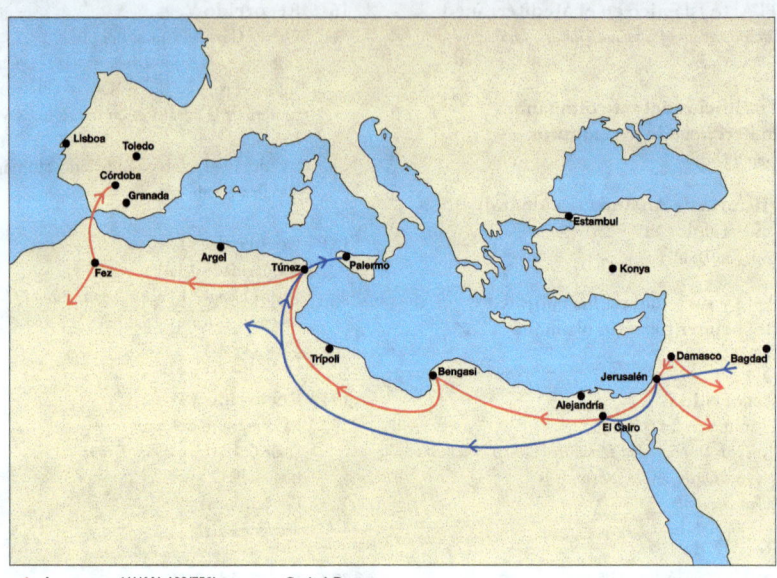

← Los omeyas (41/661-132/750)   Capital: Damasco
← Los abbasíes (132/750-656/1258)   Capital: Bagdad

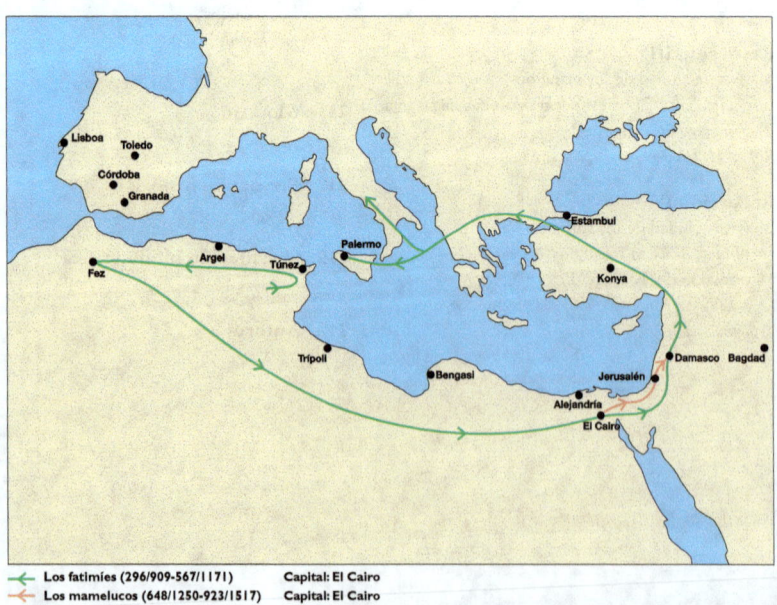

← Los fatimíes (296/909-567/1171)   Capital: El Cairo
← Los mamelucos (648/1250-923/1517)   Capital: El Cairo

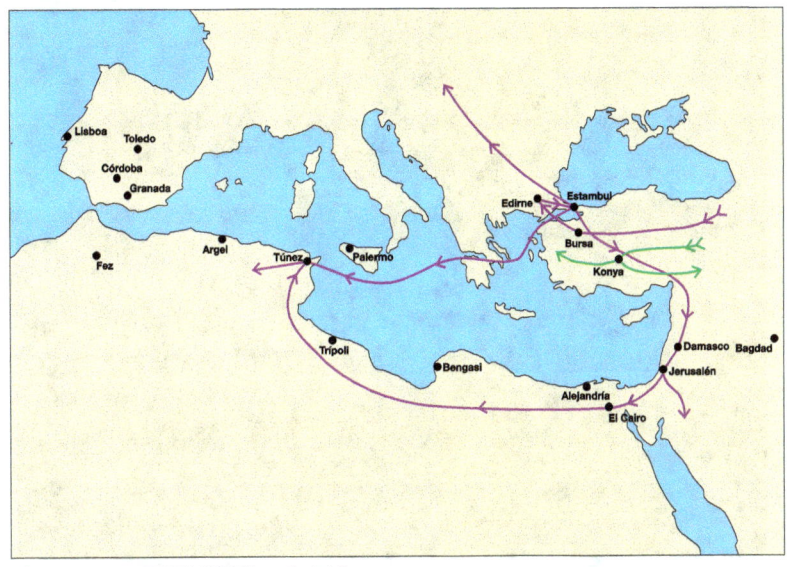

← **Los selyuquíes (571/1075-718/1318)**   Capital: Konya
← **Los otomanos (699/1299-1340/1922)**   Capital: Estambul

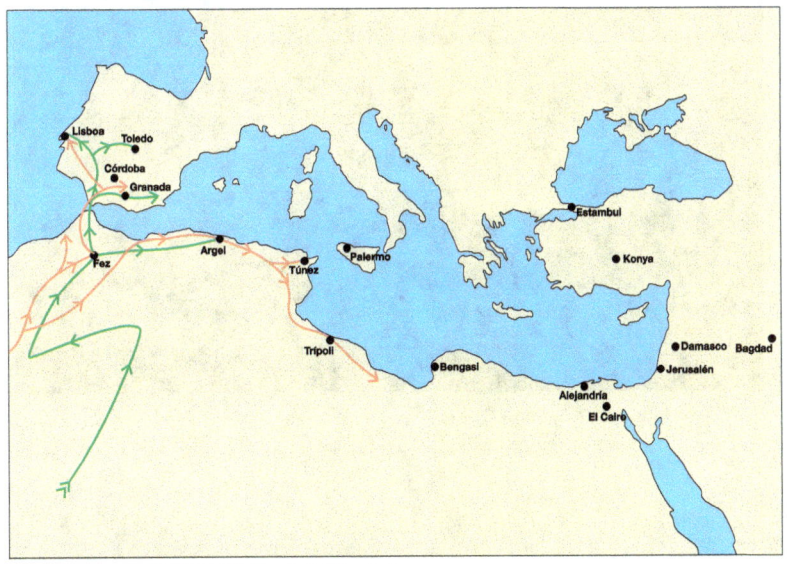

← **Los almorávides (427/1036-541/1147)**   Capital: Marrakech
← **Los almohades (515/1121-667/1269)**   Capital: Marrakech

Qusayr 'Amra,
pintura mural
en la Sala de Audiencia,
Badiya de Jordania.

EL ARTE ISLÁMICO EN EL MEDITERRÁNEO

Jamila Binous
Mahmoud Hawari
Manuela Marín
Gönül Öney

El legado islámico en el Mediterráneo

Desde la primera mitad del siglo I/VII, la historia de la Cuenca Mediterránea ha estado unida en casi igual proporción a la de dos culturas: el Islam y el Occidente cristiano. Esta extensa historia de conflicto y contacto ha generado una mitología ampliamente difundida por el imaginario colectivo, una mitología basada en la imagen de la otra cultura como el enemigo implacable, extraño y diferente y, como tal, incomprensible. Por supuesto, las batallas han salpicado los siglos transcurridos desde que los musulmanes se esparcieron desde la Península Arábiga y se apoderaron del Creciente Fértil, Egipto, y posteriormente del norte de África, Sicilia y la Península Ibérica, penetrando por la Europa occidental hasta el mismo sur de Francia. A principios del siglo II/VIII, el Mediterráneo estaba bajo control islámico.

Este impulso de expansión, de una intensidad raramente igualada en la historia, se llevaba a cabo en nombre de una religión que se consideraba heredera simultánea de sus dos predecesoras: el judaísmo y el cristianismo. Pero sería una inapropiada simplificación explicar la expansión islámica únicamente en términos religiosos. Existe una imagen muy extendida en Occidente que presenta el Islam como una religión de dogmas simples adaptados a las necesidades de la gente corriente y difundida por vulgares guerreros que habrían surgido del desierto blandiendo el Corán en las puntas de sus espadas. Esta burda imagen ignora la complejidad intelectual de un mensaje religioso que, desde el momento de su aparición, transformó el mundo. Se identifica esta imagen con una amenaza militar y se justifica así una respuesta en los mismos términos. Finalmente, reduce toda una cultura a uno solo de sus elementos —la religión— y, al hacerlo, la priva de su potencial de evolución y cambio.

Los países mediterráneos que se fueron incorporando progresivamente al mundo musulmán comenzaron sus respectivos trayectos desde puntos de partida muy diferentes. Por tanto, las formas de vida islámica que comenzaron a desarrollarse en cada uno de ellos fueron lógicamente muy diversas, aunque dentro de la unidad resultante de su común adhesión al nuevo dogma religioso. Es precisamente la capacidad de asimilar elementos de culturas previas (helenística, romana, etc.) uno de los rasgos distintivos que caracterizan a las sociedades islámicas. Si se restringe la observación al área geográfica del Mediterráneo, que era culturalmente muy heterogénea en el momento de la emergencia del Islam, se descubre rápidamente que este momento inicial no supuso ni mucho menos una ruptura con la historia previa. Se constata así la imposibilidad de imaginar un mundo islámico inmutable y monolítico, embarcado en el ciego seguimiento de un mensaje religioso inalterable.

Si algo se puede distinguir como *leitmotiv* presente en toda el área del Mediterráneo es la diversidad de expresión combinada con la armonía de sentimiento, un sentimiento más cultural que religioso. En la Península Ibérica —por empezar por el perímetro occidental del Mediterráneo— la presencia del Islam, impuesta inicialmente mediante la conquista militar, produjo una sociedad claramente diferenciada de la cristiana, pero en permanente contacto con ella. La importancia de la expresión cultural de esta sociedad islámica fue percibida como tal incluso después de que cesara de existir, y dio lugar a lo que tal vez sea uno de los componentes más originales de la cultura hispánica: el arte mudéjar. Portugal ha mantenido, a lo largo del periodo islámico, fuertes tradiciones mozárabes cuyas huellas siguen claramente visibles hoy en día. En Marruecos y Túnez, el legado andalusí quedó asimilado en las formas locales y sigue siendo evidente en nuestros días. El Mediterráneo occidental produjo formas originales de expresión que reflejan su evolución histórica conflictiva y plural.

Encajado entre Oriente y Occidente, el Mar Mediterráneo está dotado de enclaves terrestres como Sicilia, que corresponden a emplazamientos históricos estratégicos con siglos de antigüedad. Conquistada por los árabes que se habían establecido en Túnez, Sicilia siguió perpetuando la memoria histórica y cultural del Islam mucho después de que los musulmanes cesaran de tener presencia política en la isla. Las formas estéticas normandas conservadas en los edificios demuestran claramente que la historia de estas regiones no puede explicarse sin entender la diversidad de experiencias sociales, económicas y culturales que florecieron en su suelo.

En agudo contraste, pues, con la imagen inamovible a la que aludíamos al principio, la historia del Islam mediterráneo se caracteriza por una sorprendente diversidad. Está formada por una mezcla de gentes y caracteres étnicos, de desiertos y tierras fértiles. Aunque la religión mayoritaria fue la del Islam desde el principio de la Edad Media, también es cierto que las minorías religiosas mantuvieron cierta presencia. El idioma del Corán, el árabe clásico, ha coexistido en términos de igualdad con otros idiomas y dialectos del propio árabe. Dentro de un escenario de innegable unidad (religión musulmana, idioma y cultura árabes), cada sociedad ha evolucionado y respondido a los desafíos de la historia de una forma propia.

Aparición y desarrollo del arte islámico

En estos países, dotados de civilizaciones diversas y antiguas, fue surgiendo a finales del siglo II/VIII un nuevo arte impregnado de las imágenes de la fe islámica, que acabó imponiéndose en menos de cien años. Este arte dio origen a todo tipo de creaciones e innovaciones basadas en la unificación de las fórmulas y los procesos tanto decorativos como arquitectónicos de las diversas regiones, inspirándose simultáneamente en las tradiciones artísticas sasánidas, grecorromanas, bizantinas, visigóticas y beréberes.

El primer objetivo del arte islámico fue servir tanto a las necesidades de la religión como a los diversos aspectos de la vida socioeconómica. Y así aparecieron nuevos edificios destinados a usos religiosos, tales como las mezquitas y los santuarios. Por este motivo, la arquitectura desempeñó un papel central en el arte islámico, ya que gran parte de las otras artes están ligadas a ella. No obstante, al margen de la arquitectura, apareció un abanico de artes menores que encontraron su expresión artística a través de una amplia variedad de materiales, tales como la madera, la cerámica, los metales o el vidrio, entre otros muchos. En el caso de la alfarería, se recurrió a una amplia variedad de técnicas, entre las cuales sobresalen las piezas policromadas y lustradas. Se fabricaron también vidrios de gran belleza, alcanzándose un alto nivel en la realización de piezas adornadas con oro y esmaltes de colores brillantes. En la artesanía del metal, la técnica más sofisticada fue el trabajo en bronce con incrustaciones de plata o cobre. Se confeccionaron también tejidos y alfombras de alta calidad, con diseños basados en figuras geométricas, humanas y animales. Los manuscritos iluminados con ilustraciones en miniatura, por otra parte, representan un avance espectacular en las artes del libro. Toda esta diversidad en las manifestaciones menores refleja el esplendor alcanzado por el arte islámico.

Sin embargo, el arte figurativo quedó excluido del ámbito litúrgico del Islam, lo cual significa que permanece marginado con respecto al núcleo central de la civilización islámica y que solo es tolerado en su periferia. Los relieves son poco frecuentes en la decoración de los monumentos, mientras que las esculturas son casi planas. Esta ausencia se ve compensada por la gran riqueza ornamental de los revestimientos de yeso tallado, paneles de madera esculpida y mosaicos de cerámica vitrificada, así como frisos de *muqarnas* (mocárabe). Los elementos decorativos sacados de la naturaleza —hojas, flores, ramas— están estilizados al máximo y son tan complicados que casi no evocan sus fuentes de inspiración. La imbricación y la combinación de motivos geométricos, como rombos y polígonos, configuran redes entrelazadas que recubren por completo las superficies, dando lugar a formas llamadas "arabescos". Una innovación dentro del repertorio decorativo fue la introducción de elementos epigráficos en la ornamentación de los monumentos, el mobiliario y todo tipo de objetos. Los artesanos musulmanes recurrieron a la belleza de la caligrafía árabe, la lengua del Libro Sagrado, el Corán, no solo para la transcripción de los versos coránicos, sino simplemente como elemento decorativo para la orna-

Cúpula de la Roca, Jerusalén.

mentación de los estucos y los marcos de los paneles.

El arte estaba también al servicio de los soberanos. Para ellos los arquitectos construían palacios, mezquitas, escuelas, casas de baños, *caravansarays* y mausoleos que llevan a menudo el nombre de los monarcas. El arte islámico es, sobre todo, un arte dinástico. Con cada soberano aparecían nuevas tendencias que contribuían a la renovación parcial o total de las formas artísticas, según las condiciones históricas, la prosperidad de los diferentes reinos y las tradiciones de cada pueblo. A pesar de su relativa unidad, el arte islámico permitió así una diversidad propicia a la aparición de diferentes estilos, identificados con las sucesivas dinastías.

La dinastía omeya (41/661-132/750), que trasladó la capital del califato a Damasco, representa un logro singular en la historia del Islam. Absorbió e incorporó el legado helenístico y bizantino, y refundió la tradición clásica del Mediterráneo en un molde diferente e innovador. El arte islámico se formó, por tanto, en Siria, y la arquitectura, inconfundiblemente islámica debido a la personalidad de los fundadores, no perdió su relación con el arte cristiano y bizantino. Los más importantes monumentos omeyas son la Cúpula de la Roca de Jerusalén, el ejemplo más antiguo de santuario islámico monumental; la Mezquita Mayor de Damasco, que sirvió de modelo para las mezquitas posteriores; y los palacios del desierto de Siria, Jordania y Palestina.

Cuando el califato abbasí (132/750-656/1258) sustituyó a los omeyas, el centro político del Islam se trasladó desde el Mediterráneo hasta Bagdad, en Mesopotamia. Este factor influyó en el desarrollo de la civilización islámica, hasta el punto de que todo el abanico de manifestaciones culturales y artísticas quedó marcado por este cambio. El arte y la arquitectura abbasíes se inspiraban en tres grandes tradiciones: la sasánida, la asiática central y la selyuquí. La influencia del Asia central estaba presente ya en la arquitectura sasánida, pero en Samarra esta influencia se reflejó en la forma de trabajar el estuco con ornamentaciones de arabescos que rápidamente se difundiría por todo el mundo islámico. La influencia de los monumentos abbasíes se puede observar en los edificios construidos durante este período en otras regiones del imperio, pero especialmente en Egipto e Ifriqiya. La mezquita de Ibn Tulun (262/876-265/879), en El Cairo, es una obra maestra notable por su planta y por su unidad de concepción. Se inspiró en el modelo de la Mezquita Mayor abbasí de Samarra, sobre todo en su alminar en espiral. En Kairuán, la capital de Ifriqiya, los vasallos de los califas abbasíes, los aglabíes (184/800-296/909), ampliaron la Mezquita Mayor de Kairuán, una de las más venerables mezquitas *aljamas* del Magreb y cuyo *mihrab* está revestido con azulejos de Mesopotamia.

El reinado de los fatimíes (296/909-567/1171) representa un período notable en la historia de los países islámicos del Mediterráneo: el norte de África, Sicilia, Egipto y Siria. De sus construcciones arquitectónicas permanecen algunos ejemplos como testimonio de su gloria pasada: en el Magreb central, la Qal'a de los Bani Hammad y la mezquita de Mahdia; en Sicilia la Cuba (*Qubba*) y la Zisa

Mezquita de Kairuán, mihrab, Túnez.

Mezquita de Kairuán, alminar, Túnez.

Ciudadela de Alepo, vista de la entrada, Siria.

Complejo Qaluwun, El Cairo, Egipto.

(*al-'Aziza*), en Palermo, construidos por artesanos fatimíes bajo el reinado del rey normando Guillermo II; en El Cairo, la mezquita de al-Azhar es el ejemplo más prominente de la arquitectura fatimí egipcia.

Los ayyubíes (567/1171-648/1250), quienes derrocaron a la dinastía fatimí de El Cairo, fueron importantes mecenas de la arquitectura. Establecieron instituciones religiosas (*madrasas*, *janqas*) para la propagación del Islam sunní, así como mausoleos, establecimientos de beneficencia social e imponentes fortificaciones derivadas del conflicto militar con los cruzados. La ciudadela siria de Alepo es un ejemplo notable de su arquitectura militar.

Los mamelucos (648/1250-923/1517), sucesores de los ayyubíes que resistieron con éxito a los cruzados y a los mongoles, consiguieron la unidad de Siria y Egipto, y construyeron un imperio fuerte. La riqueza y el lujo que reinaban en la corte del sultán mameluco de El Cairo fueron la causa principal de que los artistas y arquitectos llegaran a desarrollar un estilo arquitectónico de extraordinaria elegancia. Para el mundo islámico, el período mameluco señala un momento de renovación y renacimiento. El entusiasmo de los mamelucos por la fundación de instituciones religiosas y por la reconstrucción de las existentes los sitúa entre los más grandes impulsores del arte y la arquitectura en la historia del Islam. Constituye un ejemplo típico de este período la

Mezquita de Hassan (757/1356), una mezquita funeraria de planta cruciforme en la que los cuatro brazos de la cruz están formados por cuatro *iwan*s que circundan un patio central.

Anatolia fue el lugar de nacimiento de dos grandes dinastías islámicas: los selyuquíes (571/1075-718/1318), quienes introdujeron el Islam en la región, y los otomanos (699/1299-1340/1922), quienes pusieron fin al imperio bizantino con la toma de Constantinopla, consolidando su hegemonía en toda la región.

Mezquita Selimiye, vista general, Edirne, Turquía.

El arte y la arquitectura selyuquíes dieron lugar a un floreciente estilo propio a partir de la fusión de las influencias provenientes de Asia central, Irán, Mesopotamia y Siria con elementos derivados del patrimonio de la Anatolia cristiana y la antigüedad. Konya, la nueva capital de la Anatolia central, al igual que otras ciudades, fue enriquecida con numerosos edificios construidos en este nuevo estilo selyuquí. Son numerosas las mezquitas, *madrasa*s, *turbe*s y *caravansaray*s que han llegado hasta nuestros días, lujosamente decorados por estucos y azulejos con diversas representaciones figurativas.

A medida que los emiratos selyuquíes se desintegraban y Bizancio entraba en declive, los otomanos fueron ampliando rápidamente su territorio y trasladaron la capital de Iznik a Bursa y luego otra vez a Edirne. La conquista de Constantinopla en 858/1453 por el sultán Mehmet II imprimió el necesario impulso para la transición desde un estado emergente a un gran imperio, una superpotencia cuyas fronteras llegaban hasta Viena, incluyendo los Balcanes al oeste e Irán al este, así como el norte de África desde Egipto hasta Argelia. El Mediterráneo se convirtió, pues, en un mar otomano. La carrera por superar el esplendor de las iglesias bizantinas heredadas, cuyo máximo ejemplo es Santa Sofía, cul-

Cerámica del palacio Kubadabad, museo Karatay, Konya, Turquía.

Mezquita Mayor de Córdoba, mihrab, España.

Madinat al-Zahra', Dar al-Yund, España.

minó en la construcción de las grandes mezquitas de Estambul. La más significativa de ellas es la mezquita Süleymaniye, concebida en el siglo X/XVI por el famoso arquitecto otomano Sinán, que constituye el ejemplo más significativo de armonía arquitectónica en edificios con cúpula. La mayoría de las grandes mezquitas otomanas formaba parte de extensos conjuntos de edificios llamados *külliye*, compuestos por varias *madrasa*s, una escuela coránica, una biblioteca, un hospital (*darüssifa*), un hostal (*tabjan*), una cocina pública, un *caravansaray* y varios mausoleos. Desde principios del siglo XII/XVIII, durante el llamado Período del Tulipán, el estilo arquitectónico y decorativo otomano reflejó la influencia del Barroco y el Rococó franceses, anunciando así la etapa de occidentalización de las artes y la arquitectura islámicas.

Situado en el sector occidental del mundo islámico, al-Andalus se convirtió en la cuna de una forma de expresión artística y cultural de gran esplendor. Abderramán I estableció un califato omeya independiente (138/750-422/1031) cuya capital era Córdoba. La Mezquita Mayor de esta ciudad habría de convertirse en predecesora de las tendencias artísticas más innovadoras, con elementos como los arcos superpuestos bicolores y los paneles con ornamentación vegetal, que pasarían a formar parte del repertorio de formas artísticas andalusíes.

En el siglo V/XI, el Califato de Córdoba se fragmentó en una serie de principados incapaces de hacer frente al progresivo avance de la Reconquista, iniciada por los estados cristianos del noroeste de la Península Ibérica. Estos reyezuelos, o Reyes de Taifa, recurrieron a los almorávides en 479/1086 y a los almohades en 540/1145, para repeler el avance cristiano y restablecer parcialmente la unidad de al-Andalus.

A través de su intervención en la Penísula Ibérica, los almorávides (427/1036-541/1147) entraron en contacto con una nueva civilización y quedaron inmediatamente cautivados por el refinamiento del arte andalusí, como lo refleja su capital Marrakech, donde construyeron una gran mezquita y varios palacios. La influencia de la arquitectura de Córdoba y otras capitales como Sevilla se hizo sentir en todos los monumentos almorávides desde Tlemcen o Argel hasta Fez.

Mezquita de Tinmel, vista aérea, Marruecos.

Bajo el dominio de los almohades (515/1121-667/1269), quienes extendieron su hegemonía hasta Túnez, el arte islámico occidental alcanzó su momento de máximo apogeo. Durante este período, se renovó la creatividad artística que se había originado bajo los soberanos almorávides y se crearon varias obras maestras del arte islámico. Entre los ejemplos más notables se encuentran la Mezquita Mayor de Sevilla, con su alminar, la Giralda; la Kutubiya de Marrakech; la mezquita de Hassan de Rabat; y la Mezquita de Tinmel, en lo alto de las Montañas del Atlas marroquí.

Torre de las Damas y jardines, la Alhambra, Granada, España.

Tras la disolución del imperio almohade, la dinastía nazarí (629/1232-897/1492) se instaló en Granada y alcanzó su esplendor en el siglo VIII/XIV. La civilización de Granada había de convertirse en un modelo cultural durante los siglos venideros en España (el arte mudéjar) y sobre todo en Marruecos, donde esta tradición artística disfrutó de gran popularidad y se ha conservado hasta nuestros días en la arquitectura, la decoración, la música y la cocina. El famoso palacio y fuerte de *al-Hamra'*

Mértola, vista general, Portugal.

Friso epigráfico con caracteres cursivos sobre azulejos, madrasa Buinaniya, Mequinez, Marruecos.

(la Alhambra) de Granada señala el momento cumbre del arte andalusí y posee todos los elementos de su repertorio artístico.

En Marruecos, los meriníes (641/1243-876/1471) sustituyeron en la misma época a los almohades, mientras que en Argelia reinaban los Abd al-Wadid (633/1235-922/1516) y en Túnez los hafsíes (625/1228-941/1534). Los meriníes perpetuaron el arte andalusí, enriqueciéndolo con nuevos elementos. Embellecieron la capital Fez con numerosas mezquitas, palacios y *madrasas*, considerados todos estos edificios, con sus mosaicos de cerámica y sus paneles de *zelish* decorando los muros, como los ejemplos más perfectos del arte islámico. Las últimas dinastías marroquíes, la de los saadíes (933/1527-1070/1659) y la de los alauíes (1070/1659-hasta hoy), prosiguieron la tradición artística de los andalusíes exiliados de su tierra nativa en 897/1492. Para construir y decorar sus monumentos, estas dinastías siguie-

Qal'a de los Bani Hammad, alminar, Argelia.

Tumba de los Saadíes, Marrakech, Marruecos.

ron recurriendo a las mismas fórmulas y a los mismos temas decorativos que las dinastías precedentes, y añadieron toques innovadores propios de su genio creativo. A principios del siglo XI/XVII, los emigrantes andalusíes (los moriscos) que establecieron sus residencias en las ciudades del norte de Marruecos, introdujeron allí numerosos elementos del arte andalusí. Actualmente, Marruecos es uno de los pocos países que ha mantenido vivas las tradiciones andalusíes en la arquitectura y el mobiliario, modernizadas por la incorporación de técnicas y estilos arquitectónicos del siglo XX.

LA ARQUITECTURA ISLÁMICA

En términos generales, la arquitectura islámica puede clasificarse en dos categorías: religiosa, como es el caso de las mezquitas y los mausoleos, y secular, como en los palacios, los *caravansarays* o las fortificaciones.

Arquitectura religiosa

Mezquitas

Por razones evidentes, la mezquita ocupa el lugar central en la arquitectura islámica. Representa el símbolo de la fe a la que sirve. Este papel simbólico fue comprendido por los musulmanes en una etapa muy temprana, y desempeñó un papel importante en la creación de adecuados signos visibles para el edificio: el alminar, la cúpula, el *mihrab* o el *mimbar*.

La primera mezquita del Islam fue el patio de la casa del profeta en Medina, desprovista de cualquier refinamiento arquitectónico. Las primeras mezquitas construidas por los musulmanes a medida que se expandía su imperio eran de gran sencillez. A partir de aquellos primeros edificios se desarrolló la mezquita congregacional o mezquita del viernes (*yami'*), cuyos elementos esenciales han permanecido inalterados durante casi 1400 años. Su planta general consiste en un gran patio rodeado de galerías con arcos, cuyo número de arcadas es más elevado en el lado orientado hacia la Meca (*qibla*) que en los otros lados. La Mezquita Mayor omeya de Damasco, cuya planta se inspira en la mezquita del Profeta, se convirtió en el prototipo de muchas mezquitas construidas en diversas partes del mundo islámico.

Otros dos tipos de mezquitas se desarrollaron en Anatolia y posteriormente en los dominios otomanos: la mezquita basilical y la mezquita con cúpula. La primera tipología consiste en una simple basílica o sala de columnas inspirada en las tradiciones romana tardía y bizantina siria, introducidas con ciertas modificaciones durante el siglo V/XI. En la segunda tipología, que se desarrolló durante el período otomano, el espacio interior

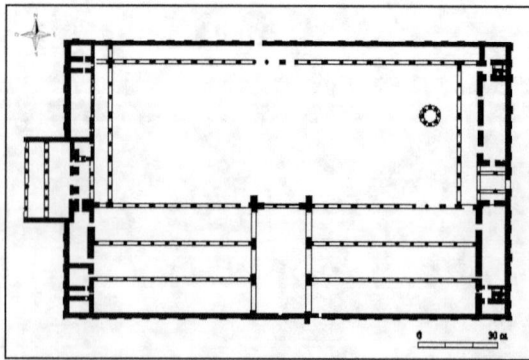

Mezquita omeya de Damasco, Siria.

se organiza bajo una cúpula única. Los arquitectos otomanos crearon en las grandes mezquitas imperiales un nuevo estilo de construcción con cúpulas, fusionando la tradición de la mezquita islámica con la edificación con cúpula en Anatolia. La cúpula principal descansa sobre una estructura de planta hexagonal, mientras que las crujías laterales están cubiertas por cúpulas más pequeñas. Este énfasis en la creación de un espacio interior dominado por una única cúpula se convirtió en el punto de partida de un estilo que habría de difundirse en el siglo X/XVI. Durante este período, las mezquitas se convirtieron en conjuntos sociales multifuncionales formados por una *zawiya*, una *madrasa*, una cocina pública, unas termas, un *caravansaray* y un mausoleo dedicado al fundador. El monumento más importante de esta tipología es la mezquita Süleymaniye de Estambul, construida en 965/1557 por el gran arquitecto Sinán.

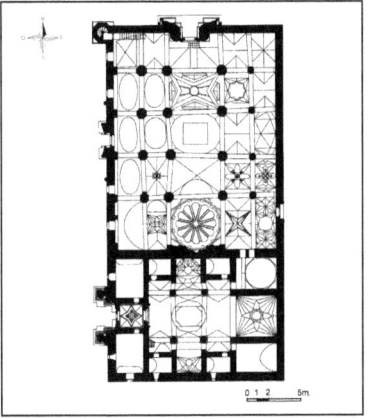

Mezquita Mayor de Divriği, Turquía.

El alminar desde lo alto del cual el *muecín* llama a los musulmanes a la oración, es el signo más prominente de la mezquita. En Siria, el alminar tradicional consiste en una torre de planta cuadrada construida en piedra. Los alminares del Egipto mameluco se dividen en tres partes: una torre de planta cuadrada en la parte inferior, una sección intermedia de planta octogonal y una parte superior cilíndrica rematada por una pequeña cúpula. Su cuerpo central está ricamente decorado y la zona de transición entre las diversas secciones está recubierta con una franja decorativa de mocárabe. Los alminares norteafricanos y españoles, que comparten la torre cuadrada con los sirios, están decorados con paneles de motivos ornamentales dispuestos en torno a ventanas geminadas. Durante el período otomano las torres cuadradas fueron sustitui-

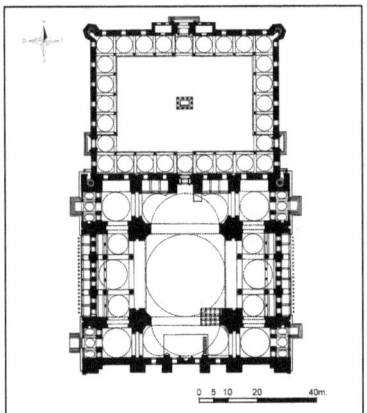

Mezquita Süleymaniye, Estambul, Turquía.

Tipología de alminares.

das por alminares octogonales y cilíndricos. Suelen ser alminares puntiagudos de gran altura y, aunque las mezquitas sólo suelen tener un único alminar, en las ciudades más importantes pueden tener dos, cuatro o incluso seis.

Madrasas

Parece probable que fueran los selyuquíes quienes construyeran las primeras *madrasa*s en Persia a principios del siglo V/XI, cuando se trataba de pequeñas edificaciones con una sala central con cúpula y dos *iwan*s laterales. Posteriormente se desarrolló una tipología con un patio abierto y un *iwan* central rodeados de galerías. En Anatolia, durante el siglo VI/XII, la *madrasa* se transformó en un edificio multifuncional que servía como escuela médica, hospital psiquiátrico, hospicio con comedores públicos (*imaret*) y mausoleo.

La difusión del Islam ortodoxo sunní alcanzó un nuevo momento cumbre en Siria y Egipto bajo el reinado de los zenyíes y los ayyubíes (siglos VI/XII - p. VII/XIII). Esto condujo a la aparición de la *madrasa* fundada por un dirigente cívico o político en aras del desarrollo de la jurisprudencia islámica. La fundación venía seguida de la concesión de una dotación financiera en perpetuidad (*waqf*), generalmente las rentas de unas tierras o propiedades en la forma de un pomar, unas tiendas en algún mercado (*suq*) o unas termas (*hammam*). La *madrasa* respondía tradicionalmente a una planta cruciforme con un patio central rodeado de cuatro *iwan*s. Esta edificación no tardó en convertirse en la forma arquitectónica dominante, a partir de la cual las mezquitas adoptaron la planta de cuatro *iwan*s. Posteriormente, fue

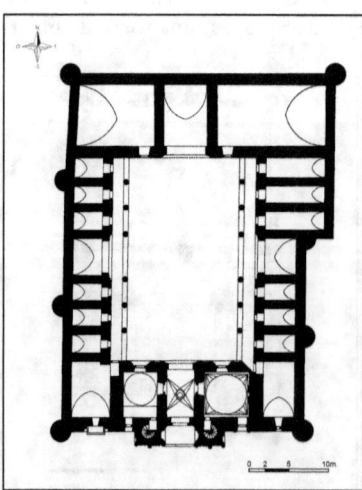

Madrasa de Sivas Gök, Turquía.

perdiendo su exclusiva función religiosa y política como instrumento de propaganda y comenzó a asumir funciones cívicas más amplias, como mezquita congregacional y como mausoleo en honor del benefactor. La construcción de *madrasas* en Egipto y especialmente en El Cairo adquirió un nuevo impulso con la llegada de los mamelucos. La típica *madrasa* cairota de esta época consistía en un gigantesco edificio con cuatro *iwans*, un espléndido portal de mocárabe (*muqarnas*) y unas espléndidas fachadas. Con la toma del poder por parte de los otomanos en el siglo X/XVI, las dobles fundaciones conjuntas —las típicas mezquitas-*madrasas*— se difundieron en forma de extensos conjuntos que gozaban del patronazgo imperial. El *iwan* fue desapareciendo gradualmente, sustituido por la sala con cúpula dominante. El aumento sustancial en el número de celdas con cúpulas para estudiantes constituye uno de los elementos que caracterizan las *madrasas* otomanas.

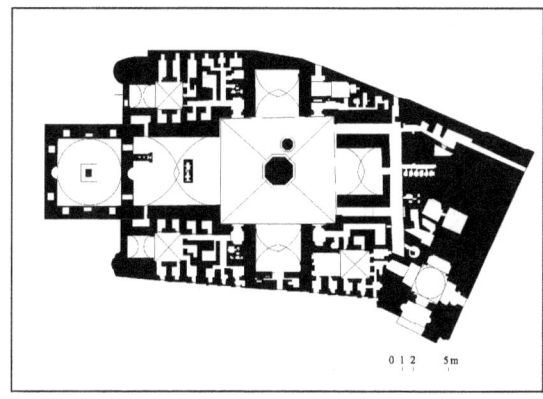

Mezquita y madrasa Sultán Hassan, El Cairo, Egipto.

Una de las varias tipologías de edificios que puede relacionarse con la *madrasa* en virtud tanto de su función como de su forma es la *janqa*. Este término, más que a un tipo concreto de edificio, se refiere a una institución que aloja a los miembros de una orden mística musulmana. Los historiadores han utilizado también los siguientes términos como sinónimos de *janqa*: en el Magreb, *zawiya*; en el mundo otomano, *tekke*; y en general, *ribat*. El sufismo dominó de forma permanente el uso de la *janqa*, que se originó en el este de Persia durante el siglo IV/X. En su forma más simple, la *janqa* era una casa donde un grupo de discípulos se reunía en torno a un maestro (*chayj*) y estaba equipada con instalaciones para la celebración de reuniones, la oración y la vida comunitaria. La fundación de *janqas* floreció bajo el dominio de los selyuquíes en los siglos V/XI y VI/XII, y se benefició de la estrecha asociación entre el sufismo y el *madhab chafi'i* (doctrina), favorecida por la elite dominante.

Mausoleos

La terminología utilizada por las fuentes islámicas para referirse a la tipología del mausoleo es muy variada. El término descriptivo corriente de *turba* hace referencia a la función del edificio como lugar de enterramiento. Otro término, el de *qubba*, hace hincapié en lo más identificable, la cúpula, y a menudo se

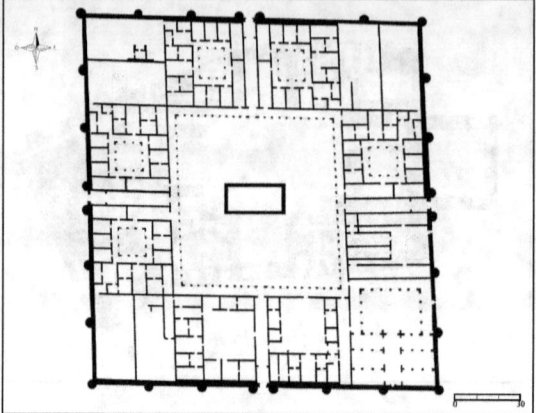

Qasr al-Jayr al-Charqi, Siria.

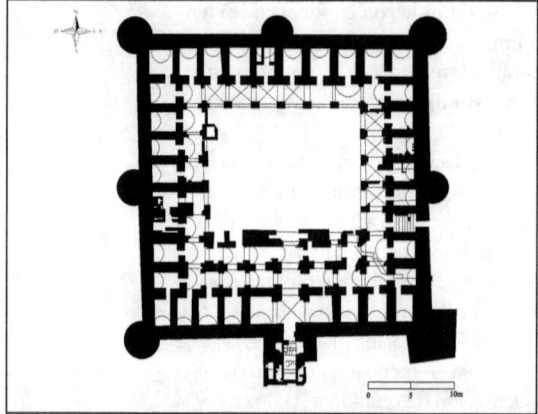

Ribat de Susa, Túnez.

aplica a una estructura donde se conmemora a los profetas bíblicos, a los compañeros del Profeta Muhammad o a personajes notables, ya sean religiosos o militares. La función del mausoleo no se limita exclusivamente a la de lugar de enterramiento y conmemoración, sino que desempeña también un papel importante para la práctica "popular" de la religión. Son venerados como tumbas de los santos locales y se han convertido en lugares de peregrinación. A menudo, estas edificaciones suelen estar ornamentadas con citas coránicas y dotadas de un *mihrab* que los convierte en lugares de oración. En algunos casos, el mausoleo forma parte de alguna edificación contigua. Las formas de los mausoleos islámicos medievales son muy variadas, pero la forma tradicional tiene la planta cuadrada y está rematada por una cúpula.

Arquitectura secular

Palacios

El período omeya se caracteriza por los palacios y las casas de baños situados en remotos parajes desérticos. Su planta básica proviene de los modelos militares romanos. Aunque la decoración de estas edificaciones es ecléctica, constituyen los mejores ejemplos del incipiente estilo decorativo islámico. Entre los medios utilizados para llevar a cabo esta notable diversidad de motivos decorativos se encuentran los mosaicos, las pinturas murales y las esculturas de piedra o estuco. Los palacios abbasíes de Irak, tales como los de Samarra y Ujaydir, responden al mismo esquema en planta que sus predecesores omeyas, pero sobresalen por su mayor tamaño, el uso de un gran *iwan*, una cúpula y un patio, así como por el recurso generalizado a las decoraciones de estuco. Los palacios del período islámico tardío desarrollaron un estilo característico diferente, más decorativo y menos monumental. El ejemplo más notable de palacio real o principesco es La Alhambra. La amplia superficie del palacio se fragmenta en una serie de unidades independientes: jardines, pabellones y patios. Sin embargo, el rasgo más sobresaliente de La Alhambra es la decoración, que brinda una atmósfera extraordinaria al interior del edificio.

Caravansarays

El *caravansaray* suele hacer referencia a una gran estructura que ofrece alojamiento a viajeros y comerciantes.

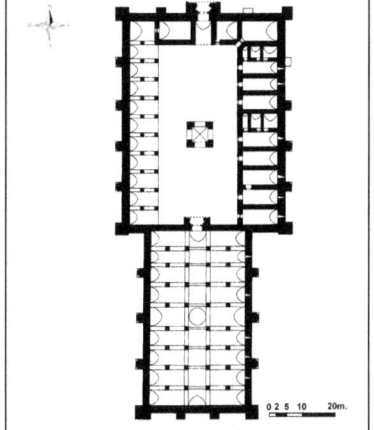

Jan Sultan Aksaray, Turquía.

Generalmente es de planta cuadrada o rectangular, y ofrece una única entrada monumental saliente y torres en los muros exteriores. En torno a un gran espacio central rodeado por galerías se organizan habitaciones para los viajeros, almacenes de mercancía y establos.

Esta tipología de edificio responde a una amplia variedad de funciones, como lo demuestran sus múltiples denominaciones: *jan*, *han*, *funduq* o *ribat*. Estos términos señalan diferencias lingüísticas regionales más que distinciones funcionales o tipológicas. Las fuentes arquitectónicas de los diversos tipos de *caravansarays* son difíciles de identificar. Algunas derivan tal vez del *castrum* o campamento militar romano, con el que se relacionan los palacios omeyas del desierto. Otras tipologías, como las frecuentes en Mesopotamia o Persia, se asocian más bien a la arquitectura doméstica.

Organización urbana

Desde aproximadamente el siglo III/X, cualquier ciudad de cierta importancia se dotó de torres y muros fortificados, elaboradas puertas urbanas y una prominente ciudadela (*qal'a* o alcazaba) como asentamiento del poder. Estas últimas son construcciones realizadas con materiales característicos de la región circundante: piedra en Siria, Palestina y Egipto, o ladrillo, piedra y tapial en la Península Ibérica y el norte de África. Un ejemplo singular de arquitectura militar es el *ribat*. Desde el punto de vista técnico, consistía en un palacio fortificado destinado a los guerreros islámicos que se consagraban, ya fuera provisional o permanentemente, a la defensa de las fronteras. El *ribat* de Susa, en Túnez, recuerda los primeros palacios islámicos, pero difiere de ellos en su distribución interior con grandes salas, así como por su mezquita y alminar.

La división en barrios de la mayoría de las ciudades islámicas se basa en la afinidad étnica y religiosa, y constituye por otra parte un sistema de organización urbana que facilita la administración cívica. En cada barrio hay siempre una mezquita. En el interior o en sus proximidades hay, además, una casa de baños, una fuente, un horno y una agrupación de tiendas. Su estructura está formada por una red de calles y callejones, y un conjunto de viviendas. Según la región y el período, las casas adoptan diferentes rasgos que responden a las distintas tradiciones históricas y culturales, el clima o los materiales de construcción disponibles.

El mercado (*suq*), que actúa como centro neurálgico de los negocios locales, es de hecho el elemento característico más relevante de las ciudades islámicas. La distancia del mercado a la mezquita determina su organización espacial por gremios especializados. Por ejemplo, las profesiones consideradas limpias y honorables (libreros, perfumeros y sastres) se sitúan en el entorno inmediato de la mezquita, mientras que los oficios asociados al ruido y el mal olor (herreros, curtidores, tintoreros) se sitúan progresivamente más lejos de ella. Esta distribución topográfica responde a imperativos basados estrictamente en criterios técnicos.

Mezquita Mayor, estatua de león reutilizada en la esquina suroriental, 1312-1313, Mehmet Bey, Birgi.

restos de vías flanqueadas por columnas, de mercados, gimnasios, teatros, palacios, *hammams*, estadios, acueductos y estatuas que vemos en las ciudades griegas y romanas son representativos de la deslumbrante creatividad de aquella época.

Tras la caída del imperio romano, sobre todo durante el primer periodo cristiano y la primera época bizantina (siglos IV a VI d. C.), Anatolia occidental alcanzó un nuevo auge cultural. Ciudades antiguas como Pérgamo, Sardis, Éfeso, Priene, Mileto e Hierápolis conservaron su importancia durante el imperio bizantino, cuyo legado arquitectónico y sistema viario contribuyeron al rápido desarrollo de la vida cultural y comercial de la península en los siglos XIV y XV.

En el periodo selyuquí (1077-1318) vieron la luz los primeros frutos del arte turco en Anatolia. Durante la época dorada del Estado selyuquí, la influencia de Persia, Siria e Irak —tierras que los turcos habían atravesado en su migración desde Asia central— se amalgamó con el propio acervo cultural y artístico de siglos de Anatolia. Aquí y allá resulta clara la heterogeneidad, en la que reconocemos elementos bizantinos, centroasiáticos, persas, árabes y de la antigüedad clásica, al tiempo que se hacen evidentes los planteamientos y la indagación estética exclusivos de los selyuquíes. El periodo de los emiratos que siguió al poder selyuquí absorbió su herencia, pero la encauzó hacia nuevos experimentos y búsquedas. El emirato de Menteşe gobernaba en Halicarnaso (hoy Bodrum), la famosa ciudad de la civilización clásica, y Mileto, así como en Milas, Muğla y Beçin; el de Aydın comprendía la antigua Tralle (Aydın), Éfeso (Efes o Selçuk) y Teo (Seferihisar), junto con Tire, Birgi e İzmir; el de Saruhan dominaba el territorio desde la antigua Magnesia ad Spilum (Manisa) hasta Pérgamo (Bergama); el de Karasi ocupaba la zona de Balıkesir; por último, el emirato otomano ocupó primero la región entre la famosa ciudad bizantina de Nicea (İznik) y Bursa y, posteriormente, gobernó una amplia zona que llegaba hasta Edirne. Los materiales de expolio como columnas, capiteles y basas de las épocas clásica y bizantina, que con frecuencia se ven reutilizados en puertas monumentales y muros de edificios de este periodo, son un recordatorio del legado de siglos en la región.

En el periodo otomano, al tiempo que cobraron fuerza el sufismo, el islamismo y viejas tradiciones turcas como las organizaciones *ahi*s, la vida social y cultural empezó a tender al cosmopolitismo bajo

Los inicios del arte otomano: La herencia de los emiratos

la influencia de Bizancio (especialmente Constantinopla), de los Balcanes y de los países musulmanes del Mediterráneo. La presencia de poetas, jeques en viaje, artesanos y *derviches* daba colorido al palacio otomano. La lengua turca fue el factor unificador del mosaico de pueblos de Anatolia. La fuerte tradición islámica no pudo impedir que muchos edificios bizantinos adquirieran nuevas funciones. Por ejemplo, Orhan Gazi transformó la famosa iglesia de Santa Sofía (Ayasofya) de İznik en una mezquita e hizo construir junto a ella una *madrasa*. Osman Gazi, Orhan Gazi, Murad I y Bayezid I embellecieron ciudades otomanas importantes como İznik, Bursa, Yenisehir y Edirne con mezquitas, *madrasa*s, *imaret*s, *tabhane*s, *zawiya*s, *hammam*s, *bedesten*s, *han*s, *turbe*s, puentes y fortalezas. Pese a que ha llegado hasta nuestros días una rica herencia arquitectónica de los siglos XIV y XV, no quedan trazas de casas ni palacios. Estas construcciones, hechas probablemente con materiales poco duraderos como la madera y el ladrillo, acabarían viniéndose abajo y desapareciendo a causa de incendios y de las duras condiciones climáticas.

Creemos que quienes estén interesados en conocer las obras de los siglos XIV y XV de Anatolia occidental querrán también familiarizarse con el arte otomano clásico y el arte turco en general.

Osman Gazi, iluminación de Kıyafetü'l-İnsâniyye fi Şemâili'l'-Osmâniyye, Seyyid Lokman Çelebi, 1579, H.1563, 24b, Biblioteca del Palacio Topkapı, Estambul.

Orhan Gazi, iluminación de Kıyafetü'l-İnsâniyye fi Şemâili'l'-Osmâniyye, Seyyid. Lokman Çelebi, 1579, H.1563, 29a, Biblioteca del Palacio Topkapı, Estambul.

HISTORIA DE ANATOLIA OCCIDENTAL EN LOS SIGLOS XIV Y XV

Aydoğan Demir

En Anatolia, destino de las migraciones de muchos grupos étnicos y arrasada por varias invasiones, la presencia del pueblo turco data de época remota. Los turcos empezaron a cobrar importancia militar en el medievo, cuando Bagdad era el centro del califato abbasí (750-1258). Con el fin de defender su frontera con el imperio bizantino (395-1453) y hacer incursiones en el territorio de Anatolia bajo el dominio de Bizancio, los abbasíes establecieron puestos militares en ciudades del este y el sur de la península como Tarso, Adana, Misis, Maraş y Malatya. Entre los soldados destinados a estos puestos había muchos turcos, como también en el ejército del califa abbasí al-Mu'tasim (833-842), que avanzó hasta las orillas del río Sakarya de Anatolia.

En la segunda mitad del siglo XI, el imperio de los grandes selyuquíes (1040-1157) desvió las oleadas de inmigrantes que llegaban a Khorasan (región histórica que hoy estaría repartida entre Irán y Turkmenistán) hacia el oeste, en especial hacia Anatolia. El resultado fue que, salvo en su zona costera, Anatolia quedó bajo administración de los turcos.

A fines del siglo XI (1096-1097), los caballeros de la I Cruzada que intentaban alcanzar Jerusalén a través de Anatolia llamaron a la zona bajo soberanía turca "Romania". Casi un siglo más tarde, durante la III Cruzada (1189-1192), el ejército al mando de Federico I Barbarroja (r. 1152-1190) llamaba ya al mismo lugar "Turcia, Turchia o Türquiye". Anatolia, sin que variara su diversidad étnica de turcos, kurdos, bizantinos, armenios, judíos y sirios cristianos, fue testigo del nacimiento de la cultura turcoislámica, una nueva cultura formada bajo la influencia de las monumentales obras arquitectónicas levantadas por selyuquíes, danişmendíes, mengücekíes, saltukíes y artukíes. El sultán selyuquí 'Ala al-Din Keykubad I (r. 1220-1237), que gobernó las ciudades de Alanya y Antalya en la costa mediterránea, y de Sinop y Samsun en el mar Negro, y una gran parte de Anatolia, tomó una serie de medidas para fomentar el desarrollo comercial en el país, como acelerar la construcción de *caravansarays* fortificados, comenzada por sus antecesores, para garantizar un viaje seguro por las rutas de la seda y de las especias que atravesaban Anatolia. Los *caravansarays* ofrecían cobijo, comida e higiene a mercaderes y viajeros, y cuidado y alimento para los animales de carga. Otra manera de desarrollar el comercio y garantizar la seguridad en esta época fueron los acuerdos con los Estados interesados. En 1213, los selyuquíes de Anatolia y los chipriotas sellaron un acuerdo comercial; durante el reinado de 'Ala al-Din Keykubad I se revisaron hasta el mínimo detalle las leyes promulgadas en periodos anteriores; el 8 de marzo de 1220 se firmó un tratado con la República de Venecia para garantizar a los mercaderes venecianos que comerciaban en Turquía la protección de sus vidas y bienes. Las facilidades dadas a los venecianos y sus aliados allanaron el camino para la creación de colonias latinas en las ciudades turcas más importantes.

Los *comuni* italianos, encabezados por Venecia, organizaron la IV Cruzada en 1204; el ejército cruzado ocupó Constantinopla en vez de ir a Jerusalén, abriendo de esta forma el camino a la desintegración del imperio bizantino, que ya no recobraría su antiguo poder. Miguel VIII Paleólogo, emperador de Nicea (r. 1259-1282), reconquistó Bizancio en 1261, y él y sus sucesores tuvieron que hacer frente a los latinos y a los problemas en los Balcanes. Este emperador no pudo, sin embargo, ocuparse como debía de Anatolia occidental; al no poder pagar sus salarios a los soldados de la guardia de fronteras (*akritoi*), estos abandonaron sus puestos. Los emiratos fronterizos, que esperaban la ocasión propicia, emprendieron la ocupación de Anatolia occidental por las rutas que llevaban al mar. Consecuencia de ello fue que, a finales del siglo XIII, se habían fundado en la región los emiratos menteşí, aydiní, saruhaní, karasí y otomano.

Es preciso detenerse en las relaciones entre la comunidad turca, la bizantina y los demás grupos étnicos que convivieron en las zonas gobernadas por los emires de Anatolia occidental, donde empezaron a desarrollarse civilizaciones muy importantes. Las creencias islámicas heterodoxas por las que se guiaba la mayoría de los turcos que se establecieron en la región, sobre todo los de zonas rurales, debieron contribuir en buena medida a las relaciones entre estos pueblos. En este credo, que podría definirse como "islamismo popular", se aprecian rastros de chamanismo, cultos de la naturaleza, budismo, maniqueísmo, zoroastrismo, cristianismo y judaísmo. La tolerancia con los demás, la participación en celebraciones religiosas sin distinción de sexo y el consumo de bebidas alcohólicas en las ceremonias eran comunes en su modo de vida. Los diferentes grupos étnicos se mezclaban en los mercados, los bazares e incluso en la administración de los emiratos, lo que ocasionalmente llevaba a relaciones amorosas e incluso matrimonios. Unos versos, tomados de una canción popular turca, muestran cómo la gente se amaba sin preocuparse del origen étnico:

Aguardas en la azotea, brillante como la luna,
tus mejillas son como manzanas, como granadas.
Ven, abracémonos, entrelazados como un solo ser.
Si eres armenia, armenia seas, qué más da.
Solo sé que eres el deseo de mi corazón, mi alivio.

Cualesquiera fueren la fecha y la región de origen de esta canción, lo que cuenta es que está inspirada por hondos sentimientos con siglos de antigüedad.

Cuando, a mediados del siglo XIII, los comerciantes de todo tipo se sintieron desamparados, debido a la fuerte presión de los mongoles sobre el imperio selyuquí, decidieron organizarse y fundaron una especie de sindicato, cuyos miembros eran denominados *ahis*. Generalmente se acepta que la palabra proviene del turco *aki*, que significa "joven generoso, magnánimo", o del árabe *aji*, "mi hermano". Los *ahis* se regían por los principios de caballerosidad, moralidad y arte, fijaban sus propias normas, que los gremios debían acatar, y denegaban el permiso para desempeñar su labor a quienes no las cumplían. En épocas de caos político, los *ahis* defendían la ciudad en que vivían e incluso la administraban. Sus jefes eran hombres duchos en leyes, ciencias, letras y arte.

Por el viajero Ibn Battuta (1304-1369) sabemos que los *ahis* se organizaban por pequeñas *zawiyas* que fundaban en ciudades

Bayezid I, iluminación de Kıyafetü'l-İnsâniyye fî Şemâili'l'- Osmâniyye, Seyyid. Lokman Çelebi, 1579, H.1563, 36a, Biblioteca del Palacio Topkapı, Estambul.

y pueblos. Además de maestros artesanos, capataces y aprendices, a sus reuniones en las *zawiya*s también asistían *müderris*, cadíes, poetas, calígrafos y funcionarios regionales. Altos funcionarios, gobernadores, capitanes, maestros, jueces y médicos se educaron entre los *ahi*s. Junto con sus discípulos, los *ahi*s ocuparon importantes cargos en las instituciones de los emiratos, sobre todo en el otomano. No restringieron los derechos de los artesanos armenios y bizantinos que trabajaban en Anatolia, sino que les permitieron continuar libremente con su labor.

Los religiosos, *ahi*s y viajeros que iban de ciudad en ciudad se alojaban también en las *zawiya*s, unas veces construidas dentro de la estructura de las mezquitas y otras como edificios independientes. En tiempos en que los caminos no eran seguros, las *zawiya*s atendían una necesidad social ofreciendo comida y un lugar donde pasar la noche en ciudades, pueblos e incluso aldeas.

Los emiratos de Menteşe y Aydın intentaron anexionarse también las islas del Egeo. El Papa organizó una nueva cruzada y recuperó la ciudad costera de İzmir (Esmirna) en 1344, cuando el *bey* aydiní Gazi Umur (r. 1334-1348) se volvió demasiado poderoso en el Egeo.

Las costas de este mar no presenciaron solamente guerras y luchas, sino también grandes alianzas. Una vez fijadas las fronteras, los emiratos de Anatolia occidental y los latinos iniciaron intercambios y firmaron acuerdos comerciales. En este periodo, Balat (Mileto), Selçuk (Éfeso) y Foça (Fokaia) fueron importantes centros del comercio, mientras que Bursa (Brusa), por entonces capital del Estado otomano, empezó a intensificar su tráfico comercial.

Aun cuando se hubiera alcanzado la paz entre los pueblos, los emiratos no tardaron en combatirse. Uno de los más fuertes, el karamaní (1256-1483), reivindicaba ser el heredero del Estado selyuquí de Anatolia. Por este motivo, los karamaníes y los demás emiratos de Anatolia, con el otomano a la cabeza, emprendieron guerras violentas y dolorosas. Para impedir estas luchas llenas de resentimiento y odio, se hizo objetivo prioritario de los otomanos el lograr una unión en Anatolia y, aprovechando sus oportunidades, sometieron a su soberanía a los otros emiratos. Y si bien los emiratos de Anatolia occidental fueron restablecidos tras la derrota a manos de Tamerlán del sultán otomano Bayezid I en la batalla de Ankara (1402), todos fueron borrados de la historia por los sultanes Mehmet I (r. 1413-1421) y Murad II (r. 1421-1451). Los *beyes* de Anatolia dieron la máxima importancia al desarrollo de las regiones bajo su gobierno: apoyaron la investigación científica, abrieron sus palacios a eruditos de distinta procedencia e hicieron traducir muchas obras del árabe, considerada lengua del saber en la época. Además, para ellos se hicieron obras originales de medicina, astronomía, historia, *fiqh*, sufismo, etcétera.

Aunque el emirato otomano fundado por Osman Bey en 1299 en la zona del mar de Mármara era el menor de Anatolia, en poco tiempo, valiéndose inteligentemente de su privilegiada situación geográfica, se convirtió en uno de los más poderosos. El imperio bizantino (395-1453), que en la región del Mármara tenía una estructura feudal, era incapaz de proteger su territorio contra el poder otomano. A consecuencia de las disputas por el trono y de la necesidad de defender los Balcanes contra los serbios, a los bizantinos no les quedó más remedio que pedir ayuda a Orhan Gazi (r. 1324-1362). Los soldados otomanos que elevaron a la silla imperial a los Cantacuzeno e hicieron retirarse a

Mehmet I, iluminación de Kıyafetü'l-İnsâniyye fî Şemâili'l-Osmâniyye, Seyyid. Lokman Çelebi, 1579, H.1563, 40b, Biblioteca del Palacio Topkapı, Estambul.

Murad II, iluminación de Kıyafetü'l-İnsâniyye fî Şemâili'l-Osmâniyye, Seyyid. Lokman Çelebi, 1579, H.1563, 44a, Biblioteca del Palacio Topkapı, Estambul.

Retrato de Süleyman el Magnífico, Nigari, 1560-1565, Palacio Topkapı, H.2134, fol.16.

los serbios conocieron en aquella ocasión Rumelia.

A cambio de su ayuda, los bizantinos concedieron al ejército otomano la fortaleza de Çimpe (Tzympe), en Gelibolu (Gallípoli), para su uso como base militar. Desde este punto, los otomanos comenzaron, en 1354, sus conquistas en Tracia. Tras la toma de Edirne durante el reinado de Murad I (1362-1389), las tropas otomanas trataron de adueñarse de zonas de Bulgaria, Macedonia y Serbia. En tiempos de Bayezid I (r. 1389-1402), las fronteras del Estado otomano alcanzaron el Danubio, y el principado de Valaquia pasó a ser vasallo suyo. La lucha por el trono desencadenada por los hijos de Bayezid I, después de la derrota de este en la batalla de Ankara, concluyó en 1413 con la victoria de Mehmet I.

El sultán Murad II infligió duras derrotas en Varna (1444) y en Kosovo (1448) al ejército de cruzados reclutado con el propósito de acabar con la superioridad otomana en los Balcanes. Mehmet II (r. 1451-1481), que en vida de su padre había desempeñado dos veces las funciones de sultán, tenía grandes ideales al subir al trono con 19 años. Cuando, a los 21 años, conquistó Constantinopla y puso fin al imperio más longevo de la historia, fue saludado como Emperador Romano por los consejeros bizantinos reunidos en torno a él. Sultán de un imperio que se extendía desde el Danubio hasta el Éufrates, Mehmet II, también conocido como Mehmet el Conquistador, no dio importancia únicamente al desarrollo político del país, sino también a las obras públicas y el trabajo científico. Se sabe que supervisaba personalmente las *madrasas*, que asistía a las lecciones de los *müderris* y que eran recompensados los que él elogiaba. El sultán sabía griego y latín, además de turco, árabe y persa; entre los libros de su biblioteca que han llegado hasta nosotros se encuentran 50 obras de cultura occidental. Decoró las paredes de palacio con frescos renacentistas y, en 1479, el artista veneciano Gentile Bellini pintó un retrato suyo.

La muerte de Mehmet II a los 49 años al caerse del caballo durante una campaña, el 3 de mayo de 1481, ha levantado sospechas entre algunos historiadores. Sus conquistas habían contribuido, de manera singular, a reducir la esfera de influencia de los venecianos en el mar Egeo y el mar Negro, e incluso había emprendido una campaña militar en el sur de Italia en 1480; según dice el conocido historiador F. Babinger, esto explica que los venecianos organizaran al menos doce conspiraciones para matarlo.

Hasta 1495, el Cem Sultan representó una pesadilla para su hermano Bayezid II, que había subido al trono en 1481. Después de perder dos guerras en su intento por hacerse con el poder, el Cem Sultan se refugió entre los Caballeros de San Juan, que primero lo condujeron a Francia y luego a Italia. Hasta la muerte de su hermano en 1495, Bayezid II vivió con el miedo a que la liberación del Cem Sultan causara otra disputa por el trono, razón por la cual siguió una política pasiva con respecto a Occidente.

Con los sucesores de Bayezid II (r. 1481-1512), último sultán del siglo XV, Selim I (r. 1512-1520) y Süleyman I, llamado Süleyman el Magnífico o el Legislador (r. 1520-1566), el Estado otomano se transformó en un imperio mundial que dominó el Mediterráneo, el mar Negro y el océano Índico.

Los muy tolerantes sultanes otomanos hicieron mejoras en su territorio y protegieron a los sabios; algunos estudiosos han denominado *Pax Ottomana* al periodo de tranquilidad que proporcionaron a su pueblo.

ARTE Y SOCIEDAD DE LOS EMIRATOS Y DEL PRIMER PERIODO OTOMANO

Gönül Öney

Desde el punto de vista de la historia del arte, los emiratos y la primera época otomana llaman la atención por su gran vistosidad y por sus experimentos e influencias. Los emiratos, que se declararon independientes en varias partes de Anatolia y que fueron haciéndose cada día más poderosos, emprendieron intensas mejoras públicas cuando quisieron dejar su impronta en los territorios que gobernaban. Las obras realizadas en varias regiones de Anatolia muestran huellas de las antiguas tradiciones arquitectónicas, culturales y artísticas del lugar.

Nuestro viaje discurre por Anatolia occidental, donde la búsqueda y la experimentación artística y arquitectónica resultan más evidentes, pues era la primera vez que la región entraba en contacto con la cultura turcoislámica. Los edificios y obras de arte que nacieron en la época de los emiratos influyeron profundamente en el arte otomano de la época clásica. Tras los siglos XIV y XV —caracterizados por una exploración constante de nuevas maneras artísticas, sociales y culturales—, se alcanzó finalmente un periodo de madurez y asentamiento. En el siglo XVI, paralelamente al auge del poder político y en todos los campos de la actividad del imperio en Anatolia, imprimió su cuño un estilo ya pleno en cada una de las ramas del arte.

Pese a los experimentos del arte de los emiratos y del primer periodo otomano, no son muy marcadas las diferencias entre las regiones. Una innovación surgida en una zona podía observarse también en los emiratos vecinos. Los experimentos, como semillas llevadas por el viento, arraigaban y florecían en distintos lugares.

Ahora intentaremos presentar brevemente las obras de arte agrupándolas por tipologías; obras similares a las aquí presentadas se encuentran también en otros emiratos de Anatolia. Para simplificar, hemos reunido en distintos apartados, con sus características generales, la arquitectura, el arte ornamental y la artesanía. El lector o visitante encontrará en

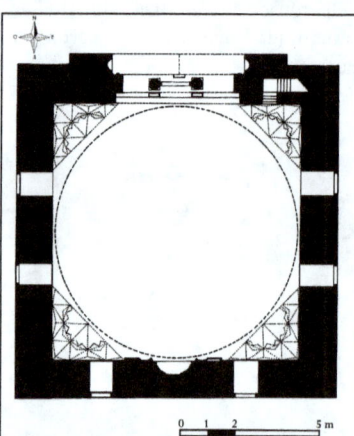

Planta de la mezquita de İlyas Bey, 1404, İlyas Bey, Balat (A. Durukan).

Complejo de İlyas Bey, fachada norte de la mezquita, 1404, İlyas Bey, Balat.

nuestros recorridos varios ejemplos de cada grupo.

Arquitectura

Ofrecemos aquí una rápida panorámica de la arquitectura de los emiratos y de la primera época otomana, tratando por separado cada tipo de construcción con el fin de facilitar la comprensión de la evolución arquitectónica.

Mezquitas y masyids

Los edificios más importantes de los siglos XIV y XV fueron las mezquitas y *masyid*s. Para entender mejor las diferencias e innovaciones que con el tiempo fueron apareciendo en estos edificios conviene clasificarlos por tipos de planta.

Mezquitas y masyids cuadrados de una sola cúpula

Este tipo de mezquitas y *masyid*s, representado por ejemplos de gran sencillez, se encuentra a menudo en el periodo de los emiratos, y el origen de su planta se remonta a los templos de la época de los grandes selyuquíes y de los selyuquíes de Anatolia. Además de edificios sencillos sin alminar ni pórtico, hay también magníficos ejemplos de dimensiones monumentales y con pórticos de varias crujías. En nuestros recorridos podrán visitarse ejemplos de mezquitas y *masyid*s cuadrados y con una única cúpula.

Las mezquitas Yelli de Beçin (principios del siglo XV), Yeşil de İznik (1392) e İlyas Bey de Balat (1404) pertenecen a este grupo. En algunas mezquitas, frente a la fachada principal se añadió un patio monumental porticado: es el caso de las mezquitas de los complejos de Yavukluoğlu de Tire (siglo XV), erigido durante el emirato aydiní, y Bayezid II

Mezquita Yıldırım, hogar y hornacinas del tabhane, 1389-1399, Bayezid I, Bursa.

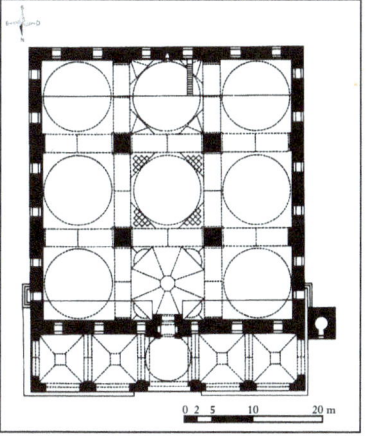

Planta de la mezquita Eski, 1414, Mehmet I, Edirne (Z. Sönmez).

Mezquita Mayor, sala de oración, 1312-1313, Aydınoğlu Mehmet Bey, Birgi.

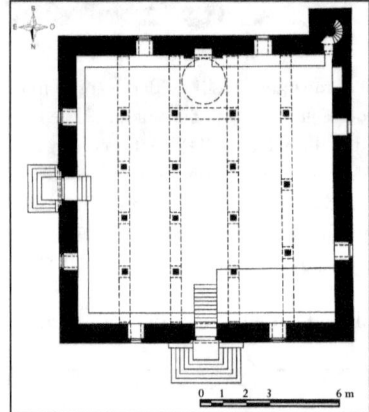

Planta de la mezquita Mayor, 1312-1313, Mehmet Bey, Birgi.

Kufa con pilares a intervalos regulares, aparecieron a principios del periodo otomano. Como se aprecia en las mezquitas Mayor de Bursa (1400) y Eski de Edirne (1414), en esta planta la sala de oración está dividida en crujías de igual tamaño, cubierta cada una por su cúpula. Estos templos sin patio tienen, por lo general, forma cuadrangular o rectangular.

Mezquitas de tipo basilical

La planta basilical, inspirada en los numerosos templos armenios y bizantinos de Anatolia, se aplicó también, constituyendo una nueva síntesis, a las mezquitas. La sala de oración está dividida en tres o cinco naves, separadas por filas de pilares o columnas perpendiculares al muro de la *qibla*. Muchas de estas mezquitas tienen cúpulas, sobre todo en la nave central, más ancha y alta. La planta basilical, que se empleó con frecuencia en Anatolia durante el periodo selyuquí, puede verse también, aunque más raramente, en el periodo de los emiratos, por ejemplo en las mezquitas mayores de Birgi (1312-1313) y Milas (1378).

Mezquitas con transepto

En estos edificios, las naves paralelas al muro de la *qibla* están cortadas por otra perpendicular; el espacio de intersección se encuentra frente al *mihrab* y suele estar cubierto por una cúpula.

Influidas por las mezquitas sirias del periodo omeya (como la mezquita Mayor de Damasco), estas mezquitas con transepto fueron comunes en el

de Edirne (1488), y en el ejemplo de Tire la mezquita comparte el patio con una *madrasa*. La decoración de estas obras de estructura simétrica y carácter monumental se encuentra principalmente en la fachada principal.

Mezquitas de naves paralelas idénticas

Este tipo de mezquitas, una variante de las mezquitas selyuquíes del tipo de

Mezquita de İsa Bey, vista desde el noreste, 1375, İsa Bey, Selçuk.

sureste de Anatolia en el periodo artukí. No obstante, este tipo de planta se aplicó también a la mezquita de İsa Bey de Selçuk (1375), en el emirato aydiní, como resultado de las tendencias arquitectónicas y ornamentales de los periodos omeya, fatimí, ayyubí y mameluco que llegaron a Anatolia occidental desde Siria, a través de las costas mediterráneas y egeas. Los evidentes rasgos sirios de la planta y la decoración de los edificios deben relacionarse con el origen damasceno del arquitecto; similar tratamiento del colorido mármol de la puerta y las fachadas se halla con frecuencia en la arquitectura medieval siria.

Las cúpulas que coronan el transepto de la mezquita de İsa Bey se convirtieron en una cúpula central de mayor tamaño en la mezquita Mayor de Manisa (1366), del emirato saruhaní. Las columnas bizantinas del patio reflejan la síntesis artística que se dio en la región.

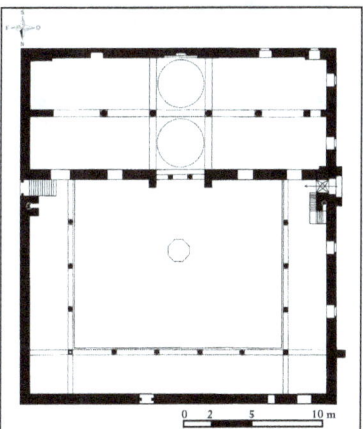

Planta de la mezquita İsa Bey, 1375, İsa Bey, Selçuk. (Z. Sönmez).

Mezquita de Firuz Bey, vista desde el noreste, 1396, Hoca Firuz, Milas.

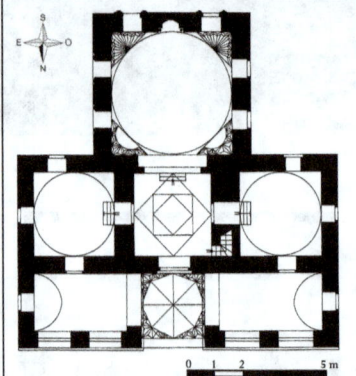

Planta de la mezquita de Firuz Bey, 1396, Hoca Firuz, Milas (Z. Sönmez).

Mezquitas con tabhane (zawiya)

Este nuevo tipo de planta nació en la época de los emiratos y de los primeros otomanos. La estructura de esta planta, aplicada en la mezquita de Orhan Gazi de Bursa (1339/1340) y en la de Firuz Bey de Milas (1396), recuerda una letra T invertida. En la parte opuesta a la *qibla* hay un *iwan* con cúpula o bóveda donde tenía lugar la plegaria ritual. Frente a esta sala de oración se encuentra un área central cubierta generalmente por una cúpula, y con un *tabhane*, y en algunos casos un *iwan*, a cada lado. Estos *tabhanes* servían de cobijo a *derviches* itinerantes.

En el *imaret* de Nilüfer Hatun de İznik (1388), construido por orden de Murad I, hay un hogar en cada *tabhane*. Tenemos noticias de *tekkes* y *hanikahs* en que se alojaban derviches itinerantes y jeques en viaje desde la época selyuquí, pero no sabemos gran cosa del periodo de los emiratos. En los siglos XIV y XV, las actividades de las organizaciones *ahis* se desarrollaban en las mezquitas con *tabhane*. Los sultanes otomanos, considerados miembros de la organización, poseían una galería privada. Los *tabhanes* acogían también a *derviches ahis* itinerantes, que no solo influían en el plano religioso, sino también en el social y el cultural. Se sabe que Osman Gazi (r. 1281-1324), el primer sultán otomano, mandó levantar varias mezquitas con *tabhanes* para los *derviches* itinerantes.

Complejos con tabhane (zawiya)

Muchas de las mezquitas con *tabhane*, conocidas también como mezquitas en T invertida o mezquitas multifuncionales, eran el centro de grandes complejos, cuya construcción se incrementó en la primera época otomana. Como parte del empeño urbanizador de los sultanes otomanos, se levantaban en el centro de las ciudades complejos compuestos, por ejemplo, de mezquita, *madrasa*, *darüşşifa*, *hammam*, *imaret*, *han* y *turbe*. Estos edificios simbolizaban el poder de la elite palaciega y de los altos funcionarios gubernamentales que ordenaban construirlos. El sistema de *waqf*s sociales y religiosos, perfectamente organizado, se encargaba del mantenimiento y la administración de los complejos. Además de lugares de culto, estos edificios eran centros educativos, comedores de beneficencia y posadas para derviches. La extendida tradición siria y egipcia de construir complejos contribuyó, sin duda, a su proliferación por Anatolia.

La mezquita de Hüdavendigar de Bursa (1385), de dos pisos y tres *iwans*, es un interesante complejo con *madrasa*, *imaret* y termas. La fachada, que refleja la influencia de los edificios bizantinos del siglo XIII, puede considerarse como una muestra de la síntesis de culturas diversas apreciable en la mayoría de las construcciones otomanas de los siglos XIV y XV. El complejo de Yıldırım Bayezid de Bursa (1389-1399) está formado también por edificios monumentales. La mezquita Yeşil de Bursa (1419-1424), levantada por Mehmet I, y las mezquitas Muradiye de Bursa (1426) y Edirne (1426), que hizo construir Murad II, son mezquitas con *tabhane*s situadas dentro de grandes complejos de la época.

Mezquita Üç Şerefeli, sala de oración, 1445, Murad II, Edirne.

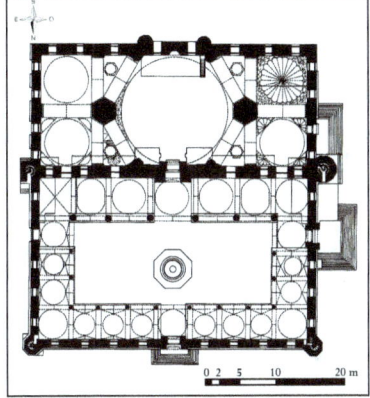

Planta de la mezquita Üç Şerefeli, 1445, Murad II, Edirne (Z. Sönmez).

Mezquitas con cúpula central

Las mezquitas con cúpula central de diámetro cada vez mayor, pensadas para acoger a los fieles en un enorme espacio único, se fueron difundiendo con rapidez en los siglos XIV y XV. Estas grandiosas mezquitas constituyen, en la mayoría de los casos, el centro de complejos monumentales.

Como se aprecia en la mezquita Üç Serefeli de Edirne (1445), debida al sultán Murad II, en la disposición de estos templos predomina la verticalidad. Las mezquitas de İsa Bey de Selçuk (1375) y Mayor y Hatuniye de Manisa (1367 y

Madrasa de Yıldırım, lados este y sur, 1389-1399, Bayezid I, Bursa.

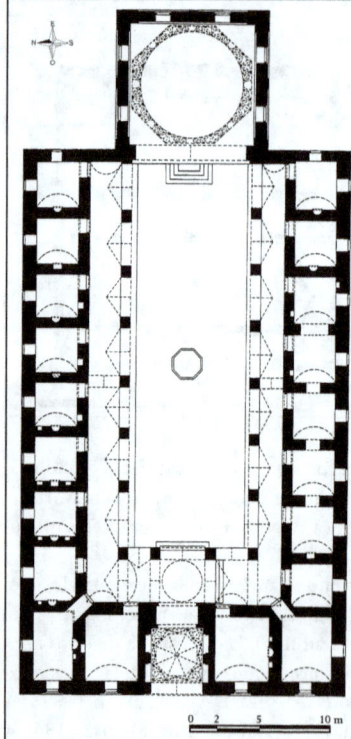

Planta de la madrasa Yıldırım, 1389-1399, Bayezid I, Bursa (Y. Demiralp).

1491) permiten seguir paso a paso el desarrollo de este tipo de mezquitas con cúpula central.

Madrasas y darüşşifas

En el mundo islámico, las mezquitas, fuera de las horas de la plegaria, se usaban para la enseñanza de la comunidad religiosa. Las *madrasa*s, construidas cerca de las mezquitas o junto a ellas, estaban pensadas como simples instituciones educativas donde se impartía la enseñanza superior. Mandaba construirlas el sultán, un alto funcionario o alguna persona rica. Las fundaciones pías denominadas *waqf*s corrían con los gastos de administración y mantenimiento de estos edificios, y con los costes de manutención de los estudiantes, para que la enseñanza fuera gratuita. Además de teología islámica, en la *madrasa* se aprendían disciplinas como la filosofía, la medicina, las matemáticas y la astronomía.

Las primeras *madrasa*s se construyeron en Persia en tiempos del visir selyuquí Nizam al-Mulk. El tipo se planta de las *madrasa*s se aplicó también a los *şifahanes,* instituciones donde se enseñaba medicina. En *madrasa*s y *darüssifa*s, las habitaciones estaban alineadas en torno a un gran patio y una cúpula cubría el *iwan* principal, situado frente al de entrada. Aunque no se conoce a ciencia cierta la función de los espacios con cúpula o bóveda que flanquean el *iwan* principal y mayores que las celdas de los estudiantes, se supone que eran *dershane*s para las clases, y en la mayoría de las *madrasa*s hay pórticos en al menos dos lados del patio. Esta distribución es similar a la de las *madrasa*s selyuquíes de Anatolia.

Construida en Beçin durante el emirato menteşí, la *madrasa* de Ahmet Gazi (1375) es uno de los primeros ejemplos de *madrasa* con dos *iwan*s; en el principal, con una sola cúpula, está la tumba del fundador, Ahmet Gazi. Las *madrasa*s Yeşil (1419-1424) y Yıldırım (1399) de Bursa y Süleyman Paşa (mediados del siglo XIV) de İznik son monumentales ejemplos de *madrasa*s de la primera época otomana que encontraremos en nuestros recorridos.

Turbes

Las tumbas de la época de los emiratos y del primer periodo otomano muestran una gran variedad de aspectos y estructuras. De cuerpo poligonal o cilíndrico, los mausoleos (*turbe*s) están cubiertos casi siempre por una cúpula. El chapitel cónico o piramidal de los mausoleos selyuquíes no se encuentra con frecuencia en la época de los emiratos, así como

Turbe de Şehzade Mustafa y Cem Sultan, mihrab y sarcófagos, 1479, Bursa.

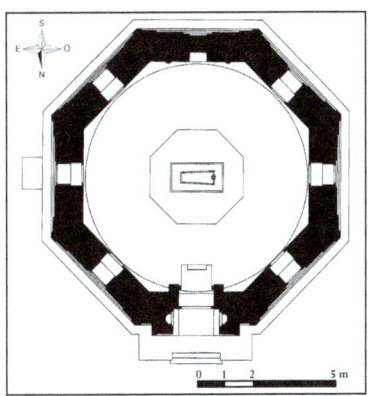

tampoco los *turbe*s con cripta. El primer sultán otomano, Osman Gazi, fue enterrado en una antigua iglesia bizantina de Bursa, lo que demuestra la favorable actitud de los sultanes otomanos hacia la herencia arquitectónica y cultural recibida.

Aunque solían ser edificios sobrios, hay algunos mausoleos ricamente ornamentados; así, por ejemplo, el cuerpo poligonal del *turbe* Yeşil de Bursa (1419-1424) está

Planta del turbe Yeşil, 1419-1424, Mehmet I, Bursa (Z. Sönmez).

Hammam de Saadet Hatun, soyunmalık, s. XIV-XV, Selçuk.

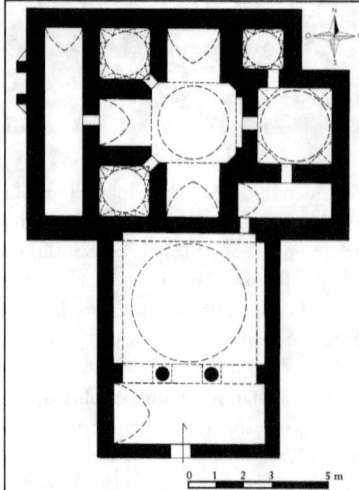

Planta del hammam de Saadet Hatun, s. XIV-XV, Selçuk. (E. Daş).

enteramente revestido, por dentro y por fuera, de azulejos. Algunos *turbe*s del primer periodo otomano, como el de Hatuniye de Bursa (1449), tienen un portal monumental en forma de *iwan* que domina la fachada. Hay también varios ejemplos de cuerpo cuadrangular coronado por un chapitel cónico, como los *turbe*s de Gulşah Hatun (1486) y Devlet Hatun (1413-1414) de Bursa. Las raíces del estilo de los mausoleos de los siglos XIV y XV se remontan a una época anterior a los grandes selyuquíes y los selyuquíes de Anatolia, a Asia central. Rara vez se encuentran ejemplos tan fascinantes como el mausoleo Yeşil de Bursa; lo normal es que no se diferencien mucho uno de otro ni en planta ni en aspecto exterior.

Hammams

El aseo personal es un hábito de gran importancia en la religión islámica. Por ejemplo, después del acto sexual el hombre y la mujer musulmanes tienen que lavarse entero el cuerpo. Para poder rezar la plegaria ritual, el *namaz*, los musulmanes han de lavarse la cara, los pies y las manos de una manera determinada. Según un dicho islámico, "lavarse es hacer profesión de fe". El motivo por el que se edificaron tantos baños (*hammam*) en las ciudades durante los emiratos y el primer periodo otomano es precisamente la importancia que se da a la higiene. Junto con pequeños baños como el de İsmail Bey de İznik (f. siglo XIV-p. XV), hay grandes baños dobles con espacios separados para hombres y mujeres. Los *hammam*s se solían construir sobre aguas termales o cerca de las mezquitas, y suponían una gran fuente de rentas para los *waqf*s. Seguían como modelo las termas romanas, tanto en el sistema de calentamiento como en la distribución: se calentaban por medio de aire caliente que atravesaba el hipocausto por debajo del suelo y se liberaba al exterior por conductos que discurrían por las paredes; tras el *soyunmalık* (*apodyterium*) de la entrada, para desvestirse, se pasa al contiguo *ılıklık* (*tepidarium*) para reposar; la zona de baño llamada *sicaklık* (*caldarium*) es la habitación más caliente. En la mayoría de los baños, el *sicaklık* tiene planta cruciforme, como en los de Saadet Hatun de Selçuk, con sus tres *iwan*s, o de Murad II de İznik, con cuatro. Los bañistas descansan, reciben un masaje y son frotados con una *kese*, tendidos sobre la superficie caliente del centro del *sicaklık*. Los *halvet*s de los rincones de la zona de baño se usan como baños privados. Al contrario que en las termas romanas, los turcos no tienen piletas de baños fríos (*frigidarium*).

Los baños otomanos, que satisfacían la necesidad de aseo, reposo y entretenimiento, eran una parte importante de la tradición y de la vida social, sobre todo para las mujeres.

Bedestens y hans

Situados en rutas comerciales importantes, casi todos los *han*s (llamados también *caravansaray*s) que cobijaban a caravanas y mercaderes eran sencillos edificios de planta rectangular, una sola entrada y aspecto de fortaleza. Los viajeros comían allí sus vituallas y dormían en los bancos de los patios y espacios abovedados de estos *han*s, donde había *tandir*s para cocinar y calentarse. Las construcciones típicas del periodo selyuquí, los *menzil han*s (literalmente "*han*s de una jornada"), que se levantaban en las carreteras entre poblaciones, fueron siendo sustituidos en el periodo de los emiratos por *han*s urbanos. En los otomanos, los bancos de piedra estaban

Bedesten, vista desde el sur, 1413-1421, Mehmet I, Edirne.

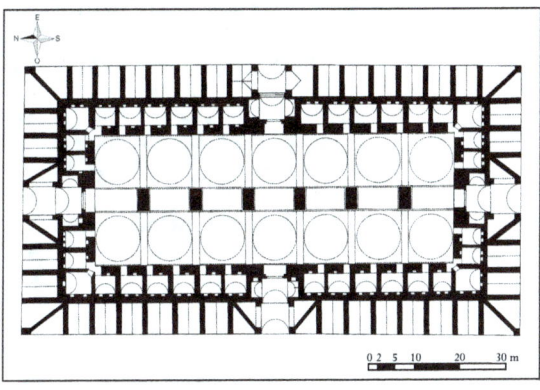

Planta del bedesten, Edirne (E. H. Ayverdi).

Han Issız, vista desde el norte, 1394, İne (Eyne) Bey, Ulubat.

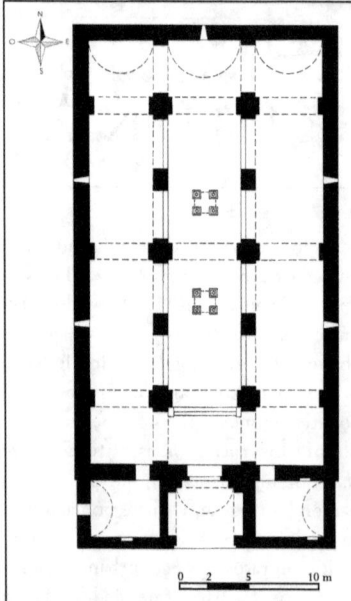

Planta del Han Issız, Ulubat (E. H. Ayverdi).

pegados generalmente a las paredes de los espacios cubiertos; los hogares para cocinar y calentarse se construían junto a los muros; los animales de carga se ataban al extremo de los bancos y, junto a estos, corría un pesebre en el que se ponía el forraje. Un ejemplo de la transición del *han* selyuquí al otomano es el Issız de Ulubat (1394-1395), a orillas del lago Apolyont (Ulubat), donde los hogares con chimenea sobre cortas columnas están colocados en el banco central.

Los *han*s urbanos, en los que pasaban la noche las caravanas y los mercaderes, eran importantes centros comerciales. Cada ciudad, dependiendo de su tamaño y del tráfico comercial que tuviera, disponía de uno o más *han*s. En estos establecimientos urbanos, normalmente de dos pisos, las habitaciones se encontraban detrás de los pórticos que rodeaban el patio central descubierto. Por razones de seguridad, la entrada y la salida se hacían por un solo portón. Como en el *han* de Koza (1492) de Bursa, en la mayoría había en el centro del patio un *masyid* o una *şadırvan,* o ambos. Al igual que en los *bedesten*s, en algunos *han*s se construían comercios adosados a los muros exteriores. El *han* del Emir (siglo XIV) de Bursa es un ejemplo típico de *han* urbano. Construidos en madera y ladrillo, la mayor parte de estos edificios no han llegado a nuestros días.

*Bedesten*s, *han*s y bazares eran edificios especiales que ornaban los centros comerciales de las grandes ciudades otomanas. En el primer periodo otomano, el comercio con los países balcánicos y mediterráneos era muy intenso, y las ciudades de Bursa y Edirne eran famosas por sus *bedesten*s, *han*s y bazares. Una fila de pilares de piedra dividía el interior de los *bedesten*s, rectangulares, en dos crujías cubiertas por cúpulas del mismo tamaño. En el centro de cada lado había una puerta a la calle. En casi todos los *bedesten*s había también tiendas adyacentes al muro exterior. Todavía hoy, los construidos por Bayezid I en Bursa y por Mehmet I en Edirne son importantes centros comerciales.

Los *bedesten*s eran edificios monumentales donde se reunían los comerciantes y donde se almacenaban, custodiaban y vendían mercancías valiosas. Los mercaderes dejaban en depósito dinero y objetos de valor, como joyas y ropas de seda, para que se los guardaran en los sólidos y seguros *bedesten*s. Los comerciantes controlaban los precios y la calidad, y dirimían en pleitos comerciales, por eso se ponía cuidado en que quienes comerciaran allí fueran personas fiables. Los empleados reci-

Mezquita de Orhan, lado oeste del pórtico, 1339-1340, Orhan Gazi, Bursa.

Mezquita Yeşil, ventana de la fachada norte, 1419-1424, Mehmet I, Bursa.

Bedesten, vista desde el suroeste, 1413-1421, Mehmet I, Edirne.

bían su sueldo de los *waqf*s. Núcleos comerciales de las ciudades, los *bedesten*s desempeñaron un importante papel en las relaciones entre el Estado y los gremios.

En el siglo XV, Bursa, con sus más de 10.000 telares, era un importante centro de producción textil y de seda de Anatolia Occidental, y en la ciudad se tejían las telas para el palacio. Siguiendo la tradición, a la muerte del sultán sus caftanes y demás ropa se doblaban, etiquetaban y guardaban. Conservados en el palacio Topkapı de Estambul, estos fardos nos proporcionan una información muy útil sobre la historia de la labor textil otomana. Las telas de algodón y seda más antiguas originarias de Bursa datan de la época de Osman Gazi (r. 1281-1324), fundador del Estado otomano: se trata de nueve caftanes del sultán, en algodón blanco y decorados con grandes granadas amarillas. En aquel periodo, y además de Bursa, famosa por sus tejidos de seda con rayas de hilo de algodón, Ödemi, Bergama, Soma y Edirne eran también grandes centros textiles. Según las fuentes escritas, Bursa exportaba a Persia, Europa y Rusia terciopelos, tafetanes, brocados y telas de algodón. Los preciados tejidos y caftanes que se exponen en museos europeos y americanos dan idea de la maestría de esta industria textil. Temiendo que la calidad de las telas empeorase, en vista de los apuros de los tejedores de Bursa para atender la demanda de sus productos, en 1502 un edicto imperial estableció los patrones de calidad para los tejidos. En las telas otomanas se distinguen siete colores: rojo, azul, verde, rosa, amarillo, negro y beige. Para los caftanes del sultán y de los ricos se usaban también hilos de oro y de plata. Para la ropa interior y las camisas se empleaban, en cambio, telas lisas y sencillas.

Ornamentación arquitectónica

La cantería

En el periodo de los emiratos y de los primeros otomanos, el material más utilizado en la arquitectura y la decoración fue la piedra. Los canteros, que en el periodo selyuquí habían adquirido una notable maestría, siguieron trabajando con éxito en los siglos XIV y XV. En la arquitectura de la época alternan a menudo el ladrillo y la piedra en el revestimiento de los muros, como ocurría en muchos edificios bizantinos del siglo XIII. Los adornos arquitectónicos, normalmente muy simples, aparecen con mucha mayor frecuencia en las fachadas frontales que en las demás; portales, marcos y trasdós de ventanas, arcos, *mihrab*s y *mimbar*s de piedra o mármol estaban adornados de molduras, relieves, celosías y *muqarnas*, y filas de piedra o mármol bicolores; columnas o pilares, capiteles y también, aunque raramente, *mihrab*s aparecen decorados con piedra tallada; los motivos florales son mucho más realistas que los de época selyuquí.

El mármol, profusamente empleado en la arquitectura mediterránea, procedía de canteras locales o de ruinas de antiguas construcciones. Entre los materiales de expolio más comunes están las columnas y los capiteles.

Turbe de Murad II, decoración en madera bajo el alero, 1451, Murad II, Bursa.

El estuco y la decoración pintada

En los siglos XIV y XV fue costumbre colocar estantes, nichos y chimeneas de estuco con bajorrelieves de motivos florales geométricos en los *tabhane*s de las mezquitas en T invertida (por ejemplo, la mezquita de Yıldırım de Bursa, 1389-1399). Otra novedad que aportó este periodo de transición, tal como puede verse en edificios de Edirne y Bursa, fueron las *kalemişi* de color marrón, negro,

Mezquita de İsa Bey detalle de la transición a la cúpula, 1375, İsa Bey, Selçuk.

Turbe Yeşil, şemse de azulejos, 1419-1424, Mehmet I, Bursa.

azul y rojo, compuestas por motivos caligráficos y florales sobre escayola. Se llama *kalemişi* a las pinturas sobre escayola realizadas en superficies interiores de arcos, cúpulas y bóvedas, así como a la decoración pictórica de estructuras de escayola o madera. En muchas mezquitas, el interior de las cúpulas de los pórticos que rodean el patio está decorado también con *kalemişi*.

En algunas construcciones de Bursa y Edirne pertenecientes al primer periodo otomano se ven motivos geométricos o florales lacados en blanco, verde, amarillo, azul y rojo como adorno de techos artesonados, cornisas, postigos de puertas y ventanas, *mimbar*s, estantes y cajones. Los dibujos y las composiciones de esta decoración son los mismos que se ven en los azulejos, porcelanas, tejidos y alfombras contemporáneos. En los siglos siguientes se produjeron en Edirne objetos de madera lacada a los que se dio el nombre de *Edirne kari* ("al estilo de Edirne"). Los ejemplos más bellos de este tipo de decoración se encuentran en la mezquita Muradiye de Bursa (1426) y en el tejado de madera de una sola vertiente del *turbe* de Murad II (1451).

Los azulejos

En comparación con el periodo selyuquí, y salvo en algunos edificios de Bursa y Edirne, sorprende lo poco que se usaron los azulejos en la época de los emiratos. Excepto en pocos casos, el empleo de azulejos está restringido a la decoración de las fachadas de edificios religiosos. Los alminares de las mezquitas Mayor de Birgi (1312-1313), Mayor de Manisa (1367) y Yeşil de İznik (1392) y el de la mezquita del *imaret* Yeşil de Tire (1441) son inusuales ejemplos que conservan el estilo selyuquí. En construcciones posteriores, a los colores turquesa, violeta y azul oscuro de los azulejos del periodo selyuquí se añadieron el amarillo, el verde y el blanco. En los siglos XIV y XV, la decoración con mosaicos, que había llegado a su culminación durante el periodo selyuquí, declinó y solo en algunos casos se continuó con buen resultado la vieja tradición. En la técnica del mosaico, los azulejos en turquesa y, más comúnmente, en colores berenjena, cobalto y negro se cortan y juntan para formar el motivo buscado. Los mosaicos del periodo de los emiratos y de los primeros otomanos difieren de los de la época selyuquí en que los dibujos están simplificados y los azulejos son mayores. En algunos casos, a los colores tradicionales del arte selyuquí —turquesa, negro y cobalto— se les unen el blanco, el verde y el amarillo.

En el *mihrab* de la mezquita Mayor de Birgi (1312-1313) y en las pechinas que sostienen las cúpulas de la mezquita de İsa Bey de Selçuk (1375) puede apreciarse la decoración de mosaico de azulejos, bastante rara en el periodo de los emiratos. En algunos edificios del primer periodo otomano se combinan los azulejos con la técnica de la *cuerda seca*, como en las paredes, los arcos, los marcos de las ventanas y los *mihrab*s de la mezquita Yeşil de Iznik (1392), la mezquita, la *madrasa* y el *turbe* Yeşil de Bursa (1419-1424) y las mezquitas Muradiye de Bursa (1426) y Edirne (1426).

En los primeros ejemplos de *cuerda seca*, que se encuentran en Bursa y Edirne, los motivos se obtenían estampándolos con un molde o grabándolos sobre la arcilla, que después se cocía en el horno. Para que los colores no se mezclaran durante la cocción, entre ellos se aplicaba una mezcla de cera de abejas, aceite vegetal y manganeso. Cuando la cera se derretía, la mezcla se volvía transparente y quedaba visible el color rojo de la arcilla. Otra técnica, usada en España, consistía en intercalar un hilo entre los colores; el hilo se quemaba dejando un contorno negro. Esta técnica facilitaba la creación de intrincados dibujos caligráficos y florales, y la escala de colores turquesa, azul oscuro, negro, púrpura, blanco, amarillo, verde pistacho y oro permitía realizar ricos y complejos dibujos. No tenemos noticias precisas acerca de cuál era el centro de producción de los azulejos en *cuerda seca*; es probable que los maestros venidos con el ejército de Tamerlán desde Tabriz y Samarcanda, donde era muy empleada, trajeran consigo esta técnica a Anatolia, y se cree que artesanos itinerantes fabricaban este tipo de azulejos en pequeños talleres situados cerca de los edificios en construcción de Bursa, Estambul y Edirne.

En monumentos de la primera época otomana, además de mosaicos y azulejos en *cuerda seca*, pueden verse dibujos formados con baldosines de un solo color. Estos baldosines, de colores turquesa, azul claro y oscuro, verde y blanco, están dispuestos en formas geométricas, sin resquicios entre los hexágonos, octógonos, rectángulos, cuadrados o triángulos; a veces aparecen también hojas doradas o motivos florales estampados.

Turbe de Şehzade Mustafa y Cem Sultan, detalle de los azulejos del mihrab, 1479, Bursa.

Mezquita Mayor, mimbar, 1377, Manisa.

Los azulejos de mayor calidad de esta época, los pertenecientes al grupo denominado "blanquiazul", se usaron sobre todo en edificios de İznik, Bursa y Edirne. Las excavaciones en marcha demuestran que estos azulejos se fabricaron en la primera mitad del siglo XV en İznik. El *turbe* del Şehzade Mustafa y el Cem Sultan de Bursa (1479) y las mezquitas Üç Şerefeli (1445) y Muradiye (1426-1427) de Edirne representan buenos ejemplos de azulejos blanquiazules hechos con la técnica del vidriado.

Estos azulejos se decoraban en tonos azules y turquesa bajo un vidriado transparente e incoloro. El barro con que se hacían los azulejos, hexagonales y rectangulares, era blanco y resistente como la porcelana. Entre los motivos decorativos, de estilo naturalista, llaman la atención las flores primaverales, las peonías, y las nubes y dragones originarios del Lejano Oriente. Los dibujos y colores recuerdan los de la porcelana china del periodo Ming, lo que puede explicarse por la gran cantidad importada. En las excavaciones de İznik, de donde proceden las piezas de cerámica blanquiazul que se exponen en los museos de Bursa e İznik, se han hallado muchas piezas con influencia de la porcelana Ming.

Artesanía en madera

La madera, con trabajos en nogal, manzano, peral, rosal y cedro, es otro de los materiales que enriquecieron la arquitectura en los siglos XIV y XV. Los atriles, *mimbars*, hojas de puertas y ventanas y balaustradas que decoraban los edificios selyuquíes están presentes también en las construcciones del primer periodo otomano, aunque en menor número. Merece la pena mencionar las obras, realizadas con diferentes técnicas, que hoy se exponen en los museos de Bursa, Edirne y Manisa.

Algunos de los trabajos más perfectos y elaborados de la talla en madera se encuentran en los *mimbars* situados a la derecha de los *mihrab*s. El periodo selyuquí dejó como legado la técnica llamada *kündekari*, que se empleó en los lados de los *mimbar*s de las mezquitas mayores de Manisa (1367), Birgi (1312-1313) y Bursa (1400). La *kündekari*, que apareció en Egipto y Siria en el siglo XII, es un tipo de taracea: las piezas de madera, octogonales o en forma de diamante o estrella y decoradas con *rumi*s esculpidos, se unían unas a otras sin clavos ni colas, por medio de muescas. Una vez secas, las piezas así encajadas no se separaban ni dividían. Un armazón de madera que reforzaba el *mimbar* sostenía también la superficie de *kündekari*. Esta técnica, que se empleó sobre todo en los lados de los *mimbar*s, como decíamos, a veces aparece también en hojas de puertas y ventanas. Una técnica que imita la *kündekari* pero que usa colas y tornillos para unir las piezas de madera es la llamada "falsa *kündekari*".

Los motivos decorativos más difundidos en los siglos XIV y XV son los florales, geométricos y caligráficos sobre superficies planas o redondeadas. Los postigos de las ventanas y el *mimbar* de la mezquita Mayor de Birgi (1322) son el más bello ejemplo del arte en madera de la época. En las obras del siglo XV hay también incrustaciones de madreperla, hueso, marfil e incluso jade. En los museos de Edirne, Bursa e İznik se exponen piezas con decoración en relieve e incrustaciones. La técnica de la incrustación nació en el siglo XIII en Damasco y se aplicó a muchas obras del periodo mameluco del siglo XIV.

Mezquita Mayor, detalle de las hojas de la puerta, 1400, Bayezid I, Bursa.

Las alfombras

En los países islámicos, las grandes alfombras y las pequeñas para el rezo, tradicionalmente donadas a las mezquitas, dan a los templos un ambiente acogedor con sus vivaces dibujos y colores. Anatolia occidental era, en el siglo XIV, una región importante en el tejido de

Mezquita Mayor, detalle de los postigos de las ventanas, 1312-1313, Aydınoğlu Mehmet Bey, Birgi.

61

Plato de cerámica
(núm. inv. 4377),
s. XV, Museo de İznik.

alfombras. Ibn Battuta, el famoso viajero que visitó Anatolia en dicho siglo, elogia las alfombras de la región y dice que se exportaban a varios países. Tejidas con el llamado "doble nudo turco" o "nudo de Gördes", eran de pura lana. Los principales colores son los tonos del rojo y del azul, así como el amarillo, el crema, el celeste y el marrón, mientras que el verde se usaba menos. Todavía hoy pervive la fama de las alfombras tejidas en Milas, İzmir, Uşak, Kula, Gördes, Bergama, Balıkesir, Çanakkale, Ezine y Bandirma. Es una lástima que en la mayor parte de las mezquitas se prefieran en nuestros días las alfombras de un solo color hechas a máquina.

El arte de la tejeduría de alfombras había llegado con los selyuquíes. Lo más probable es que las primeras alfombras se hicieran en Konya y alrededores, en el siglo XIII. Esta tradición fue ganando en variedad a lo largo de los siglos XIV y XV, en la época de los emiratos y de los primeros otomanos.

En 1935-1936, un investigador sueco, C. J. Lamm, encontró en la antigua Cairo (Fustat) un centenar de trozos de alfombra, grandes y pequeños. Estos fragmentos se exponen hoy en el Museo Nacional de Estocolmo, en el Röhs de Gotemburgo y en el Benaki de Atenas. De los trozos dados a conocer por C. J. Lamm, siete son selyuquíes y los demás pertenecieron a alfombras de Anatolia de los siglos XIV y XV. La decoración de la mayoría de ellos está compuesta por figuras abstractas de animales estilizados, y en algunos se ven dibujos geométricos. Fragmentos similares pueden contemplarse también en los museos de Konya y Estambul.

En nuestros días, la mejor fuente para conocer las alfombras con figuras de animales son los cuadros de los pintores italianos, españoles, flamencos y holandeses de los siglos XIV-XV. En estos cuadros aparecen a menudo alfombras turcas importadas de Anatolia, extendidas sobre el suelo bajo los pies de los personajes o bien cubriendo una mesa, y están representadas con todo detalle: abstractos y geométricos árboles de la vida, pájaros, águilas bicéfalas, ciervos y escenas de animales luchando son algunas de las figuras pintadas, inscritas en hexágonos u octógonos. Los bordes de las alfombras con figuras animales tienen adornos geométricos que recuerdan la escritura cúfica. Llama la atención la minuciosidad en la representación de los detalles de los originales.

A partir del siglo XV, en vez de figuras de animales encontramos grandes alfombras decoradas con motivos geométricos y alfombras para el rezo, tal como aparecen en los cuadros de los pintores del siglo XVI Hans Holbein, Lorenzo Lotto, Gentile Bellini y Giovanni Bellini. Se cree que estas alfombras se fabricaban en Anatolia occidental, concretamente en los alrededores de Uşak. Se les ha dado el nombre de "alfombras Holbein" por la frecuencia con que aparecen en los cuadros de este pintor.

Por desgracia, no es posible contemplar estas alfombras históricas en los museos de Anatolia occidental, si bien sus dibujos perviven en las alfombras de calidad que se tejen en muchas zonas del oeste de Anatolia. La tradición sigue viva también en las buenas alfombras fabricadas en pueblos y centros de tejeduría. De İzmir y de su región se exportaron durante siglos telas y alfombras a Europa, sobre todo a Italia.

Artesanía expuesta en los museos de Anatolia occidental

Los objetos de artesanía del periodo de los emiratos y de la primera época otomana que han llegado hasta nosotros son sencillos y sin adornos. Los museos que encontraremos en los recorridos exponen, por lo general, hallazgos arqueológicos anteriores al periodo turco y piezas de interés etnográfico del último periodo otomano. A nuestro parecer, los museos turcos tendrían que dar más importancia a las colecciones de la época turca, pues son escasas las alfombras y las piezas de cerámica, metal y madera de los siglos XIV y XV. Para hacerse una idea de la artesanía del periodo de los emiratos y de los primeros otomanos basta, en cualquier caso, con echar un vistazo a los objetos expuestos en los museos de Anatolia occidental.

La cerámica

Las piezas extraídas de las excavaciones de Mileto, Beçin, Selçuk-Éfeso, İznik y Edirne, así como los hallazgos casuales, muestran las diferencias entre la cerámica de los emiratos y la primera época otomana y la del periodo selyuquí. La cerámica más numerosa es la llamada "de Mileto" porque fue en las excavaciones de esta antigua ciudad donde primero se desenterró y dio a conocer. Los descubrimientos posteriores en las excavaciones de İznik y las investigaciones sugieren, sin embargo, que esta cerámica se producía precisamente en İznik. En los museos de Bursa e İznik se exponen muchos ejemplos de cerámica "de Mileto". Son objetos de arcilla roja destinados al uso cotidiano, decorados con dibujos florales, rosetas, formas geométricas y líneas radiales en azul cobalto, negro, turquesa y verde bajo un vidriado incoloro y transparente o, a veces, de color turquesa.

En excavaciones de Anatolia occidental, además de cerámica de Mileto, se han hallado piezas decoradas con la técnica del grafito: formas abstractas de líneas grabadas o dibujos pintados bajo el vidriado sobre un material pastoso llamado "barbotina". También en esta cerámica se usaron decoraciones geométricas o motivos florales abstractos. En esta técnica, bajo el vidriado transparente e incoloro se empleaban los colores crema, azul, verde, marrón y amarillo, y los motivos tenían un ligero relieve.

Como hemos dicho, en los azulejos se usaban los colores y dibujos de la cerámica catalogada como blanquiazul, debido precisamente a sus colores. Los centros de producción de la cerámica blanquiazul fueron İznik y Kütahya, que en los siglos XV y XVI la fabricaron en grandes cantidades. El barro empleado en las piezas de calidad de este tipo de cerámica es blanco y resistente como la porcelana. Las flores primaverales, peonías, hojas, hiedras, nubes y estilizados dragones dibujados bajo el vidriado recuerdan la porcelana china de la dinastía Ming del siglo XV. Los dibujos se hacían en tonos de azul sobre fondo blanco. En los museos de Bursa e İznik pueden verse varias piezas de cerámica blanquiazul y de Haliç (Cuerno de Oro), como cuencos, platos y jarras.

Unos fragmentos encontrados en las excavaciones de İznik dan idea de las variaciones de la cerámica blanquiazul. Los jarrones, tazas, azucareros, lámparas, etcétera, y los restos hallados en los hornos de cocción de azulejos prueban que el principal centro de producción era İznik. Algunas inscripciones, *firman*s y fragmentos desenterrados demuestran que la cerámica blanquiazul también se fabricaba en Kütahya, donde en nuestros días se produce la mayor parte de la cerámica. La técnica siguió practicándose en la época clásica otomana, el siglo XVI, aunque con dibujos más realistas.

Artesanía en metal

No sabemos gran cosa de la artesanía en metal del primer periodo otomano y de la época de los emiratos, pero los restos conservados en varias colecciones y museos muestran que la tradición selyuquí del metal continuó en este periodo. En el siglo XIII, los maestros artesanos selyuquíes y persas que huían de la invasión de los mongoles se establecieron en Siria e Irak, y allí continuaron la tradición de la artesanía en metal de los grandes selyuquíes. Por inscripciones, sabemos que en los siglos XIII a XV los artesanos sirios recibían pedidos de emiratos de Anatolia, y se cree que algunos de ellos, emigrados a estos emiratos, llevaron consigo los secretos de la fabricación. Las piezas de los siglos XIV y XV que han sobrevivido hasta nuestros días son de cobre, hierro y bronce, mientras que son muy raras las obras en oro y plata. En objetos tan variados como tinas, cuencos, bandejas, aguamaniles, jarrones, candelabros, estuches de plumas, lámparas de aceite, incensarios, morteros, espejos, hebillas, aldabas, etcétera, se aprecia un trabajo muy cuidadoso.

Se cree que, de las escasas piezas de metal expuestas en los museos de Anatolia, los candelabros de bronce con incrustaciones de plata y oro de finales del siglo XIII o principios del XIV que se conservan en el Museo de Arte Turcoislámico de Bursa se hicieron en Siirt, en el sureste de Anatolia. El brasero de bronce que se encuentra en el mismo museo es un magnífico ejemplo de la artesanía en metal del siglo XIV. En museos de Estambul y el extranjero hay expuestos algunos valiosos objetos de metal pertenecientes al primer periodo otomano. La inscripción de un candelabro de bronce de 1329 que hoy se exhibe en el Louvre de París indica que fue hecho para Orhan Gazi. Este último museo guarda una de las mejores piezas de la artesanía en metal, una licorera que perteneció al sultán Mehmet II. Asombra también la factura de los candelabros grabados que pueden verse en el palacio Topkapı y en el Museo de Arte Turcoislámico de Estambul. En este último museo se exponen también dos candelabros grabados, hechos para la mezquita del complejo de Bayezid II de Edirne. Aunque poco numerosos, estos objetos demuestran que la artesanía de la Anatolia de los siglos XIV y XV, si bien no creó un nuevo estilo, puso los cimientos del arte otomano del metal.

Los libros

En los siglos XIV y XV, los gobernantes de los emiratos de Anatolia occidental patrocinaron la edición de libros y el arte de la iluminación de manuscritos. En la biblioteca Necip Paşa de Tire se guardan valiosos manuscritos iluminados en oro y vistosos colores.

Bursa fue famosa por los artistas iluminadores y encuadernadores, llamados *müzehhip*, que los sultanes otomanos tomaron bajo su protección. En el Museo de Arte Turcoislámico de Bursa y en el Museo del Palacio Topkapı de Estambul se exponen manuscritos preciosos que datan de los siglos XIV y XV.

Jarra de bronce (núm. inv. 764), s. XV, Museo de Arte Turcoislámico, Bursa.

RECORRIDO I

El sultán de las costas

Aydoğan Demir, Yekta Demiralp, Rahmi H. Ünal

I.1 MİLAS
        I.1.a Mezquita Mayor (Ulu Cami)
        I.1.b Mezquita de Firuz Bey (o de Kurşunlu)

I.2 BEÇİN
        I.2.a Fortaleza
        I.2.b Hammam Büyük (Baño Grande)
        I.2.c Madrasa de Ahmet Gazi
        I.2.d Hammam Bey (Baño del Bey) (opción)
        I.2.e Han Kızıl (Han Rojo)

I.3 ÇAMİÇİ
        I.3.a Han de Bafa (opción)

I.4 BALAT
        I.4.a Complejo de İlyas Bey

La enseñanza en las madrasas

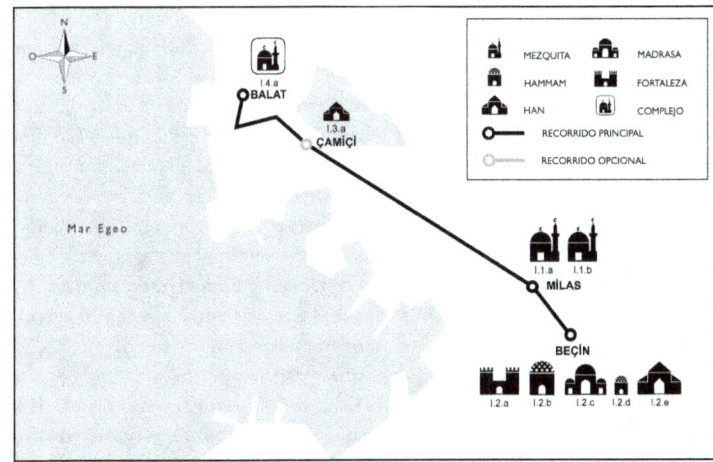

Mezquita de Firuz Bey, vista desde el noroeste, 1396, Hoca Firuz, Milas.

67

RECORRIDO I   *El sultán de las costas*

El imperio bizantino, una verdadera potencia en los Balcanes y en el oeste y el norte de Anatolia a finales del siglo XII, fue incapaz de recuperarse de los devastadores efectos de la IV Cruzada (1204). Los selyuquíes de Anatolia, que gobernaban en buena parte de la península, cayeron derrotados ante los mongoles en 1243. Angustiados por la opresión mongola, centenares de miles de personas, al mando de *beyes* turcomanos y gobernantes selyuquíes, rompieron las defensas de los bizantinos, muy débiles ya en Anatolia occidental, y se asentaron en la región.

Madrasa de Ahmet Gazi, relieve de león en el trasdós del arco del iwan principal, 1375, Ahmet Gazi, Beçin.

El *bey* Menteşe y sus sucesores conquistaron la zona de la antigua Caria y allí fundaron un emirato en 1280. Pasaron a colaborar con la población marinera local, es decir los *rums*, y se fortalecieron así con una salida al mar. Durante breve tiempo, hasta la llegada de los Caballeros de San Juan (1310), dominaron una parte de Rodas. El título de "Sultán de las Costas" que dieron a Ahmet Gazi, quien construyó una hermosa *madrasa* en Beçin (1375), se debió seguramente a su aspiración de adueñarse de los mares. El emirato menteşí, que poseía el importante puerto comercial de Balat (Mileto), estableció por seis veces (entre 1331 y 1414) acuerdos con los venecianos para garantizar la paz y los intercambios. Estos pactos aseguraban que los venecianos pudieran comerciar libremente en el territorio menteşí, establecerse en Balat y practicar su religión en la iglesia de San Nicolás. El consulado veneciano de Balat tendría jurisdicción en los litigios. Ningún veneciano sería considerado responsable de las deudas de otro comerciante ni encarcelado por ellas. Los señores menteşíes, con el fin de aumentar su volumen comercial, acuñaron una moneda de plata del tipo napolitano llamado *gigliato* (de *giglio*, flor de lis), con las letras en caracteres latinos. La floreciente situación financiera menteşí, basada en una agricultura próspera y un tráfico comercial protegido, representó una fuente importante de desarrollo para el país. Por esto fue posible construir los numerosos monumentos de Beçin, Milas y Balat.

Hacia 1350, las fuerzas otomanas, después de atravesar el estrecho de los

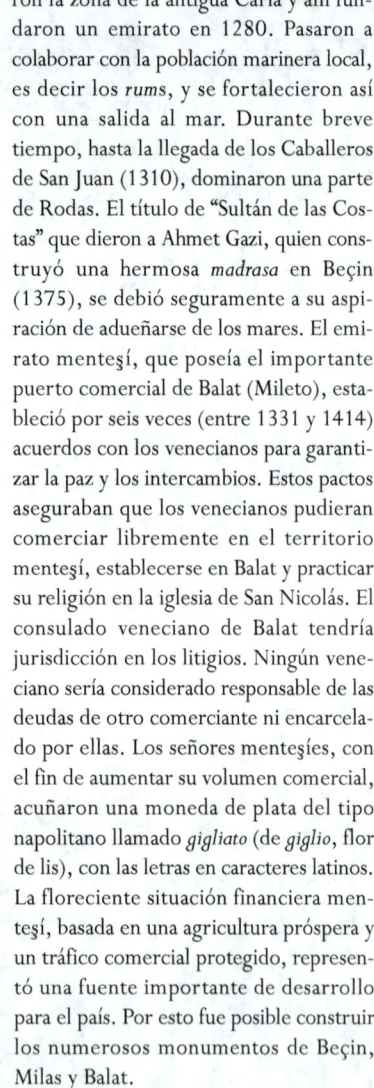

Dardanelos, conquistar Tracia hasta Kosovo y encerrar en un cerco Estambul, todavía en manos bizantinas, añadieron a sus territorios, asimismo, los emiratos de Anatolia occidental. No se puede dar una fecha precisa de la derrota de los emiratos de Aydın y Menteşe; se cree que Balat fue tomada alrededor de 1389-1390. Cuando Ahmet Gazi murió, en 1391, fue enterrado en la *madrasa* de Beçin, que él mismo había mandado construir. En tiempos del sultán otomano Bayezid I, Hoca Firuz, gobernador de Menteşe —la región lleva aún este nombre— hizo levantar en Milas la mezquita de Firuz Bey, terminada el 2 de noviembre de 1396.

En 1424, el Estado otomano erradicó definitivamente el emirato menteşí, reconstituido después de la batalla de Ankara de 1402. A partir de esa fecha, ciudades de Menteşe —por entonces una *sançak* (provincia) otomana— como Beçin y Balat fueron perdiendo su importancia y acabaron por ser abandonadas.

A. D.

Moneda de plata acuñada en nombre de Ahmet Gazi (1359-1391), Colección Üstün Erek.

El recorrido da comienzo en el centro de Milas, en la antigua región de Caria, para continuar luego hacia el norte hasta llegar a la Jonia de la antigüedad. Después de visitar el centro de Milas y la ciudadela de Beçin, seguir por la carretera general D 525 en dirección norte. Una vez pasadas las tierras escarpadas al sur del lago de Bafa, se llega a la llanura de Söke, formada a lo largo de siglos por los sedimentos de aluvión del río Menderes (antiguamente Meandros). Una vez llegados a Söke, hay que decidir dónde pasar la noche: en Selçuk, punto de partida del siguiente recorrido, o bien en Kuşadasi, una ciudad costera más animada. Quien se decida por Selçuk, puede hacer una parada en el camino en la ciudad de Ortaklar y dejarse caer por alguno de sus muchos restaurantes para degustar las especialidades del lugar: las famosas çöp şiş (brochetas de carne hechas en parrilla de carbón), las izgara sucuk (salchichas muy especiadas) y el ayran (bebida a base de yogur y agua).

A quien viaje en transporte público no le será posible completar la visita en un solo día. En Turquía solo hay buenas comunicaciones entre las ciudades. Desde Milas se puede ir a Beçin en dolmuş, minibuses que parten frente a la mezquita Mayor, en la acera opuesta al museo. Al han de Bafa, aunque está situado en la carretera general Milas-Soke, resulta difícil ir si no es en automóvil. Para llegar a Balat en transporte público, ir a la estación de Söke y coger allí un dolmuş para Balat o Didim. En la carretera, que atraviesa la llanura de Söke, hay que prestar atención a los tractores cargados de balas de algodón, sobre todo en la época de la cosecha (septiembre-octubre), porque muchos van mal iluminados y señalizados.

RECORRIDO I   *El sultán de las costas*
Milas

Mezquita Mayor, fachada de la entrada, 1378, Ahmet Gazi, Milas.

I.1 MİLAS

La antigua Mylasa había sido capital de Caria hasta que Halicarnaso (hoy Bodrum) asumió esta función durante el reinado del sátrapa persa Mausolo (siglo IV a. C.). Debido a sus buenas relaciones con los persas, Mausolo pudo gobernar sin estorbos. A su muerte, su esposa hizo construir un sepulcro magnífico y suntuoso para su cuerpo —origen del término "mausoleo"—, una de las siete maravillas del mundo de la que solo quedan restos de cimientos.

Mylasa conservó su importancia durante el periodo helenístico gracias a la proximidad del centro religioso de Labranda, situado 13 km al este de la ciudad, y durante la época romana sirvió de centro administrativo. No tenemos demasiadas noticias de la Milas bizantina. Sí sabemos, en cambio, que la ciudad recobró su importancia durante el emirato de Menteşe.

I.1.a Mezquita Mayor (Ulu Cami)

Barrio de Hoca Bedrettin, avenida İnönü. Frente al museo, al otro lado de la calle.

El famoso emir menteşí Ahmet Gazi, que gobernó entre 1359 y 1391, había heredado una parte del territorio dividido entre los hermanos a la muerte de su padre. Ahmet Gazi no solo permaneció en el poder más tiempo que ningún otro *bey* menteşí, sino que su reinado fue también el de mayor esplendor del emirato. Algunos de los edificios que hizo construir en Beçin, Milas, Balat, Fethiye y Çine siguen hoy en pie. Entre ellos está la mezquita Mayor, restaurada por completo en los últimos años y abierta aún al culto.

Los muros de la mezquita, situada en un hermoso jardín lleno de arbustos y árboles, son de ladrillo y de piedras tomadas de edificios antiguos; especialmente notables son los bloques con inscripciones y el enladrillado decorativo que se ve aquí y allá. Además de la entrada principal en el centro de la fachada norte, tiene otras dos laterales: una en la fachada este y otra en la oeste. A la derecha de la puerta de la fachada norte hay una escalera por la que se sube al tejado, desde el que se llama a la oración. La inscripción en árabe del portal indica que la construcción de la mezquita se terminó en octubre de 1378. La inscripción en caracteres turcos de la parte alta de la entrada oeste es el acta fundacional de un *waqf* y data de 1904. La heterogeneidad de los soportes y de los materiales del tejado prueba que ha sido reformada en distintas épocas; los gruesos contrafuertes de todas las fachadas debieron de añadirse tardíamente.

La planta y el tejado de la mezquita Mayor de Milas continúan la tradición selyuquí. Como en las mezquitas selyuquíes de planta basilical, las naves, perpendiculares al muro de la *qibla*, están cubiertas por bóvedas de varios tipos, mientras que la crujía situada frente al *mihrab* se diferencia del resto por la cúpula. El *mimbar* de mármol, decorado con varias rosetas, se restauró en 1879; no obstante, la inscripción del antiguo, con fecha de enero de 1380, se copió en el nuevo.

R. H. Ü.

Mezquita Mayor, fachada oeste, 1378, Ahmet Gazi, Milas.

I.1.b Mezquita de Firuz Bey (o de Kurşunlu)

Distrito de Firuz Paşa, avenida Kışla. Dirigirse hacia el norte por la calle principal que pasa frente a la mezquita Mayor y torcer a la izquierda en la calle Kışla.

Esta mezquita está situada en el centro de la ciudad, dentro de un gran patio. Las celdas de la *madrasa*, que se alinean en el lado occidental del patio, perdieron

RECORRIDO I *El sultán de las costas*
Milas

Mezquita de Firuz Bey, fachada sur, 1396, Hoca Firuz, Milas.

sus peculiaridades a consecuencia de una restauración, y las tumbas que había en el patio de la mezquita fueron traslada-

Mezquita de Firuz Bey, mihrab, 1396, Hoca Firuz, Milas.

das a otro cementerio en la década de 1930. El edificio, concluido en 1396, ha sido remozado por completo recientemente y sigue abierto al culto. Todas las fachadas están recubiertas con mármol de vetas azules. El viajero otomano Evliya Çelebi escribió que "por su mármol de color azul, los turcos la llaman *Gök Cami* (mezquita celeste)". Resultan interesantes las dos filas de ventanas, pues cada una tiene una composición decorativa diferente. El alminar, que suele estar a uno de los lados, en el extremo más próximo a la puerta, y alzarse sobre una base propia, se encuentra aquí, sin embargo, sobre la pared de la sala de oración.

El pórtico frontal, que asombra por sus elaborados arcos, las balaustradas de celosías de mármol con decoración geométrica y el elegante portal, tiene cinco arcos pero solo tres crujías: la central, cubierta con una cúpula, y las laterales, con bóvedas. Los motivos decorativos florales que se ven alrededor de la inscripción situada sobre la entrada, en la crujía central del pórtico, marcan una ruptura con el estilo selyuquí. Variante de las mezquitas multifuncionales que servían de lugar de culto así como de posadas, la mezquita de Firuz Bey tiene *tabhane*s a ambos lados, y el patio interior entre ellos y la sala de oración es mucho más pequeño de lo normal. Las elegantes cúpulas están cubiertas de pinturas posteriores, pero es el *mihrab* el que atrae la mirada con sus relieves; el *mimbar* liso de mármol tiene por decoración un simple "nudo de Salomón" (estrella de David). El edificio fue obra de un arquitecto llamado Hasan Ibn Abdullah, mientras que la decoración

RECORRIDO I   *El sultán de las costas*
Beçin

Fortaleza de Beçin, vista general desde el oeste, s. IV-XIV, Beçin.

se debió a un artesano de nombre Musa Ibn Adil.

R. H. Ü.

Milas es una encantadora y animada ciudad con mucho que ofrecer a los visitantes: el museo, situado en la parte vieja, tiene una pequeña pero excelente colección de obras de la antigüedad; la ciudad vieja, llena de casas otomanas con preciosas chimeneas de estilo local; la tumba de Gümüşkesen, del tiempo de los romanos; el mercado de los martes...
En Bodrum, la antigua Halicarnaso, a 50 km de Milas, se encuentran los restos del Mausoleo, considerado como una de las siete maravillas del mundo. La fortaleza de San Pedro, construida por los Caballeros de San Juan con piedras del Mausoleo, es hoy el Museo Arqueológico Submarino, famoso en todo el mundo. Bodrum es una amena localidad costera a la que en verano acuden turistas tanto turcos como extranjeros.

A 4 km del centro, al sur de Milas, está Beçin, adonde puede llegarse con los dolmuş *que salen frente a la mezquita Mayor.*

I.2 BECÍN

La fortaleza, construida en una meseta al borde de la llanura de Milas, a 200 m de altura respecto a esta, se alza majestuosamente sobre un promontorio rocoso de formas curiosas, como una corona sobre la cabeza de la ciudad moderna de Beçin. Las ruinas situadas en la parte alta de la escarpada ladera norte y sus inmediaciones han hecho pensar que allí hubo una necrópolis en la antigüedad. Los restos de unos cimientos de época helenística, en la vertiente este, y el templo del siglo IV a. C., en el ángulo sureste de la muralla, son pruebas de que la fortaleza existía antes del periodo turco.

RECORRIDO I *El sultán de las costas*
Beçin

Hammam Büyük, vista general desde el suroeste, s. XIV, Beçin.

Probablemente, la ciudad de Beçin era un pequeño asentamiento cuando pasó a manos de los *beyes* de Menteşe, a finales del siglo XIII. El diminuto tamaño de la capilla bizantina situada entre las ruinas de la ciudad apoya esta hipótesis. El célebre viajero árabe Ibn Battuta, que visitó la ciudad en la década de 1330, da más crédito a esta teoría al escribir que era "una ciudad vuelta a fundar, con nuevos edificios y *masyid*s". El hecho de que casi todas las ruinas que quedan pertenezcan a edificios del periodo turco demuestra el veloz desarrollo que tuvo Beçin en la época. Debido al rápido aumento de población y al desarrollo urbano igualmente rápido durante el siglo XIV, la mayor parte de los edificios que adornan la ciudad data de aquel siglo.

R. H. Ü.

I.2.a Fortaleza

La carretera tuerce a la derecha frente a la escalera que sube a la fortaleza. Enfrente hay una fuente, probablemente del periodo menteşí, y unos cuantos peldaños más arriba se encuentra, a la derecha, una cisterna que suministraba el agua a la fortaleza. Pese a que el terreno por el que se extienden las ruinas de Beçin abunda en fuentes y pozos, en la fortaleza, 50 m más alta que la meseta sobre la que se asienta la ciudad, no se podía extraer agua directamente.

La parte sur de la muralla circular —necesitada de restauración— se alza sobre los cimientos de un antiguo templo; aunque no se ha estudiado suficientemente, se cree que estaba consagrado a Zeus. Las desvencijadas casas del interior de la fortaleza estuvieron habitadas hasta los años ochenta, y la más vieja tiene, como mucho, un siglo de antigüedad. Los restos de un *hammam* del siglo XIV hacen pensar que el asentamiento dentro de la fortaleza debió de ser muy anterior.

R. H .Ü.

I.2.b Hammam Büyük (Baño Grande)

El célebre viajero Evliya Çelebi, que visitó Beçin a mediados del siglo XVII, refiere que no había ningún *hammam*. Sin embargo, en la ciudad todavía son visibles los restos de hasta cinco baños, lo cual permite deducir que en tiempos de Çelebi los *hammam*s estaban en ruinas o, cuando menos, ya no funcionaban.

El Hammam Büyük (Baño Grande), en el olivar situado a la derecha de la carretera que va de la fortaleza a la *madrasa* de Ahmet Gazi, es uno de los edificios más impresionantes de la ciudad. Gran parte del techo se ha derrumbado, pero casi todos los muros siguen en pie. La sala rectangular abovedada del lado norte es el depósito de agua, y en el exterior puede verse la abertura con arco por la que se alimentaba el fuego. La amplia sala de la parte este es el *soyunmalık*. Las excavaciones han descubierto dos fuentes, una en el *soyunmalık* y la otra en el *iliklik*. Una de las particularidades más interesantes de este *hammam* son las dos puertas a la calle de la zona de vestuarios, pues la mayoría de los baños tiene solo una entrada, para evitar que se pierda el calor. Algunos *hammam*s estaban formados por dos partes separadas, una para hombres y otra para mujeres. En ellos, la entrada a la sección reservada a las mujeres daba a calles secundarias poco transitadas, de forma que podían entrar y salir sin molestias. Si excluimos estos ejemplos de baño doble, no existían *hammam*s solo para mujeres. En el caso de los baños únicos, se les permitía la entrada uno o dos días por semana. De las dos entradas del Hammam Büyük, la del este da a la calle, mientras que en el lado oeste hay una pequeña puerta que no se ve desde la calle. Probablemente, en los días reservados para las mujeres la puerta principal estaba cerrada, y las clientas entraban y salían por la puerta trasera del edificio.

Después de pasar la pequeña cámara de la parte oeste está el *ılıklık*; junto a este, el *sıcaklık*, con tres *iwan*s que forman una T y *halvet*s en los rincones. Todo el suelo está enlosado con grandes bloques de mármol reutilizados, y en las paredes se aprecian restos de escayola.

R. H. Ü.

I.2.c Madrasa de Ahmed Gazi

Esta *madrasa*, que debemos al célebre *bey* Ahmet Gazi, es el edificio mejor conservado del emirato de Menteşe de cuantos han llegado hasta nosotros, y los trabajos de restauración emprendidos años atrás continúan. En la inscripción en árabe situada sobre la entrada se lee que la hizo levantar, en 1375, "el Gran Gobernante, el Sultán de las Costas Ahmet Gazi". El título de Sultán de las Costas es prueba de que los esfuerzos por extender la soberanía menteşí al Egeo, incrementados durante los gobiernos de Mesut Bey y Orhan Bey, habían

Hammam Büyük, soyunmalık después de los trabajos de excavación y conservación, s. XIV, Beçin.

RECORRIDO I   *El sultán de las costas*
Beçin

Madrasa de Ahmet Gazi, fachada de la entrada, 1375, Ahmet Gazi, Beçin.

dado fruto. La aparición de elementos extranjeros en la arquitectura turca vino determinada por el revitalizado tráfico comercial y humano con la Francia meridional, Italia y las islas del Egeo en esta época. Si bien el portal de la *madrasa* tiene todos los elementos tradicionales selyuquíes, hay relevantes diferencias en los detalles. De cerca, las numerosas molduras que enmarcan el nicho principal de la entrada recuerdan los pórticos góticos.

El *iwan* de la entrada principal está situado frente al *iwan* principal del edificio. Las ocho cámaras y los dos *iwans* de la *madrasa* dan a un patio rectangular. No hay aquí esos pórticos que suelen verse en la mayoría de los patios de las *madrasas*. Las dos grandes salas de los lados del *iwan* principal eran aulas. Hay un hogar en cada celda, así como en las aulas. Las figuras de león del arco del *iwan* principal están grabadas y pintadas simplemente, y sostienen entre las garras sendos estandartes: en el del león de la derecha se lee "Ahmet Gazi" en caracteres árabes. Se sabe que también en el periodo selyuquí las figuras de algunos animales, como el león y el águila, eran símbolos del sultán, pero no llevaban enseñas entre sus garras, como en este caso. De las dos tumbas del *iwan* principal, la más cercana al patio pertenece a Ahmet Gazi. Se ha sugerido que la otra podría ser la de otro dirigente menteşí, Şücaeddin Bey. Los lugareños, que creen que se trata de tumbas de grandes personajes religiosos, hacen ofrendas y rezan cuando visitan las tumbas.

R. H. Ü.

RECORRIDO I   *El sultán de las costas*
Beçin

I.2.d Hammam Bey (Baño del Bey) (opción)

El Hammam Bey (Baño del Bey) se encuentra unos 25 m al norte de una gran casona de dos plantas situada 50 m al oeste de la *madrasa*; la mansión debió de pertenecer a alguna figura prominente de la ciudad, quizá al propio *bey*.

Construido probablemente a principios del siglo XV, el Hammam Bey dista unos 100 m del Hammam Büyük, que data de la segunda mitad del siglo XIV. La proximidad de estos dos edificios de idéntica función lleva a pensar que el primero pudo ser un baño privado perteneciente a la mansión cercana. Los restos de la decoración que aún pueden verse en el enyesado del interior demuestran que el edificio era bastante refinado. La parte superior está completamente derruida, pero queda en pie buena parte de los muros. Las excavaciones han sacado a la luz los cimientos del vestidor, que se encuentra en ruinas.

R. H. Ü.

I.2.e Han Kizil (Han Rojo)

Frente a la madrasa *de Ahmet Gazi, en el centro de la ciudad, está la mezquita de Orhan (1330-1331), la mayor de Beçin. Siguiendo a la izquierda por la misma calle, que rodea la mezquita, se deja una fuente a la derecha y se llega finalmente al* han *Kızıl* (han *Rojo).*

Una de las más importantes rutas de la seda que unían Europa con China atravesaba Anatolia. Desde finales del siglo XII, los turcos que dominaban Anatolia se dieron cuenta de las ventajas materiales que aportaba este tránsito comercial y tomaron medidas para incrementarlo. A tal fin se construyeron *caravansarays* que garantizasen a los mercaderes un cobijo seguro para pasar la noche, al tiempo que se crearon mercados cercanos para hacer posibles los intercambios. Las actividades comerciales cobraron repentina vida una vez que los emiratos de Anatolia occidental, que durante el siglo XIV habían

Han Kızıl, fachada sur, s. XV, Beçin.

Çamiçi

batallado entre sí, pasaron a dominio otomano, en el siglo XV, y la región se volvió segura. De ahí que los primeros *han*s de las ciudades de Anatolia occidental, como los de Bergama, Menemen y Tire, daten del siglo XV.

Los *han*s de Anatolia occidental no son imponentes y magníficas construcciones como lo eran los selyuquíes, y los dos de Beçin, parcialmente en buen estado, son sencillos y sobrios.

El Han Kızıl es un edificio de dos pisos del que quedan únicamente las paredes, mientras que los techos se han venido abajo por completo. Su distribución se asemeja mucho a la del *han* de Döger, en los alrededores de Afyon. El piso inferior, constituido por un solo espacio rectangular, era el establo donde se ataba a las bestias de carga, aunque también algunos viajeros pasaban la noche con sus animales. A la izquierda de la puerta de entrada, una escalera, cuyos restos son aún visibles, conducía al piso superior, donde había dos estancias en las que pernoctaban los demás viajeros.

R. H. Ü.

El próximo monumento, el han *de Bafa, se encuentra en la carretera Söke-Milas (D 525), en el límite entre las provincias de Aydın y Muğla, a unos 40 km de Milas.*

I.3 ÇAMİÇİ

I.3.a **Han de Bafa** (opción)

El paso de caravanas entre la importante ciudad portuaria de Balat (Mileto) y la capital Beçin era muy intenso durante el

Han Kızıl, pechina de la habitación del lado norte del piso superior, s. XV, Beçin.

RECORRIDO I *El sultán de las costas*
Çamiçi

Han Kizil, parte cubierta, s. XV, Beçin.

emirato de Menteşe, y aunque fue disminuyendo paulatinamente tras la desaparición de este emirato, prosiguió por largo tiempo. De hecho, el viajero turco Evliya Çelebi, que visitó Balat hacia 1670, relata que la ciudad tenía un activo comercio marítimo. El *caravansaray* de Bafa se encuentra en la ruta de las caravanas que unía Balat con Milas y Beçin. Está formado por un único espacio rectangular, y su puerta da a la carretera. Más interesante que la sencilla planta del *han* resulta la cisterna adyacente al edificio, que se remonta, según se cree, al siglo XIV. En la zona rural de Muğla, más bien árida, existen muchas cisternas, porque estas tierras, pese a no disponer de recursos hídricos naturales, son las segundas en pluviosidad de Turquía. Estas cisternas se construían para almacenar el agua de lluvia en los meses de otoño, invierno y primavera, y servirse de ella en verano, cuando apenas llueve. Además, se necesitaba agua para los viajeros y caballerías que pasaban la noche en el *han*.

Para llevar el agua hasta la cisterna se construyeron pequeños canales a los lados del edificio, bajo los aleros, de forma que la lluvia caída en el tejado fuera directamente al cuerpo cilíndrico de la cisterna por estos conductos. La cisterna está en buen estado, y con unos simples arreglos podría seguir utilizándose hoy.

R. H. Ü.

La carretera general Milas-Söke (D 525) bordea por el sur el lago de Bafa, hoy Parque Nacional de la Naturaleza. En su orilla norte hay escarpadas formaciones rocosas (los montes de Beş Parmak) que ofrecen unas

RECORRIDO I   *El sultán de las costas*
Balat

Complejo de İlyas Bey, vista desde el norte de la mezquita y la madrasa, 1404, İlyas Bey, Balat.

vistas magníficas. Para llegar a los restos de la antigua ciudad Herakleia am Latmus (hoy Kapıkırı), antes del lago torcer al norte en Bafa (Çamiçi) y seguir la orilla.

Balat es el nombre turco de la antigua ciudad de Mileto. Para ir desde Milas, seguir la carretera D 525 y torcer en el kilómetro 55 en dirección a Akköy. Si se viaja en transporte público, primero ir a Söke y allí coger un minibús hasta Balat. El complejo de İlyas Bey se levanta entre grandiosas ruinas del mundo antiguo.

I.4 BALAT

La antigua población de Mileto, sobre la que se fundó Balat, fue una de las más importantes ciudades de Jonia, y se alzaba en la península donde el río Meandros (hoy Büyük Menderes) desembocaba en el mar. Ahora, sin embargo, a causa de los sedimentos depositados por el río, se encuentra a 9 km de la costa. La ciudad —que sigue el plano cuadriculado del famoso urbanista Hipódamo—, enriquecida con sus colonias costeras del Mediterráneo y el mar Negro, alcanzó un lugar destacado en el mundo jónico. Aunque la ciudad, patria de filósofos famosos como Tales, Anaxímenes y Anaximandro, y arquitectos como Hipódamo (siglo V a. C.) e Isidoro (que construyó Santa Sofía de Estambul en el siglo VI), conservó su importancia durante el periodo romano, empezó a decaer cuando el puerto, a causa de las tierras de aluvión, se transformó en una laguna y el tráfico comercial cesó; a partir de entonces, resultarían vanos los esfuerzos por devolverla a su

RECORRIDO I *El sultán de las costas*
Balat

esplendor del pasado. En la época bizantina se construyó una fortaleza en lo alto del cerro, donde estaba el teatro. El nombre turco de Balat deriva probablemente del griego *palatia*, "palacio".

En la última década del siglo XIV, los otomanos se anexionaron al emirato menteşí. Sin embargo, en la batalla de Ankara de 1402 entre el sultán Bayezid I y Tamerlán, İlyas Bey, de la dinastía de Menteşe, combatió al lado del mongol. Con Bayezid derrotado y hecho prisionero, Tamerlán repuso en el trono menteşí a İlyas Bey, y lo mismo hizo con los demás emires que le habían ayudado. La capital del restablecido emirato se transfirió de Beçin a Balat, que se convirtió en un mercado de productos como el azafrán, el sésamo, la miel, la cera y las alfombras. En este periodo se exportaba también grano a Chipre y Rodas. En el siglo XIX, sin embargo, la ciudad se encontraba en un estado de completo abandono.

Para llegar hasta el complejo de İlyas Bey, se pueden atravesar las ruinas de Mileto (pasando junto a las termas de Faustina) o también tomar el camino que va desde la taquilla hasta Balat y seguir luego unos 200 m el de la izquierda. Los visitantes que vayan en coche deberán dejarlo en el aparcamiento.

I.4.a **Complejo de İlyas Bey**

El camino desde la carretera y el que sale de las termas de Faustina se unen junto al cementerio, al oeste del *hammam*. Por una abertura de la muralla moderna se llega al patio externo. Pasadas las tumbas, está la entrada al patio interior que comparten la mezquita y la *madrasa*. La entrada principal del complejo parece ser la puerta del lado este, unida por un camino a otra puerta de la parte noreste del patio interior. Un enorme árbol que se encuentra detrás del muro oculta una construcción similar a una

Hammam de İlyas Bey, sıcaklık, p. del s. XV, İlyas Bey, Balat.

RECORRIDO 1 *El sultán de las costas*
Balat

Hammam de İlyas Bey, detalle de la decoración de escayola de los halvets, p. del s. XV, İlyas Bey, Balat.

torre, en la parte oeste del patio exterior. El edificio que queda a la izquierda al acercarse a la entrada del patio interior, sin ventanas y coronado por una cúpula, es el *dershane* de la *madrasa*; la gran cúpula que se ve a lo lejos es de la mezquita.

Mezquita

La mezquita de İlyas Bey no tiene elementos dignos de mención del punto de vista arquitectónico, pero impresionan el refinamiento con que está trabajado el mármol y la rica decoración. Por fuera, los muros están recubiertos con mármol de las ruinas de Mileto; el trabajo en mármol de las fachadas, al igual que en la mezquita de Firuz Bey de Milas o en la de İsa Bey de Selçuk, así como en edificios contemporáneos de las ciudades vecinas, se relaciona, por una parte, con la abundancia de mármol disponible en los restos de la antigüedad existentes en las inmediaciones, pero asimismo con un estilo particular de la época, que encontramos también en Italia, por ejemplo. En las fachadas oeste, este y sur hay cuatro ventanas dispuestas en dos filas; de la rica decoración de sus marcos, merece la pena resaltar las incrustaciones de piedras de colores.

La puerta monumental de la fachada norte presenta rasgos diferenciadores respecto al diseño tradicional del periodo selyuquí, que en parte continuó en la época de los emiratos. De los tres arcos que forman la entrada, los dos laterales están cegados con celosías de mármol. Según la inscripción en árabe del arco central, el edificio fue mandado construir por el menteşí İlyas Ibn Mehmet y se terminó a mediados de 1404.

Muros de 2 m de grosor sostienen la gran cúpula de 14 m de diámetro que cubre la sala de oración cuadrada. La decoración a base de paneles caligráficos, junto con el colorido de las piedras incrustadas de la parte superior de las ventanas de la fila baja, aparece en muy pocos edificios. El *mihrab* de mármol de 7 m de alto y más de 5 m de ancho tiene también una soberbia decoración en piedra. No existe ya el alminar que se alzaba en la esquina noreste y al que se subía por una escalera que discurría por el interior del muro.

Madrasa

Las celdas que circundan el patio de la mezquita por los lados este, oeste y norte varían en sus proporciones, y este desequilibrio desentona con el cuidado puesto en la construcción de la mezquita, así que la *madrasa* debió de levantarse después que el templo. El pequeño espacio cubierto por una cúpula que hay al otro lado de la mezquita es el *dershane*. Las excavaciones llevadas a cabo en los últimos años han sacado a la luz los cimientos de otra *madrasa* en el ala occidental del patio, contigua a las celdas. Esta segunda *madrasa* es incluso posterior.

Hammam

Se cree que İlyas Bey ordenó la construcción de los dos *hammam*s que hay al norte de la mezquita. No se sabe a ciencia cierta, con todo, por qué se levantaron dos baños tan cerca uno del otro, separados solo por un pasaje de 2 m de anchura. Las fuentes escritas nos informan de que los *hammam*s eran lo primero que se construía, para que los obreros que trabajaban en las mezquitas pudieran lavarse. Como se sabe, los musulmanes, después de una relación sexual, tienen que lavarse todo el cuerpo y hacer sus abluciones, porque cometerían pecado si salieran a la calle sin hacerlo. Así, puede que el menor de estos baños se construyera para los trabajadores de la obra. Después se vería que era demasiado pequeño y que resultaba insuficiente, por lo que se levantó otro al lado. Una vez terminada la mezquita, es de suponer que el baño grande acabara destinándose a los hombres y el pequeño a las mujeres. En el grande (Büyük Hammam), la cámara rectangular abovedada del lado oeste es el depósito de agua. La entrada se encuentra en la pared oeste del *soyunmalık*, que está derrumbado. Atravesando la pequeña habitación del ángulo noreste se llega a un reducido recinto —el *ılıklık*— con otra pequeña cámara en su parte sur —quizá el *traşlik*— y un habitáculo diminuto contiguo al pasaje. La gran sala de la parte oeste es el *sıcaklık*, en forma de T y con dos *halvet*s en los rincones. En las paredes quedan restos de decoración hecha con moldes sobre yeso húmedo.

R. H. Ü.

LA ENSEÑANZA EN LAS *MADRASAS*

Yekta Demiralp

Estudiantes de la madrasa, Codex Vindobonensis, 8626, Biblioteca Nacional Austriaca, Viena.

Las *madrasa*s eran instituciones educativas que nacieron en los países islámicos. Antes de su aparición, se usaban como escuelas las mezquitas fuera de los horarios de la plegaria, y la enseñanza no iba más allá de la memorización del Corán y la educación religiosa. Más tarde se consideró inapropiado que las mezquitas, lugares de culto, sirvieran también de escuela, por lo que los *hoya*s empezaron a impartir clases en sus casas.

Los primeros restos de edificios conocidos como *madrasa*s se remontan al siglo X, y se encuentran en las regiones de Khorasan y Transoxiana. Estos edificios se componían de un patio rodeado de habitaciones, que eran las celdas de los estudiantes. Entre ellas, en medio de cada lado del patio, había un *iwan*. Esta distribución influyó en las *madrasa*s construidas en Anatolia: en todas las *madrasa*s de aquel periodo que han pervivido hasta hoy encontramos un patio, *iwan*s, un *dershane* de invierno y las celdas de los estudiantes. En algunas hay otros elementos arquitectónicos, como *masyid*s, *turbe*s, fuentes o alminares. No obstante, no todas las *madrasa*s construidas en la época de los emiratos de Anatolia, y especialmente en el periodo otomano, tienen la misma planta.

Las *madrasa*s levantadas por altos funcionarios o por ricos no estaban ligadas al

Estado, que no aportaba fondos para la manutención de los estudiantes, los sueldos de los empleados, o el mantenimiento y las reparaciones del edificio. Por ello, quien la mandaba construir destinaba a la *madrasa* los ingresos regulares de parte de sus propiedades, de manera que a su muerte se pudiera seguir atendiendo a sus necesidades. En consecuencia, cada *madrasa* era un *waqf*.

Los estudios, el periodo lectivo, las horas de clase y las vacaciones variaban según la *madrasa*. De acuerdo con el tipo de enseñanzas que se impartieran, las *madrasas* se llamaban de una u otra manera: por ejemplo, aquellas en que se estudiaban los dichos del profeta se llamaban *darülhadiz;* donde se memorizaba el Corán, *darülhuffaz;* las de medicina, *darüttıb*. Los docentes se llamaban *müderris*, y en cada *madrasa* había un *muid* o más que ayudaban a los estudiantes o les tomaban las lecciones dadas por los *müderris*. Había, además, un portero, un empleado de la limpieza, un bibliotecario y un "apuntador" que controlaba la asistencia del personal y los estudiantes, e informaba de las ausencias a la dirección del *waqf*. En las *madrasas* se impartían enseñanzas de diverso tipo, y la calidad de la docencia se medía por el sueldo que percibían los profesores.

Cada *madrasa* tenía entre 20 y 40 estudiantes. Las construidas por los sultanes otomanos, en cambio, admitían tantos estudiantes como celdas hubiera. Además de sufragar todas sus necesidades, a los estudiantes se les daba también una pequeña cantidad de dinero.

A 20 km al sur de Balat se encuentra el templo de Apolo en Didyma, que conserva toda su magnificencia pese a estar prácticamente en ruinas. A solo 5 km de este templo está la playa de Altınkum.

A 16 km al norte de Balat, en la carretera general Balat-Söke, se encuentra la antigua ciudad de Priene, cuya magnífica ubicación fascinará a los visitantes.

Otro rincón de la región digno de verse es el Parque Nacional Península de Dilek, una reserva de plantas y animales, situado 30 km al sur de Kuşadası. También se puede ir al delta del río Büyük Menderes, parte del Parque Nacional, torciendo hacia el norte en el pueblo de Tuzburgazı; el pueblo de Doğanbey es una muestra de las culturas del Egeo y el Mediterráneo.

RECORRIDO II

Los mecenas y los artistas

Lale Bulut, Ertan Daş, Aydoğan Demir, İnci Kuyulu

II.1 SELÇUK
- II.1.a Hammam de Saadet Hatun
- II.1.b Hammam de İsa Bey
- II.1.c Mezquita de İsa Bey
- II.1.d Ciudadela

II.2 TİRE
- II.2.a Han Kutu
- II.2.b Mezquita de Yahşi Bey
- II.2.c Complejo de Yavukluoğlu (o Yoğurtluoğlu)

II.3 BİRGİ
- II.3.a Mezquita Mayor (Ulu Cami)
- II.3.b Turbe de Mehmet Bey
- II.3.c Turbe de Sultan Şah (opción)

Las tradiciones funerarias turcas

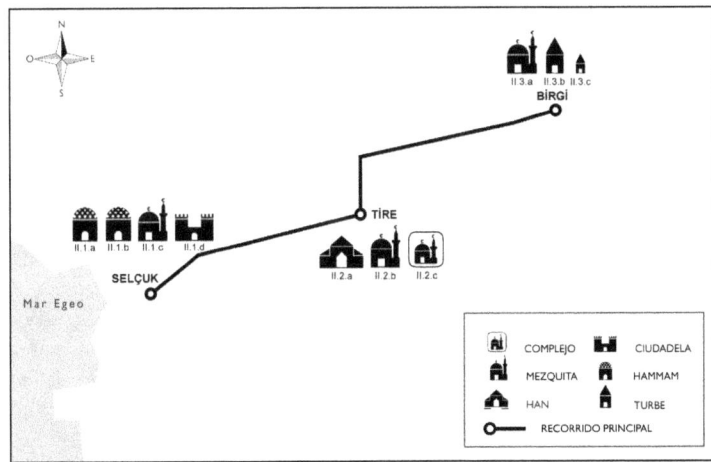

Mezquita de İsa Bey, fachada oeste, 1375, İsa Bey, Selçuk.

Mezquita de Yahşi Bey, Vista general desde el noreste, 1441, Halil Yahşi Bey, Tire.

Mehmet Bey, hijo de Aydın, fundó un emirato a principios del siglo XIV, con la toma en 1308 de Ayasuluğ (Selçuk o Éfeso), Tire y Birgi en Anatolia Occidental, y la anexión en 1317 de la ciudad de İzmir.

Los *beyes* aydiníes no tardaron en lanzarse al mar; con sus flotas de Ayasuluğ e İzmir sobre todo, emprendieron expediciones a la isla de Eubea, la península del Peloponeso, Gallípoli y Tracia. Genoveses y venecianos fueron los más molestos con estos hechos, pero, gracias a la "santa alianza" establecida contra el peligro del emirato aydiní, Venecia consiguió mantener su presencia en el Egeo. Los gobernantes, en vista del daño que la guerra ocasionaba en ambos bandos, no dudaron en hacer acuerdos de paz y de comercio cada cierto tiempo: entre 1337 y 1371, cuatro veces firmaron el emirato aydiní y Venecia tratados de alto el fuego, de paz y comerciales.

Buena parte de los ingresos provenientes de los botines de aquellos años de guerras, de los productos de la fértil tierra y de los aranceles, que se incrementaron gracias a los acuerdos con los venecianos, se gastó en la construcción de edificios monumentales civiles o religiosos. La mezquita mayor de Mehmet Bey (r. 1308-1334) en Birgi y la mezquita y el *hammam* de Isa Bey (r. 1360-1390) en Selçuk, son hermosos testimonios de esta política que han llegado hasta nuestros días. En Tire, que había sabido mantener durante siglos una activa vida comercial, se levantaron numerosos *hans*, además de mezquitas, *madrasas* y *hammams*.

El emirato aydiní tenía en gran consideración a sabios y eruditos. El célebre viajero árabe Ibn Battuta fue recibido por Mehmet Bey y tratado con mucho respeto cuando visitó Birgi en 1333. Miguel Ducas, abuelo del historiador bizantino Ducas (1400-1470) y él mismo un gran estudioso, encontró la protección de İsa Bey después de escapar con vida de las disputas por el trono entre las dinastías de los Cantacuzeno y los Paleólogo en Constantinopla. İsa Bey lo acogió con todos los honores y le proporcionó todo lo necesario para su bienestar. Haci Paşa, famoso médico, en el libro que dedicó a İsa Bey (1381) nos lo presenta como un sabio y un sultán que protegía a los sabios.

El último de los emires aydiníes, Cüneyd (r. 1405-1426), aunque durante largo tiempo se empeñó en defender su emirato de los otomanos, tuvo que rendirse en 1426. A partir de esa fecha, su territorio fue administrado por los otomanos como *sançak* Aydın (la provincia de Aydın).

A. D.

II.1 SELÇUK

Es sabido que, a lo largo de la historia, algunas ciudades se han trasladado por razones socioeconómicas o naturales. Éfeso, por distintos motivos, mudó de ubicación al menos tres veces. Hay distintas versiones acerca de dónde estuvo exactamente la primera Éfeso, importante puerto mercantil de la antigüedad. La ciudad, además, cambió varias veces de nombre, y no debido directamente al cambio de lugar. La antigua Éfeso, conocida como Hagios Theologos en la Edad Media, tomó el nombre de Ayasuluğ en el periodo turco y el de Selçuk en 1914. Refundada hacia fines del siglo IV a. C. en un estrecho valle entre los montes Panayır y Bülbül, tuvo una existencia próspera en tiempos de los griegos y los romanos. Sin embargo, los sedimentos de aluvión arrastrados por el río Küçük Menderes anegaron el puerto y dejaron a la ciudad sin salida al mar, por lo que perdió sus ventajas de enclave portuario. Además de ser un importante núcleo comercial y religioso —el templo de Artemisa, una de las siete maravillas del mundo, estaba en Éfeso—, era también un gran centro cultural y artístico, como lo atestigua el teatro con capacidad para 25.000 personas. Éfeso es una de las siete iglesias de la cristiandad, según el Apocalipsis. La propagación del cristianismo durante la larga estancia de San Pablo en ella, la tumba de San Juan y la creencia de que la Virgen María vivió un tiempo y murió en la ciudad le dieron su importancia para los cristianos. Más aún, en Éfeso se celebró, en el año 431, el III Concilio Ecuménico, en el que se debatió acerca de la naturaleza divina y humana de Jesucristo, y que concluyó con la victoria del monofisismo y la consideración del nestorianismo como herejía. En 449 tuvo lugar también un sínodo reunido para reforzar el monofisismo.

Selçuk, una de las ciudades aydiníes más importantes y capital del emirato entre 1348 y 1390, fue objeto de una intensa urbanización. Casi todos los edificios antiguos que han llegado hasta nuestros días pertenecen a aquel periodo. İsa Bey, hijo de Mehmet Bey, mandó construir el más grandioso monumento de la ciudad: la mezquita de İsa Bey. Algunos de los viajeros occidentales pensaban que se trataba de la iglesia de San Juan, convertida en mezquita.

Este segundo recorrido comienza en Selçuk y prosigue luego por la llanura del Küçük Menderes. Puesto que Éfeso, una de las ciudades más importantes de la antigüedad, es también Selçuk, se puede pasar en ella gran parte de la primera mitad del día. Los visitantes que no dispongan de vehículo propio pueden llegar a Selçuk, Tire, Ödemiş y Birgi en

RECORRIDO II *Los mecenas y los artistas*
Selçuk

Hammam de Saadet Hatun, fachada este, s. XIV-XV, Selçuk.

transporte público desde las estaciones de autobuses. La mayor ciudad de la región, İzmir, con hoteles de todas las categorías, es un buen lugar para pasar la noche.

II.1.a Hammam de Saadet Hatun

El hammam de Saadet Hatun es hoy una sala de exposición del Museo de Selçuk-Éfeso y

Hammam de Saadet Hatun, lavabo de mármol del sıcaklık, s. XIV- XV, Selçuk.

forma parte de la sección etnográfica. El museo está en el centro de la ciudad, en la calle Ugur Mumcu Sevgi, detrás del parque, en la intersección.
Abierto todos los días. Acceso con entrada. Horario: invierno de 8 a 12 y de 13 a 17:30; verano de 8:30 a 12 y de 13 a 18. (Preguntar en la entrada si la sección del hammam está abierta.)

Pasado el patio del museo, lo primero que se ve, a la izquierda, es el *külhan* bajo el depósito de agua. La inscripción rota que hay encima de la entrada sur es parcialmente legible, aunque no da ninguna fecha, y una mala lectura hizo que este *hammam* fuera conocido con el nombre de Saadet Hatun (dama Saadet), que no se encuentra en los documentos de archivo. Se menciona, no obstante, un baño que hizo construir la esposa de İsa Bey, Aziza Hatun, así que el Hatun Hammami citado en las fuentes podría ser este.

RECORRIDO II *Los mecenas y los artistas*
Selçuk

La puerta da al *soyunmalık*, ampliado con un espacio añadido junto a la entrada que lo convierte en rectangular. El edificio fue restaurado en los años 1969-1972, y el *soyunmalık* se usa hoy para exponer objetos de la tradición de los baños turcos. Durante el día, los *hammam*s estaban iluminados por tragaluces y, cuando la luz natural era insuficiente, se usaban lámparas de aceite y velas. Pero aquí, además de ventanas en las paredes, hay una linterna poligonal en el centro de la cúpula, mientras que el *sıcaklık* recibe la luz de claraboyas de la cúpula, cerradas por un vidrio. Tras el *ılıklık* y el *traşlık* viene el *sıcaklık*, formado por tres *iwan*s y dos *halvet*s; en el centro de este espacio en forma de abanico hay una plataforma, usualmente muy caliente, para tumbarse, sudar y recibir el masaje y la frotación. Los lavabos de mármol reutilizados de los *iwan*s y los *halvet*s son interesantes por su delicado trabajo de decoración con lámparas de aceite, aves acuáticas y motivos florales. Una ventana abierta en el *iwan* central permitía acceder al depósito de agua que se extiende junto al *sıcaklık*, para facilitar su limpieza y mantenimiento.

İ. K.

Una vez fuera del Museo de Selçuk-Éfeso, dirigirse desde el aparcamiento hacia Kuşadası y torcer a la derecha 30 m más adelante, para tomar la calle Kalinger. A unos 300 m, pasada la solitaria columna del Artemisón, se encuentra a la izquierda el Hammam de İsa Bey, rodeado de una cadena.

II.1.b **Hammam de İsa Bey**

Calle Kalinger.

No se sabe de cierto si el edificio situado al sureste de la mezquita de İsa Bey perteneció a este *bey*, puesto que no hay ninguna inscripción. Se cree, sin embargo, que una losa grabada que se halló en el jardín de una casa cercana y conservada ahora en el Museo de Selçuk-Éfeso pudo estar en el edificio. En ella se menciona un *hammam* que hizo construir Hoca Ali durante el mandato de İsa Bey, en octubre-noviembre de 1364. Algunos estudiosos, a la luz de esta inscripción, sostienen que la construcción no se debió a İsa Bey. No sabemos gran cosa del Hoca Ali citado; seguramente figura de relieve en la época de İsa Bey, su lápida, fechada en 1378, se encuentra en el patio de la mezquita de İsa Bey.

Hammam de İsa Bey, transición a la cúpula del ılıklık, s. XIV-XV, Selçuk.

RECORRIDO II *Los mecenas y los artistas*
Selçuk

Mezquita de İsa Bey, sala de oración, 1375, İsa Bey, Selçuk.

Las excavaciones de los últimos años han despejado los alrededores y el interior del *hammam*. El edificio sigue un modelo de planta usual en los siglos XIV y XV; en el lado oriental, contiguas al baño, están las ruinas de una fila de espacios que, se supone, fueron tiendas no pertenecientes al cuerpo del baño; hay ejemplos, de hecho, de tiendas añadidas a los laterales de algunos *hammam*s. En el lado sur está el arco bajo que da al *külhan* bajo el depósito de agua. Las habitaciones del lado oeste parecen también haber sido añadidas más tarde. En el de la parte norte, podríamos identificar un antiguo *keçelik*, ya que se han encontrado estas dependencias reservadas a la fabricación de fieltro en varias *madrasa*s.

Las paredes del *soyunmalık*, en el lado norte, solo se conservan hasta la altura de una planta baja. En esta sala, de la que permanecen en pie dos de sus cuatro columnas, hay restos de una fuente en forma de estrella que estaba en el centro del suelo de mármol. El resto del baño está muy bien conservado. Desde el *soyunmalık* se pasa a un pasillo, al *ılıklık* y al *sıcaklık*. El *sıcaklık* está formado por cuatro *iwan*s en cruz con una cúpula en el centro y cuatro *halvet*s en los rincones, todos con cúpula. La luz que entra por las claraboyas de las cúpulas, actualmente sin vidrios, crea un exótico juego de luces y sombras en el interior. El depósito de agua está pegado a la pared sur del *sıcaklık*. Como en la mayoría de los *hammam*s, hay una ventanita en la pared del *sıcaklık* para poder hacer la limpieza y el mantenimiento del depósito.

İ. K.

II.1.c Mezquita de İsa Bey

El edificio se encuentra al norte de la calle Kalinger.
Horario: de abril a octubre, todo el día; en invierno, abierto solo para la plegaria.

La calle Kalinger termina en un muro alto —el muro de la *qibla* de la mezquita de İsa Bey— con un arco cegado en medio que era, según se dice, la entrada en el siglo XIX, cuando el edificio servía de *caravansaray*. Esta sencilla fachada sur contrasta con la fachada oeste, la principal. La carretera de la derecha, a los pies del monte Ayasuluğ, sigue luego ladera arriba hasta la iglesia de San Juan y la ciudadela.

Como decíamos, en el lado sur está la soberbia fachada con dos filas de ventanas, un portal monumental y una serie de tiendas en el piso bajo. Las ventanas tienen refinados marcos con *muqarnas* e incrustaciones de piedra. Desde la fuente de abajo, dos tramos de escalera llegan al esbelto portal, de gran interés por su restaurado mármol colorido y la destreza del trabajo artesanal. En la inscripción se lee el nombre del fundador —İsa Bey, hijo de Mehmet hijo de Aydın—, la fecha de construcción —el 13 de marzo de 1375—, y el arquitecto —Ali Ibn al-Dmachki ("Ali, hijo del damasceno")—. İsa Bey, que hizo construir esta mezquita, era el hijo menor de Mehmet Bey, fundador del emirato aydiní, quien repartió entre sus hijos los gobiernos de las ciudades que conquistó. Quizá por ser muy joven, İsa Bey permaneció con su padre. Subió al poder tras su progenitor y sus hermanos mayores Gazi Umur Bey e Hızır Bey, y gobernó durante unos 30 años. Cuando el sultán otomano Bayezid I conquistó Alaşehir (Filadelfia, una de las siete iglesias), İsa Bey se sometió a él. Una vez que el emirato pasó a formar parte del territorio otomano, la capital se trasladó de Ayasuluğ a Tire. La dinastía otomana incrementaba su fuerza y su poder mediante lazos familiares con los jefes de los emiratos de Anatolia; así, cuando hubo conquistado las tierras pertenecientes al emirato aydiní, el sultán Bayezid I se casó con la hija de İsa Bey, Hafsa Hatun.

El portal sostiene aún el alminar quebrado; el segundo alminar se alzaba en la puerta este del patio. La mezquita tiene dos alminares, algo que rara vez se ve en los templos del periodo de los emiratos. Al entrar al patio se ve a la derecha la sala de oración, una puerta en el lado este y otra en mitad del lado norte; las puertas norte y este están a mayor altura que el patio, debido a la inclinación del terreno; las puertas este y oeste tienen una bella decoración en piedra en los techos del pasaje, bajo los alminares. Los restos del patio hacen pensar que estaba rodeado por pórticos en tres de sus lados, por lo que sería uno de los primeros ejemplos de este tipo de planta en el imperio otomano.

El transepto, perpendicular a la *qibla*, está cubierto por dos cúpulas; las naves laterales paralelas al muro de la *qibla* tienen techo de madera. Tanto la planta, que recuerda a la de la mezquita Mayor de Damasco, como la decoración con piedras de colores de las puertas y ventanas evidencian la influencia siria, que se explica por el origen damasceno del

Selçuk

arquitecto. El tambor y las pechinas de la cúpula del transepto están decorados con azulejos.

El *mihrab* y el *mimbar* originales se destruyeron en el siglo XIX. Aunque algunos sostienen que parte del *mihrab* ha sido reutilizada en la mezquita Kestanepazarı de İzmir, no es así, y la fragmentada inscripción del *mihrab*, restaurada, se halla en el Museo del Ágora de İzmir.

I. K.

Las lápidas descritas a continuación se encuentran expuestas en el patio de la mezquita de İsa Bey. Están bajo la responsabilidad del Museo de Selçuk-Éfeso, pero no tienen número de inventario.

Lápida de Hoca Ali Ibn Salih

La lápida de Hoca Ali Ibn Salih, fallecido en el año 1378, se compone, en sentido vertical, de tres partes: la base cilíndrica, y el cuerpo y el remate afacetados. Todas las superficies de la piedra están decoradas con filacterias que contienen información sobre la identidad del difunto y escuetas sentencias acerca de la vida y la muerte. Además, se indica que fue tallada por un cantero de nombre Halil. En Anatolia solía omitirse el nombre del cantero en las lápidas, por lo que podemos considerar esta como una pieza especialmente notable.

L. B.

Lápida de Hoca Ali Ibn Salih, 1378, Selçuk.

Lápida de Hacı Umur Ibn Menteşe, 1400, Selçuk.

RECORRIDO II   *Los mecenas y los artistas*
Selçuk

*Lápida de
Muhlisüddin Hasan,
1439, Selçuk.*

*Lápida de Hasan Ibn
Kadı Baba Yulug,
1439, Selçuk.*

Lápida de Hacı Umur Ibn Menteşe

Esta espléndida lápida pertenece a Hacı Umur Ibn Menteşe, miembro de la dinastía menteşí fallecido en 1400, y fue tallada en una antigua columna. En cada lado del cuerpo, de cuatro facetas y dos secciones, hay paneles caligráficos rematados en arcos apuntados. En las inscripciones se lee la identidad del muerto y que "todas las criaturas vivientes sobre la tierra son mortales". En el vano de los arcos hay rosetas y flores. El filo de las esquinas está suavizado por las columnas en espiral esculpidas. La base está decorada con relieves en forma de concha de ostra.

L. B.

Lápida de Muhlisüddin Hasan

En esta lápida, las inscripciones del cuerpo cilíndrico de mármol están dispuestas en filacterias, con un delicado motivo de palmetas debajo y en los bordes. El difunto, cuyo nombre en las inscripciones es Muhlisüddin Hasan y que falleció el 30 de agosto de 1439, pide a quienes pasen junto a la lápida que recen por él.

L. B.

Lápida de Hasan Ibn Kadı Baba Yulug

Se trata de una piedra cilíndrica muy simple. En las inscripciones de las filacterias

RECORRIDO II   *Los mecenas y los artistas*
Selçuk

Ciudadela de Selçuk, vista general desde el norte, s. XV, Selçuk.

se informa de la identidad del muerto —un tal Hasan Ibn Kadı Baba Yulug— y de la fecha de su fallecimiento: 1439.

L. B.

II.1.d **Ciudadela**

Se llega a ella por la iglesia de San Juan, en el monte Ayasuluğ, pero no está abierta al público.

La historia de la ciudadela de Ayasuluğ se remonta nada menos que al siglo IV. En la época del emperador bizantino Justiniano (527-565), cerca de la fortaleza se construyó una gran iglesia consagrada a San Juan que más tarde se rodeó de una muralla, coincidiendo con la extensión de las fortificaciones debido a la amenaza de las incursiones árabes. La ciudadela fue reforzada con reformas periódicas después de caer en manos de Mehmet Bey, hijo de Aydın, en 1304. Durante el periodo turco, Ayasuluğ fue uno de los centros comerciales y de los puertos más activos. Mercaderes de Venecia, Génova, Pisa, etcétera, hacían tratos comerciales en él. De la importancia de la ciudad dan fe, entre otras cosas, que en 1337 el consulado veneciano estuviese en plena actividad, que en 1351 se abriera el consulado genovés, que el número de europeos establecidos en la ciudad fuese en aumento y que el emirato aydiní cerrara acuerdos comerciales con los occidentales.

La ciudad conservó su importancia en el periodo otomano, y en tiempos del sultán Mehmet II había hasta 60 soldados protegiendo la ciudadela. A finales del siglo XVI, se concedieron exenciones de impuestos a quienes trabajaban en la

RECORRIDO II *Los mecenas y los artistas*
Tire

reforma de la ciudadela. Evliya Çelebi, que visitó Ayasuluğ en 1671, escribe que esta, levantada sobre un promontorio rocoso, tenía un perímetro de 300 pies (unos 200 m) y un cuerpo de guardia de unas 40 personas.

La muralla, construida con materiales de expolio, está aún en buen estado; la puerta principal conserva su forma original; intramuros hay una antigua capilla bizantina, varias cisternas y una pequeña mezquita.

İ. K.

El pueblo de Şirince, fundado por rums *que se marcharon cuando los turcos tomaron la ciudad, se encuentra lejos de la carretera principal, y es un rincón tranquilo y con hermosas vistas. Las casas, con la arquitectura característica de la región, datan en su mayoría del siglo* XIX. *Hay dos iglesias, una de ellas restaurada recientemente. Se puede olvidar el cansancio de la jornada bebiendo un té bien cargado en el café de la plaza del pueblo. Para llegar a Şirince, salir de Selçuk por la carretera que va a İzmir y torcer a la derecha, hacia el este, al abandonar la ciudad.*

II.2 TİRE

Al dividir su reino, Mehmet Bey encomendó el gobierno de Tire, una de las ciudades más importantes, a su cuarto hijo, Süleyman Şah. En 1307, cuando el sultán otomano Bayezid I incorporó el

Han Kutu, cámaras del ala oeste de la segunda planta, s. XV, *Tire .*

Tire

Han Kutu, bóveda de los establos, s. XV, Tire.

emirato aydiní al Estado otomano, obligó a İsa Bey, de la dinastía de Aydın, a residir en Tire. Desde ese momento, esta dinastía, en su nueva sede, desempeñó un papel crucial en el desarrollo de la ciudad. La batalla de Ankara entre Bayezid I y Tamerlán, en 1402, dio lugar al restablecimiento de los emiratos de Anatolia que supuestamente habían sido borrados de la historia. Tamerlán, el vencedor, restituyó a sus antiguos titulares la administración de los emiratos que Bayezid había anexionado al territorio otomano. Musa Bey y su hermano, de la dinastía de Aydın, fueron anfitriones de Tamerlán en el invierno de 1402-1403.

II.2.a Han Kutu

Está situado en la plaza Tahtakale de Yeni Mahalle. En el segundo piso, todos los días de la semana, salvo los martes, dos maestros artesanos hacen cuerdas de cáñamo con una técnica muy simple y herramientas básicas.

En el periodo de los emiratos hacen su aparición los *hans* urbanos. El número de ellos que había en una población era proporcional al tamaño y el volumen comercial de la ciudad. Por lo general, los *hans* urbanos eran edificios de dos plantas, formados por un patio cuadrado o rectangular rodeado de pórticos, tras los que se hallaban las habitaciones. En el piso inferior estaban los almacenes y establos; en la planta superior, probablemente se encontraran las tiendas y los cuartos.

Evliya Çelebi, uno de los viajeros que visitó Tire en el siglo XVII, dice que en la ciudad había 144 mezquitas y *masyid*s, 30 *madrasa*s, 60 *mekteps*, 13 *hammam*s, 270 fuentes y 27 *hans*. Las cifras que da Çelebi indican que Tire era una población muy desarrollada. Actualmente, el número de *hans* de la ciudad es muy inferior al que da el viajero. En todo caso, los cinco que se conservan, aunque solo parcialmente en pie, son prueba de su antaño vivísima actividad comercial.

Uno de los altos oficiales de Murad II, Halil Yahşi Bey, fue gobernador de la provincia de Aydın en el primer periodo otomano e hizo importantes contribuciones al desarrollo de Tire. Todos los edificios vinculados a la mezquita del *imaret* de Yahşi Bey en el acta fundacional del *waqf*, como el *han* Çöplü, la *arasta*, el *han* de Toma y el *hammam* de Tahtakale, se encuentran en el barrio de Tahtakale (mercado de Yenipazar), que sigue siendo el corazón comercial de Tire, como lo era en el siglo XV. El *han* Kutu debió de construirse entre 1425-1426, cuando Halil Yahşi Bey recibió el nombramiento de gobernador, y 1441, cuando se hizo el acta fundacional del *waqf*.

El de Kutu es un *han* urbano de dos plantas, rodeado de nueve tiendas por el sur, once por el oeste y diez por el norte, todas con forma de *iwan* y separadas de la calle por cristales. Pared con pared, en el lado este se encuentra una *arasta* cubierta —un tanto modificada por las restauraciones—, que consiste en un estrecho y largo pasillo cubierto entre dos filas de tiendas, veintiséis en total.

Al patio interior se entra por una amplia puerta de la fachada occidental. Los pórticos de los lados este, oeste y sur del patio se cerraron para crear zonas adicionales de tiendas. Al norte del patio están los establos, techados con interesantes bóvedas de crucería hechas de ladrillo. En el centro de este lado del patio hay una escalera que lleva a una terraza situada sobre los establos y el piso superior. Los pórticos que anteceden a las habitaciones de la planta superior y que rodean el patio están derruidos casi por completo. Los recintos que se alineaban detrás de estos pórticos eran todos del mismo tamaño.

İ. K.

II.2.b Mezquita de Yahşi Bey

Barrio de Cumhurriyet, calle Aydınoğlu, 52.

La mezquita de Yahşi Bey, que durante algún tiempo albergó el Museo Arqueológico, es uno de los edificios más destacados de la ciudad. La orden de levantarla partió sin duda de Halil Yahşi Bey, alto oficial del sultán Murad II, después de que los otomanos tomaran la ciudad; no sabemos demasiado, sin embargo, de este personaje. Del acta fundacional del *waqf*, fechada en 1441, se infiere que convirtió sus viñedos y huertos de Ayasuluğ (Selçuk), así como edificios de Tire que proporcionaban rentas, como *hans*, *hammams*, tiendas, etcétera, en un *waqf*, con el fin de que la mezquita sobreviviera durante siglos. El templo debió de terminarse el año en que se redactó el acta o poco antes.

A Evliya Çelebi, que visitó Tire en 1671, fue esta la mezquita que más le atrajo de cuantas hay en la ciudad. Este famoso viajero refiere que el edificio se construyó para los derviches *mevlevis* (danzantes), y

Mezquita de Yahşi Bey, sala de oración, 1441, Halil Yahşi Bey, Tire.

Tire

que más tarde se transformó en mezquita; la congregación resultaba muy numerosa, dado que en las proximidades vivían muchos *mevlevi*s.
Si se llega por el este, se ve el alminar que, curiosamente, se encuentra en el noreste. El edificio se conoce también como *imaret* Yeşil (verde), debido al alminar decorado con ladrillos vidriados de colores marrón, turquesa y verde, dispuestos en forma de diamante. Se cuenta que, cuando el maestro constructor terminó el edificio, se postró e imploró a Alá: "Perdóname, Señor, si he derrochado los materiales al construir esta mezquita o si conscientemente he usado poco mortero o escayola".

Mezquita de Yahşi Bey, detalle de la puerta del tabhane de la parte oeste, 1441, Halil Yahşi Bey, Tire.

El edificio está construido en piedra y ladrillo; en el lado norte hay un pórtico de siete crujías con cúpula. Tras atravesar el sencillo portal con techo de *muqarnas*, se entra en el espacio central, cubierto con una cúpula y flanqueado por dos *tabhane*s, cada uno con una hornacina y un hogar. Los postigos de puertas y ventanas, así como los del portón de entrada, están finamente decorados. Según la inscripción de los postigos de la entrada, el artesano que los hizo se llamaba İlyas Ibn Mahmud. Al sur está la sala de oración, que llama la atención por su inusual forma pentagonal coronada por una semicúpula en forma de concha. Pueden verse, junto con las de épocas posteriores, las primeras pinturas murales, sacadas a la luz con las restauraciones; el *mihrab* está diseñado como un nicho profundo que sobresale hacia fuera y decorado asimismo con pinturas.

İ. K.

II.2.c Complejo de Yavukluoğlu (o Yoğurtluoğlu)

Barrio de Turan, calle Kaplan, 7. El complejo, restaurado hace algunos años, se ha empezado a reformar para convertirlo en una escuela para discapacitados. Si se solicita, un empleado puede acompañar al viajero y abrirle el monumento.
El complejo de Yavukluoğlu aparecerá a la izquierda, oculto entre olivos, si se siguen los indicadores a Kaplan.

Una de las construcciones más importantes de Tire pertenecientes al periodo otomano es el complejo de Yavukluoğlu. No

RECORRIDO II *Los mecenas y los artistas*
Tire

vista general desde el sureste, s. XV, Mehmet Bey, Tire.

se sabe con seguridad quién ordenó erigirlo en el siglo XV, pero se dice que fue alguien llamado Yavukluoğlu o Yoğurtluoğlu Mehmet Bey. Cuentan que Yavukluoğlu Mehmet Bey era el señor de la parte occidental de la ciudad, mientras que el de la oriental era Kazanoğlu Mehmet Bey, fundador de la mezquita de Kazanoğlu. Estos dos potentados locales del siglo XV estaban enemistados, y los intentos de la población de Tire por conciliarlos resultaban vanos. Con el tiempo, la rivalidad creció hasta tal punto, que Yavukluoğlu Mehmet Bey mató a Kazanoğlu Mehmet Bey. Sin embargo, profundamente arrepentido, se acercó a la tumba del hombre santo Buğday Dede y lloró. Expresó su arrepentimiento y pidió al santo que le mostrase el buen camino. Se le apareció entonces Buğday Dede y le dijo que, si le hacía los funerales a Kazanoğlu Mehmet Bey, se vería libre de su culpa. Según otra versión de la leyenda, los habitantes de Tire lograron apaciguar a los dos señores de la siguiente manera: se pusieron a decir que Kazanoğlu iba a visitar en persona a Yavukluoğlu, mayor que él, para hacer las paces. Tan pronto como Yavukluoğlu aceptó la petición, fueron a ver a Kazanoğlu y le dijeron que Yavukluoğlu

Complejo de Yavukluoğlu, cámaras del ala oeste y pórtico frontal, s. XV, Mehmet Bey, Tire.

RECORRIDO II *Los mecenas y los artistas*
Tire

Complejo de Yavukluoğlu, mezquita, fachada sur, s. XV, Mehmet Bey, Tire.

le había invitado personalmente. Cuando Kazanoğlu aceptó la invitación, hicieron encontrarse a los enemigos y pusieron fin a su hostilidad.

Formado por una mezquita, una *madrasa*, un *muvakkithane*, un comedor de beneficencia o un *mektep* y un *hammam* en ruinas, el complejo se alza en una suave pendiente, en sentido norte-sur, y su restauración concluyó en 1997, tras siete años de trabajos. De los edificios que lo componen, la mezquita y la *madrasa* comparten el patio; la primera, que ocupa el lado sur, es una simple estructura cuadrada coronada por una cúpula. En el frontal tiene un pórtico de cinco crujías y preciosos arcos, y en su extremo oeste se alza el alminar; contigua a su muro este hay una sala con *mihrab* cuya función no está clara, pero que quizá fuera la biblioteca. Junto a la puerta este del patio hay una habitación para las abluciones rituales. Todas las celdas de la *madrasa* de los lados este y oeste tienen hogar y están cubiertas por una cúpula; en la parte frontal hay pórticos con cúpulas, aunque un poco más pequeños. Al norte, el patio está cerrado por un muro ciego con una puerta en el medio sobre la que hay una habitación, presumiblemente el *muvakkithane* (observatorio o sala del reloj, pues en tiempos antiguos había que construir una habitación así cerca de las mezquitas y equiparla con los instrumentos necesarios para calcular la hora del amanecer y de la puesta del sol, y llamar en su momento a la oración; el responsable, una mezcla de astrónomo y astrólogo, realizaría también predicciones astrológicas). En la zona contigua, al norte, hay un edificio de dos

RECORRIDO II   *Los mecenas y los artistas*
Birgi

secciones que quizá fuera un comedor de beneficencia o un *mektep*.

İ. K.

Para llegar a Kaplan, lugar desde el que se domina la llanura del Küçük Menderes y donde hay varios restaurantes, seguir ladera arriba, en vez de volver por el mismo camino desde el complejo. En Tire hay mercado dos veces a la semana. En el del martes se vende de todo; en el del viernes, solo las frutas y verduras que cultivan los lugareños. Tire es famosa por su köfte (una especie de albóndiga). Paseando por la parte vieja de la ciudad, de calles laberínticas, se pueden encontrar muchas más mezquitas, hammams casas antiguas (algunas decrépitas), etcétera. El pequeño Museo Arqueológico posee una interesante colección de objetos de la antigüedad y el medievo; son notables las lápidas de tumbas otomanas del patio posterior y la cerámica de Çanakkale del siglo XIX.

Hay un servicio regular de dolmuş entre la estación de autobuses de Tire y Ödemiş, y entre la estación de Ödemiş y Birgi.

II.3 BİRGİ

Mehmet Bey, uno de los comandantes del ejército del emirato de Germiyan, fundó su propio emirato —al que dio el nombre de su padre Aydın— en Anatolia Occidental, en la región de las antiguas Lidia y Jonia, e hizo de Birgi la capital. Mehmet Bey, apodado "Mübarizüddin" ("el guerrero de la

Mezquita Mayor, fachada norte, 1312-1313, Mehmet Bey, Birgi.

103

Birgi

Mezquita Mayor, detalle del mimbar de madera, 1322, Mehmet Bey, Birgi.

II.3.a Mezquita Mayor (Ulu Cami)

La mezquita Mayor, uno de los primeros monumentos construidos en Birgi durante el periodo aydiní, se levanta en lo alto de la escarpada orilla de un riachuelo. Al entrar en el patio, el visitante ve ante él una fachada a primera vista rectangular, pero rota sobre la puerta por una especie de frontón triangular del que sale un tejadillo. Esta sencilla fachada norte, en cierto modo poco atractiva, construida en piedra, está resaltada con los marcos de mármol de las ventanas inferiores y una puerta también de mármol adornada con rosetas y un árbol de la vida esculpidos. También hay una inscripción con el nombre del fundador —Mehmet Bey, hijo de Aydın—, y el año de construcción: 1312-1313. Al traspasar la puerta se entra en la nave central de la sala de oración, de estructura similar a la de una basílica, con cinco naves separadas por filas de columnas de expolio que sostienen los arcos. El techo y el tejado son de madera, hoy recubierta en el exterior con láminas de metal; sobre el espacio situado frente al *mihrab* hay una cúpula.

El edificio tiene deslumbrantes ejemplos de artesanía en madera y azulejos: el *mihrab*, con mosaicos de colores turquesa y berenjena, continúa la tradición selyuquí; el arco norte del espacio cuadrado frente al *mihrab* también está decorado con azulejos.

El *mimbar* y los postigos de las ventanas de este edificio representan un exquisito ejemplo del trabajo en madera que se hacía en el siglo XIV. Cada uno de los postigos interiores de las ventanas de la fila inferior tiene una decoración distinta, y

fe"), dividió entre sus hijos los lugares que había conquistado. Con las flotas que había reunido en Izmir y Ayasuluğ hizo varias correrías por las costas de Rumelia y el Egeo. A su muerte, en 1334, le sucedió su hijo Umur Bey.

Ibn Battuta, que pasó por Birgi en 1333, fue huésped durante 14 días en el palacio del fundador del emirato. Por lo que cuenta de este palacio, los aposentos de Mehmet Bey se encontraban en la parte alta. En las esquinas del estanque situado en medio de las dependencias, había leones de bronce de cuya boca brotaba agua, y el patio estaba rodeado de habitaciones contiguas. El viajero alaba a los 20 jóvenes *rums* de largo cabello rubio y ropas de seda que daban la bienvenida a los visitantes, los cubiertos de oro y las vajillas de cerámica que vio en el palacio.

RECORRIDO II *Los mecenas y los artistas*
Birgi

todas las inscripciones son de contenido religioso. El *mimbar*, en madera de nogal, está decorado con la técnica de la *kündekari*, sin clavos ni cola. En él hay numerosas inscripciones árabes, en su mayor parte religiosas; según se lee en las de la derecha, un maestro artesano de nombre Muzaffereddin Ibn Abdülvahid hizo este *mimbar* en 1322. En 1995 robaron las hojas de la puerta del *mimbar*, que aparecieron después en una subasta de Londres.

Una vez visitada la sala de oración, vale la pena observar la mezquita desde el exterior, empezando por la fachada este. Las ventanas están dispuestas en dos filas; las de abajo de la parte oriental tienen diferente decoración. Hay una segunda puerta en la fachada este, tan sencilla como la de la fachada norte. Los bloques de mármol de las fachadas exteriores este y sur proceden de edificios más antiguos, al

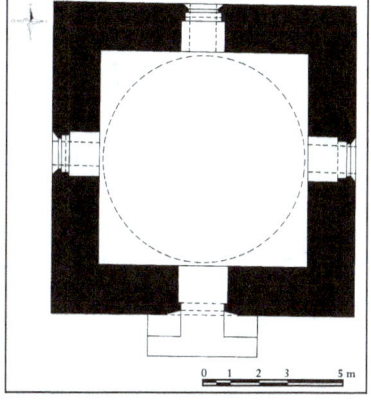

Planta del turbe de Mehmet Bey, Birgi.

igual que la estatua de león colocada en el ángulo sureste. La base de bloques de mármol del alminar se alza junto a la esquina oeste de la fachada sur, también revestida por completo de mármol; el cuerpo del alminar está decorado con zigzags y cheurones de ladrillo vidriado y

Turbe de Mehmet Bey, fachada sur, 1334, Mehmet Bey, Birgi.

Birgi

Turbe de Mehmet Bey, cúpula, 1334, Aydınoğlu Mehmet Bey, Birgi.

azulejos. La fachada occidental es muy sobria. A solo metro y medio del edificio está el *turbe* de Mehmet Bey.

İ. K.

II.3.b **Turbe de Mehmet Bey**

Mehmet Bey, hijo de Aydın, enfermó tras caerse al agua durante una partida de caza y murió en 1334. El mausoleo en que está enterrado se encuentra al lado de la mezquita que él mismo hizo construir. Lo más probable es que se edificara en vida de Mehmet. La fecha que se lee en la inscripción de la puerta, 9 de enero de 1334, debe de ser la de su muerte o entierro.

La modesta tumba a la derecha de la entrada es conocida entre la gente como la "tumba de la hija del rey". Dice la leyenda que la hija del gobernante bizantino de Birgi vio a Mehmet Bey combatiendo en el asedio de la ciudad y se enamoró de él. Le escribió una carta diciéndole que se iba a convertir al Islam y abrió en secreto las puertas de la ciudad. Pero el pueblo, cuando se enteró de que la hija del gobernante cristiano había ayudado a Mehmet Bey a conquistar la ciudad, la mató en el lugar mismo donde hoy se encuentra la tumba. En cuanto conquistó la ciudad, Mehmet Bey hizo enterrar a la joven en el sitio donde había muerto. En Anatolia son muy frecuentes las narraciones de este tipo relacionadas con la toma de fortalezas bizantinas.

El edificio, de planta cuadrada y con cúpula, está revestido con bloques de mármol. En las fachadas este, oeste y sur hay ventanas rectangulares. La puerta de entrada se encuentra en el centro de la fachada meridional y tiene el marco de mármol, como las ventanas; el tejadillo de madera se le ha añadido recientemente, mientras que los ornamentados bloques de mármol de la parte superior pertenecieron a edificios bizantinos. Dentro del templo, conviene alzar los ojos para ver el interior de la cúpula, decorado con filas concéntricas de ladrillo vidriado; la franja del borde y el medallón central son de azulejos.

En el *turbe* se encuentran las tumbas de cuatro personajes de la dinastía de Aydın. No aparece ninguna fecha, ni en las lápidas de los pies ni en las de las cabeceras, solo los nombres de los enterrados. La tumba más cercana a la entrada pertenece a uno de los hijos de Mehmet, İsa Bey, que se cree murió en 1402; la segunda es la de Bahadır Bey, citado a veces en las fuentes como İbrahim Bey y del que se piensa que murió antes de 1347; la tercera es la de Mehmet Bey, hijo de Aydın; en la cuarta está enterrado Umur Bey, segundo hijo de Mehmet Bey y conocido también como Bahaeddin Bey, que cayó combatiendo en 1348.

İ. K.

El turbe *de Sultan Şah está frente al lado sur de la mezquita Mayor, fuera del patio. Al salir del patio de la mezquita, torcer a la derecha y, unos 100 m más adelante, se llega al mausoleo, hoy en medio de una calle.*

II.3.c **Turbe de Sultan Şah** (opción)

Este edificio hexagonal, conocido también como *turbe* de Ümmü Sultan, está erigido con piedra y ladrillo; aquí y allá se aprecian materiales reutilizados. En la última reforma se añadió un alero de cemento, material del que también se recubrió por fuera la cúpula. En la fachada sur se encuentra la puerta, que sobresale ligeramente del cuerpo hexagonal y tiene ventanas a ambos lados. Al interior se accede por una entrada arqueada y de techo bajo, sobre la cual una inscripción de mármol con una inscripción de dos líneas en caracteres árabes informa de que Mehmet Bey construyó este mausoleo para su hermana, la sultana Şah Hatun, y de que se terminó en junio de 1310. También el interior tiene una estructura hexagonal, coronada por una cúpula de ladrillo; en cada lado del hexágono hay un nicho poco profundo con arco apuntado de ladrillo; algunos de estos arcos resultaron dañados en la restauración. Dentro del mausoleo hay una tumba sin nada especial, con las lápidas de los pies y la cabecera rotas. No queda rastro de la existencia de una cripta.

İ. K.

LAS TRADICIONES FUNERARIAS TURCAS

Ertan Daş

Antes de convertirse al Islam, entre los turcos estaba muy extendido el chamanismo, una especie de fe que rendía culto fundamentalmente a la naturaleza y a espíritus sobrenaturales. El chamán, sacerdote de esta creencia, podía ponerse en contacto con los espíritus sobrenaturales, hacer hechizos y sanar. Como en todas las religiones, también en el chamanismo se cree en la resurrección de los muertos. Sus seguidores ricos se construían tumbas seguras para que el cuerpo estuviera a salvo hasta el día en que volviera a la vida. Y así como los faraones egipcios mandaban poner en sus tumbas barcas para poder viajar por el Nilo una vez resucitados, los turcos nómadas se hacían enterrar con sus caballos.

Incluso después de su conversión al Islam, los turcos siguieron influidos por los cultos fúnebres que habían adquirido en Asia central. Según la fe islámica, cuando el ser humano, que está hecho de tierra, muere, ha de ser enterrado y así volver a ella. La tradición dice que el cuerpo tiene que ser sepultado tendido sobre el costado derecho, con la cabeza orientada al oeste y el rostro vuelto hacia la *qibla*. La momificación del cuerpo va en contra de la religión musulmana, pero en algunos *turbe*s de ciudades de Anatolia como Amasya, Kemah, Harput, etcétera, se han encontrado cuerpos momificados (y es sorprendente que hayan llegado hasta nosotros, dadas las malas condiciones para su conservación). Desde el periodo karahaní (842-1212) aparecen en la arquitectura turca interesantes monumentos funerarios. Sobre todo en la época selyuquí (siglos XII-XIII), en varios ejemplos de *kümbet*s —otra denominación de las tumbas monumentales— los muertos eran enterrados en una cripta cerrada a los curiosos y generalmente cubierta de tierra hasta la mitad; para su limpieza y mantenimiento había una pequeña abertura en una de las fachadas. De todos formas, las criptas fueron desapareciendo a partir del periodo de los emiratos (siglo XIV). La sala del *kümbet* que había encima de las criptas podía tener forma cúbica, poligonal o cilíndrica; en él había también un *mihrab* y un sarcófago simbólico de madera, escayola o piedra; el edificio solía estar techado con una cúpula que, en el periodo de los selyuquíes de Anatolia, se ocultaba por fuera con un chapitel cónico o piramidal, aunque este tipo de remate empezó a desaparecer en el periodo otomano.

En Anatolia, durante la época selyuquí y en los periodos de los emiratos y de los otomanos, los cementerios no estaban lejos del centro de las ciudades. Normalmente, a los religiosos y altos funcionarios se les enterraba en pequeñas tumbas situadas en los patios de las mezquitas.

Como en la mayoría de países musulmanes, en Anatolia las tumbas, independientes o en el interior de *turbe*s, tienen una lápida en la cabecera y otra a los pies. Son testimonios preciosos que nos proporcionan información acerca de las creencias, los gustos estéticos, la concepción del arte e incluso la prosperidad de la época en que se hicieron. La decoración con inscripciones y adornos de las tumbas es tradicional en Anatolia desde el tiempo de los selyuquíes. En las inmediaciones de Erzurum y Diyarbakır (Anatolia oriental y suroriental respectivamente) se hallan lápidas de los akkoyuníes y karakoyuníes en forma de ovejas y carneros, adornadas con figuras decorativas. Las tribus nómadas turcomanas llevaron esta tradición a Anatolia central, hasta Afyon y Aydın. En Ahlat, ciudad famosa por sus lápidas en el periodo selyuquí, y otras ciudades de Anatolia, las piedras funerarias van decoradas con figuras que presentan rastros de las tradiciones chamánicas, así como motivos geométricos y florales. Predominan las figuras de pájaros, que simbolizan la ascensión del espíritu en el chamanismo, junto con otras como leones, símbolos de la fuerza y el poder, dragones y águilas. En la zona de Konya y de Akşehir hay lápidas con figuras humanas que representan al difunto o la difunta en las tareas de su vida (un hombre adiestrando un halcón, una mujer bordando con bastidor, etcétera). La decoración con figuras desapareció a principios del periodo de los emiratos. En esta época se difundió un tipo de lápida en forma de *mihrab* que permaneció en boga durante los siglos XIV y XIV, sobre todo en los emiratos de Anatolia occidental.

La decoración tradicional turca no pudo sustraerse a la influencia de Occidente, que se aprecia en varios terrenos artísticos en la Anatolia de principios del siglo XVII; especialmente en Anatolia occidental, y aunque la forma de las lápidas no experimentó grandes cambios, los diseños decorativos sufrieron una fuerte influencia de los estilos barroco, imperio y rococó. Los pocos ejemplos de lápidas con formas humanas pueden deberse a la copia del arte escultórico europeo, pero tal vez estén relacionados también con la tradición centroasiática de los *balbal*s. Son comunes en esa época las lápidas con frontones y abundante y variada ornamentación en las tumbas de mujeres, mientras que las de los hombres son muchos más simples.

En general, las lápidas de mujeres van ensanchándose ligeramente desde abajo y terminan en un remate triangular. En periodos anteriores, las lápidas de hombres tenían forma de prismas rectangulares. En el periodo otomano, se añadió un capitel similar a un turbante con símbolos del oficio del muerto. Finalmente, hay también lápidas de hombres en forma de columna.

Turbe Yeşil, arcófago de azulejos del sultán Mehmet I, 1419-1424, Mehmet I, Bursa.

109

RECORRIDO III

Manisa, la ciudad de los príncipes

Lale Bulut, Şakir Çakmak, Aydoğan Demir, Rahmi H. Ünal

III.I MANISA
        III.1.a Museo Arqueológico de Manisa
        III.1.b Complejo Hatuniye
        III.1.c Complejo de la mezquita Mayor (Ulu Cami)
        III.1.d Madrasa de Karaköy (o de Sinan Bey) (opción)

III.2 ULUBAT
        III.2.a Han Issız

El comercio en Anatolia

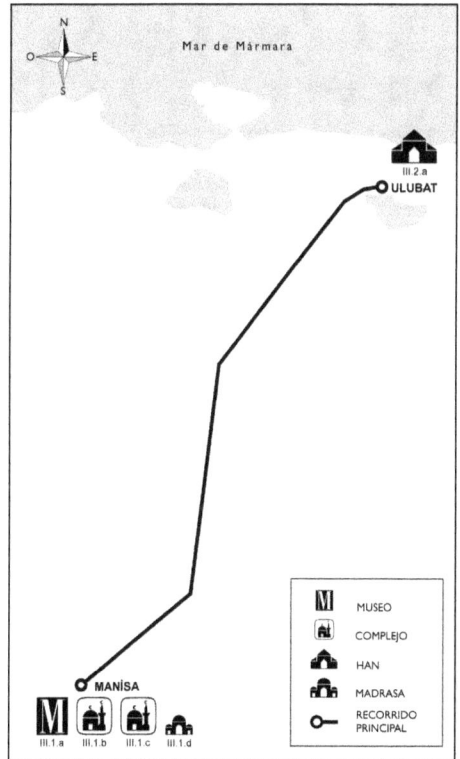

Madrasa de la mezquita Mayor, patio, 1378, İshak Çelebi, Manisa.

RECORRIDO III *Manisa, la ciudad de los príncipes*

Mezquita Hatuniye, vista general desde el noreste, 1491, Hüsnüşah Hatun, Manisa.

Saruhan Bey (r. 1305-1345) fundó un emirato en la región de la antigua Lidia, en el año 1305. En 1313, la ciudad de Manisa, que había sido un importante centro comercial en la ruta entre el Egeo y las regiones de Anatolia central y Mármara desde la antigüedad, se convirtió en el corazón del emirato que imperaba en las pródigas llanuras del río Gediz (el antiguo Hermo), como lo demuestra la presencia de grandes *han*s en la ciudad que han sobrevivido hasta hoy. Sin embargo, el emirato saruhaní fue incapaz de establecer su hegemonía en los mares, como habían hecho los emiratos de Menteşe y Aydın. Puesto que Foça (la antigua Focea), un puerto muy frecuentado y resguardado, estaba en poder de los genoveses en el siglo XIV, los saruhaníes tuvieron que contentarse con puertos secundarios.

Por lo demás, los genoveses de Foça pagaron impuestos a los *beyes* saruhaníes para seguir en la región.

Los *beyes* saruhaníes emplearon los ingresos que proporcionaban la fértil llanura del Gediz, los impuestos y el comercio en levantar mezquitas, *madrasa*s, *hammam*s, *caravansaray*s, *zawiya*s, *turbe*s, etcétera, en varias ciudades, empezando por Manisa. Dos de los más conocidos de estos edificios, la mezquita Mayor y la *madrasa* de Manisa, junto con el *mevlevihane*, se los debemos a İshak Bey (r. 1362-1388).

En época otomana, Manisa fue una de las más famosas ciudades de los príncipes herederos. En los siglos XIV y XV, unos cuantos príncipes se convirtieron en sultanes después de haber sido gobernadores de Manisa. El Şehzadeler, literalmente "palacio de los príncipes", del que no queda rastro, sería el tercero en importancia después de los palacios reales de Estambul y Edirne. El Prado del Sultán, en el monte Spil, era el lugar al que se retiraban los príncipes para descansar y divertirse en verano, al resguardo del calor. Solían ir acompañados de sus madres, y tanto estas como sus hijos embellecieron Manisa con obras monumentales; y una de las más bellas es el complejo Hatuniye (1491), construido en nombre de Hüsnüşah Hatun, esposa de Bayezid II (r. 1481-1512) y madre de Şehinşah.

Cuando Tamerlán (r. 1369-1405), gobernante de la Transoxiana y Persia, venció a Bayezid I (r. 1389-1402) en la batalla de Ankara (1402), el Estado otomano conoció una época de tensiones internas y confusión social. Los fieles del *chayj* Bedreddin (muerto en 1419), un *kadıasker* del gobierno otomano, trataron de propagar una doctrina religiosa de corte comunista que sostenía que la comida, la ropa, los campos de labranza, etcétera —todo salvo las mujeres— debían compartirse. En Manisa, Torlak Kemal, judío convertido al Islam y seguidor de Bedreddin, se esforzó en difundir estas ideas y originó una insurrección de considerable efecto en la región y que a duras penas pudo sofocar el Estado otomano.

Administrativamente, la ciudad de Manisa formó parte de la provincia de Saruhan durante el periodo otomano. Importante en otro tiempo por hallarse en rutas comerciales muy transitadas, Manisa ha conservado hasta hoy su privilegiado puesto.

A. D.

Para visitar todos los monumentos recomendados en este recorrido, hay que emplear bien el tiempo, porque el punto de partida del siguiente recorrido, Bursa, está a 300 km. Además, uno de los edificios interesantes que vale la pena ver es el han Issız, cerca de Ulubat, en la carretera D 565, que es la que se debe tomar. Si se pasa la noche en İzmir, se podrá llegar fácilmente a Manisa en autobús. Aunque la distancia entre los monumentos no es grande, quien quiera ahorrar tiempo puede alquilar un coche o bien ir en taxi o dolmuş. Conviene dedicar la primera parte del día a Manisa y, tras degustar en la comida el kebab, partir para Ulubat. La carretera discurre por las tierras más fértiles de Anatolia occidental. Quienes viajen de noche entre Manisa y Akhisar, en los meses de julio y agosto, se sorprenderán al ver en los campos luces que parecen luciérnagas; son las lámparas de los campesinos que cosechan el tabaco con el frescor del anochecer.

Madrasa de la mezquita Mayor, capiteles reutilizados del patio, 1378, İshak Çelebi, Manisa.

RECORRIDO III *Manisa, la ciudad de los príncipes*
Manisa

*Par de brazales, s. XV,
Museo Arqueológico,
Manisa.*

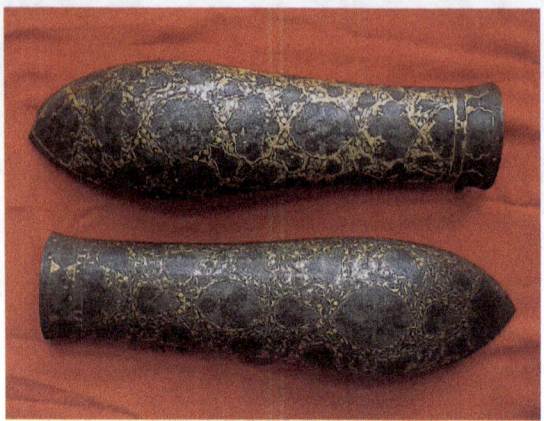

III.I MANISA

Manisa —la antigua Magnesia ad Sipylum— fue fundada por griegos de Tesalia a fines del segundo milenio antes de Cristo, a su vuelta de la guerra de Troya. La historia de la ciudad corre paralela a la de Anatolia occidental. En el siglo VI a. C. pasó a manos del rey de Lidia, Creso, pero pronto, en 546 a. C., la tomaron los persas. Su dominio acabó con la victoria de Alejandro Magno en el Gránico, en el año 334 a. C. En época helenística pasó al control del reino de Pérgamo. La ciudad tuvo una existencia tranquila durante el imperio romano, y mantuvo su importancia con el imperio bizantino hasta el siglo XIII. A principios de ese siglo, el emperador Juan III Vatatzés hizo construir una fortaleza durante la ocupación de Constantinopla por los latinos, y a su muerte fue enterrado en ella. Tras la reconquista de Constantinopla por los bizantinos, con el tiempo Manisa empezó a perder importancia, hasta que en 1313 cayó en manos de los turcos.

III.1.a Museo Arqueológico de Manisa

Barrio de Saruhan, calle Murad, 107. La madrasa y el imaret del complejo Muradiye (monumento otomano del siglo XVI) albergan hoy el Museo Arqueológico y Etnográfico. Las piezas halladas en Sardis y alrededores se exponen en el imaret, y los objetos turcos en la madrasa.
Acceso con entrada. Horario: invierno de 8:30 a 12 y de 13 a 16:30; verano de 8:30 a 12:30 y de 13:30 a 17.

Par de brazales de hierro

En la época otomana, los soldados usaban armaduras, brazales y escudos en las batallas, para protegerse de las espadas y las flechas. El brazal que llevaban los guerreros

Hojas de la puerta del mimbar de la mezquita Mayor, 1377, Hacı Mahmud Ibn Abdülaziz, Manisa.

servía para proteger el antebrazo. Estaba formado por dos alas, unidas por anillas a un cuerpo principal que iba sobre la armadura. El hecho de que las piezas existentes sean de excelente factura y estén ricamente decoradas hace pensar que eran objetos utilizados por militares de alto rango. Los brazales que se exponen en el Museo de Manisa solo poseen la parte principal; las alas han desaparecido. Aunque son muy parecidos, su decoración presenta diferencias, por lo que se cree que pertenecieron a distintos pares de brazales. Las superficies de estas piezas están decoradas con incisiones de soles (*şemşe*), cartelas y tulipanes, y los espacios entre las incisiones se han rellenado de composiciones vegetales en oro que muestran un trabajo aún más refinado. Estos dos brazales datan del siglo XV. En el Museo Militar de Estambul hay ejemplos de brazales contemporáneos y similares.

L. B.

Postigos de la puerta del mimbar de la mezquita Mayor de Manisa

El *mimbar* de la mezquita Mayor de Manisa fue creado en 1377 por un maestro artesano llamado Hacı Mehmet Ibn Abdülaziz, de Antep, por orden de İshak Çelebi, uno de los *beyes* saruhaníes; está siendo restaurado y sus puertas se conservan en el Museo de Manisa. Los postigos, de madera de ébano, muestran una esmerada elaboración. Los ornamentos y filacterias están dispuestos simétricamente en la puerta. Los grandes paneles rectangulares, rodeados de bandas ornamentales y caligráficas, son el elemento más interesante de la composición. Las estrellas y figuras geométricas formadas con largas y estrechas tablillas están adornadas con madreperla, marfil y madera de varias clases y colores. Por las inscripciones sabemos que estos postigos fueron obra de un artesano llamado Fakih Ibn Yusuf.

L. B.

III.1.b Complejo Hatuniye

Barrio de Anafartalar, en la avenida Borsa. Al salir del museo, coger la avenida Murad a la derecha (el este); el complejo está una calle más al norte.

Manisa, capital del emirato de Saruhan, siguió siendo una ciudad importante después de pasar a dominio otomano, en 1410. Fue una de las ciudades de Anatolia donde los príncipes herederos aprendían a gobernar el Estado. Şehinşah, hijo del sultán Bayezid II, fue uno de los *şehzades* educados en Manisa. Mientras él cumplía con sus obligaciones en la ciudad, su madre, Hüsnüşah Hatun, que estaba con él, hizo construir un gran complejo con mezquita, *han*, *hammam*, *imaret* y *mektep*. Para sufragar los gastos de mantenimiento y los salarios de los empleados, en 1497 creó un *waqf*, en cuya acta fundacional le donaba las rentas de varias de sus propiedades. De los edificios que componían este complejo solo han perdurado la mezquita, el *han* y el *mektep*.

Manisa

Mezquita Hatuniye, mimbar, 1491, Hüsnüşah Hatun, Manisa.

Mezquita

La mezquita Hatuniye se alza solitaria frente a un hermoso parque, en la zona de mercado de la ciudad. Lo primero que atrae la mirada son los muros de piedra tallada (andesita y mármol) e hiladas de ladrillo. En la esquina noroeste del cuerpo principal se levanta el alminar cilíndrico, decorado con molduras en zigzag y un bello trabajo de albañilería en el zócalo. La fachada está un tanto alterada por el añadido de cristaleras, pero, pegando los ojos a ellas, se ve un pórtico de cinco crujías sostenido por hermosas columnas y capiteles bizantinos reutilizados. Cuatro de las cinco crujías están coronadas con cúpulas, mientras que la central tiene una bóveda de crucería cubierta por una superficie más plana. Más allá sobresale la alta cúpula de la sala de oración. Al entrar en el pórtico se percibe su sobriedad. La inscripción de la entrada nos informa de que la mezquita se terminó en 1491. La sala de oración estaba pensada originalmente como un espacio cuadrado, flanqueado por dos *tabhane*s con cúpula, pero después se echaron abajo los tabiques de separación para crear un único ámbito. El *mimbar* de madera, un puro trabajo de artesanía que según la inscripción data de 1495, está decorado con ricas composiciones geométricas y florales. El edificio se restauró en 1643, 1672 y 1831, y todavía está abierto al culto.

Mektep

Junto a la mezquita, al oeste, hay un pequeño edificio con dos cúpulas. Se trata del *mektep*, y se piensa que lo mandó construir Hüsnüşah Hatun, pero no hay ninguna mención al respecto en la carta fundacional del *waqf* del complejo; en consecuencia, se cree que esta escuela primaria se construyó después de que se redactara dicha acta, en 1497. Se trata de un pequeño edificio formado por dos partes, ambas con cúpula; hoy, una es una tienda y la otra una oficina.

Han Kurşunlu

Al otro lado de la calle, al sur de la mezquita, se alza el *han* Hatuniye, el últi-

RECORRIDO III *Manisa, la ciudad de los príncipes*
Manisa

mo de los edificios del complejo que sigue en pie. Es conocido comúnmente como Kurşunlu *han* ("*han* de plomo") debido a sus cúpulas, revestidas de láminas de este metal. La entrada principal está en medio del lado oeste. Construido en piedra y ladrillo, el edificio —un típico *han* urbano— es de dos pisos, con patio. En la planta inferior hay 36 habitaciones, y 38 en la superior; todas las del piso de abajo son abovedadas, mientras que las del piso de arriba están techadas con bóvedas o cúpulas. En todas hay un hogar y hornacinas para colocar objetos. El *han*, levantado para garantizar ingresos al complejo, está descrito con todo detalle en el acta fundacional del *waqf* de 1497, que también informa de que había un establo y veintiuna tiendas. Lamentablemente, el establo, contiguo a la fachada oriental, no se conserva. De las tiendas adyacentes a las fachadas norte y oeste, las del lado norte se tiraron para ensanchar la calle que pasa junto al edificio. Se sabe que el *han* fue reformado varias veces entre 1643 y 1677; en los años 1966-1970 se hizo una reforma completa. Ahora es una residencia estudiantil que puede visitarse brevemente, en compañía de alguno de los responsables.

Ş. Ç.

III.1.c Complejo de la Mezquita Mayor (Ulu Cami)

En la calle Ulutepe, barrio de İshak Çelebi. Desde el complejo Hatuniye, seguir cuesta arriba hacia el sur, hasta la calle Ulutepe. El complejo está situado a la derecha subiendo

desde el museo, y puede llegarse a él por la escalinata que hay detrás de la mezquita Muradiye.

De los muchos edificios que se construyeron en Manisa durante el periodo del emirato saruhaní, la mezquita Mayor, que forma un complejo junto con una *madrasa* y un *hammam*, es uno de los más destacados. Viniendo desde abajo, pasado el baño ahora en ruinas, lo primero que se ve es la majestuosa mezquita —aunque estropea un poco la vista la antigua torre de vigilancia contra incendios

Complejo Hatuniye, mektep, 1491, Hüsnüşah Hatun, Manisa.

Han Kurşunlu del Complejo Hatuniye, vista general, 1491, Hüsnüşah Hatun, Manisa.

RECORRIDO III *Manisa, la ciudad de los príncipes*

Manisa

Mezquita Hatuniye, sala de oración, 1491, Hüsnüşah Hatun, Manisa.

Mezquita Mayor (Ulu Cami)

La mezquita y la *madrasa* se alzan en una empinada ladera, así que la parte noreste está más alta que el resto del complejo. Construida con bloques de mármol de expolio, algunos de los cuales tienen decoración bizantina, y piedra sin pulir, tiene tres puertas, una en medio del lado norte, otra en la fachada este y una tercera en el lado oeste, que da a la *madrasa*. La puerta este es mucho más sencilla y tiene por decoración unas cuantas piezas bizantinas reutilizadas. Hoy, la única puerta en uso es la del lado norte, de bonita decoración: obsérvense el arco bajo de la entrada, las *muqarnas* de ladrillo del techo, las rosetas de las paredes laterales y la propia inscripción, que data la construcción de la mezquita en 1367. Al traspasar la puerta se entra en el patio, uno de los primeros ejemplos de patio con pórticos; no obstante, aquí no hay pórtico frente a la sala de oración. Las columnas y capiteles bizantinos reutilizados son muy elaborados. La puerta del lado oeste da acceso a la *madrasa*. La sala de oración está cubierta por una gran cúpula sostenida por ocho pilares, mientras que las demás crujías tienen bóvedas de crucería —aunque no lo parecen por las finas capas de escayola—, lo mismo que las crujías del patio. El *mimbar*, realizado en 1377 por un artista llamado Hacı Mehmet Ibn Abdülaziz, de Antep, y ahora en proceso de restauración, es una de las obras maestras del arte turco en madera; el *mimbar* de la mezquita Mayor de Bursa es obra suya también. El alminar, decorado aquí y allá con ladrillos vidriados, se añadió posteriormente

que hay enfrente—, mientras que la *madrasa* queda a la derecha, oculta por los plátanos. El complejo fue erigido por el arquitecto Emet Ibn Osman para el *bey* saruhaní Muzaffereddin İshak Çelebi (1366-1388).

Madrasa de la mezquita Mayor, puerta del turbe, 1378, İshak Çelebi, Manisa.

RECORRIDO III *Manisa, la ciudad de los príncipes*
Manisa

Madrasa de la mezquita Mayor, fachada norte, 1378, İshak Çelebi, Manisa.

Planta de la mezquita y la madrasa Mayor, Manisa (Z. Sönmez).

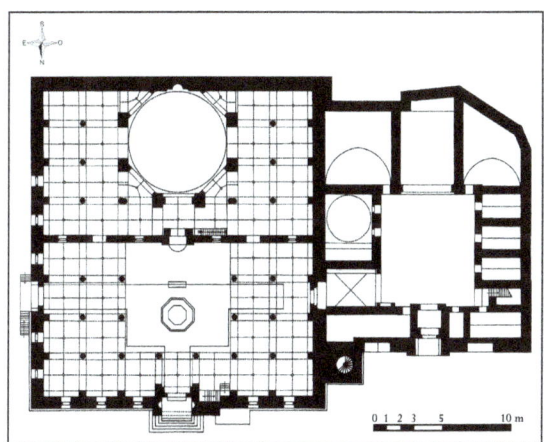

y a él se entra hoy por el tejado. La mezquita Mayor de Manisa —como la de İsa Bey de Selçuk—, con su monumental cúpula central y el patio con pórticos, representa un hito importante en el desarrollo de la arquitectura turca.

Madrasa

A la *madrasa*, situada junto al lado oeste de la mezquita y conocida también como *madrasa* de Fethiye, se puede entrar por el patio de la mezquita o por la puerta del lado norte, que se parece a la de la mezquita; los nichos laterales

RECORRIDO III   *Manisa, la ciudad de los príncipes*
Manisa

Hammam de la mezquita Mayor, fachada oeste, s. m. del s. XIV, İshak Çelebi, Manisa.

son fuentes. La inscripción da como año de construcción 1378; luego es posterior a la mezquita. En el interior, el patio abierto, sin pórticos, está rodeado de una estructura de dos pisos; en consecuencia, los estudiantes no tenían más alternativa que concentrarse en sus estudios. En la parte sur está el *dershane*, un *iwan* con bóveda. Las imperfecciones de la planta de esta *madrasa* y su situación respecto a la mezquita tienen que atribuirse a lo empinado del terreno.

En el pasaje a la mezquita está el *turbe* de İshak Çelebi, el fundador de este complejo; son dignas de mención las elegantes jambas de la puerta, constituidas por columnas anudadas procedentes de un edificio bizantino. En el mausoleo hay cuatro sarcófagos simbólicos, uno de İshak Çelebi y los demás sin atribuir.

Hammam

Al noreste de la mezquita está el deteriorado *hammam* de Çukur, otro de los edificios del complejo. Parcialmente en pie, era una magnífica construcción con un *sıcaklık* de cuatro *iwan*s. Las fuentes históricas narran un acontecimiento ocurrido en este *hammam*: el sultán otomano Mehmet I, hijo de Bayezid I, conquistó Manisa en 1410, y fue en este baño donde atrapó y ejecutó a Hızırşah, el último de los gobernantes del emirato; fue el fin del emirato.

Ş. Ç.

Un excelente lugar para tomarse un descanso es el café cercano, ante un vaso de té con salvia y disfrutando de las vistas.

III.1.d Madrasa de Karaköy (o de Sinan Bey) (opción)

Barrio de Mahallesi, calle Temiz, 39. Para ir desde el museo, dirigirse al oeste; al llegar al semáforo con el cartel para Niobe, torcer a la izquierda; la madrasa está en la primera calle a la izquierda. Si se va desde la mezquita Mayor, seguir por la avenida Ulutepe hacia el oeste y luego hacia el norte; la madrasa está en la última calle a la derecha, antes del semáforo.

Se sabe que en los periodos saruhaní y otomano se construyeron en Manisa numerosas *madrasa*s, pero solo cuatro (la de la mezquita Mayor, del siglo XIV; la de Sinan Bey, del XV; la de Hafsa Sultan, del XVI; y la de Muradiye, también del XVI) han perdurado hasta hoy y, de ellas, la única correspondiente a la primera época otomana es la *madrasa* de Sinan Bey, también conocida como *madrasa* de Karaköy. No existe ninguna inscripción que nos informe de la fecha de construcción, pero, según el acta fundacional del *waqf*, de 1549, se levantó por orden de Sinan Bey, junto con el *mektep* ahora desaparecido. En opinión de algunos investigadores, Sinan Bey era uno de los tesoreros del sultán Mehmet II (1451-1481); según otros, era uno de los *müderris* del sultán. Pese a que en el acta de constitución de la fundación figure el año 1549, las características arquitectónicas de la *madrasa* hacen pensar que se levantó a mediados del siglo XV, y es el punto de vista más aceptado.

Al edificio, construido en piedra y ladrillo, se entra por una puerta monumental de la fachada norte. El patio está circundado de pórticos en los cuatro lados; en las alas este y oeste se encuentran 10 celdas de estudiantes, todas con hogar y varias hornacinas. Los cuartos y los pórticos están techados con bóvedas de crucería, bastante raras en la arquitectura turca, pero muy en boga en los siglos XIV-XV en ciudades de Anatolia occidental como Manisa, Tire y Menemen. El *dershane* está situado en el lado sur del patio, al final de una escalera. En la mayoría de las *madrasa*s de Anatolia, el *dershane* servía también de *masyid*. Aquí, el *dershane* y el pórtico antepuesto están más altos que el resto del edificio, lo que les da el aspecto independiente de los *masyid*s. La estancia está cubierta por una cúpula sostenida por pechinas llenas de *muqarnas*. La *madrasa* de Sinan Bey fue completamente reformada en 1985 y hoy se usa como centro de artesanía con talleres de trabajo en plata.

Ş. Ç.

El monte Spil, a espaldas de la ciudad de Manisa, ofrece una ocasión única a quienes quieran descansar y perderse en la naturaleza. A aquellos que prefieran pasar más tiempo en Manisa, les recomendamos la visita a los complejos Muradiye y Sultaniye (del siglo XVI). Cada año, la última semana de abril, tiene lugar en Manisa la Fiesta del Mesir.

RECORRIDO III   *Manisa, la ciudad de los príncipes*
Ulubat

El mesir macunu (un dulce de consistencia gomosa) fue elaborado por primera vez en el siglo XVI por el director del complejo Sultaniye, Muslihüddin Merkez Efendi, para curar a la mujer del sultán Selim I, Hafsa. Más tarde se convirtió en tradición distribuir una vez al año mesir macunu en la mezquita Sultaniye (enfrente del museo) en medio de una gran fiesta. Se cree que este dulce (compuesto por 41 ingredientes, entre ellos trébol, jengibre, cilantro, comino, canela, vainilla, cáscara de naranja, azúcar, etcétera), además de sus propiedades reconstituyentes y apetitivas, que facilitan la digestión y eliminan el cansancio, es también afrodisiaco.

No es difícil llegar a Ulubat con los autobuses interurbanos, pero el han Issız está a orillas del lago, lejos de la carretera general.

III.2 ULUBAT

III.2.a Han Issız

El edificio se usa actualmente como almacén. La entrada principal, en el lado sur, frente al lago, suele estar cerrada. La llave se guarda en la casa de labranza que hay a unos 100 m.

La ruta de las caravanas que comunicaba Bursa, segunda capital del imperio otomano, con el oeste y el sur alcanzaba Karacabey siguiendo la orilla del lago Ulubat (Apolyont). İne (Eyne) Bey, uno de los comandantes otomanos en tiempos de los sultanes Murad I (r. 1363-1389) y Bayezid I (r. 1389-1402), ordenó la construcción de un *han* en esta carretera. El edificio, a orillas del lago Ulubat y cerca del pueblo de Seyran, perteneciente al

Han Issız, vista desde el norte, 1394, İne (Eyne) Bey, Ulubat.

RECORRIDO III *Manisa, la ciudad de los príncipes*
Ulubat

Han Issız, interior, 1394, İne (Eyne) Bey, Ulubat.

municipio de Karacabey, es conocido también como *han* Susuz ("sin agua"). İne Bey donó a este *han* las rentas de un pueblo y un molino, para costear los gastos de mantenimiento y reformas y los sueldos de los trabajadores. Según el acta fundacional del *waqf*, los servicios a los viajeros que se alojaban en el *han* eran gratuitos. Se sabe que İne Bey hizo construir también varios edificios más en Bergama, Balıkesir y Bursa. Este *bey*, que desempeñó un papel fundamental en el interregno que siguió a la batalla de Ankara (1402), murió en 1405, durante las disputas por el trono entre los hijos de Bayezid I.

Situado en medio del campo, el *han* Issız es un interesante edificio desde el punto de vista arquitectónico. Su planta, sin patio y con tres naves, se encuentra con frecuencia en construcciones del periodo de los emiratos (siglos XIV y XV). A cada lado de la entrada hay dos habitaciones para hospedar a los viajeros importantes, mientras que los demás pasaban la noche en el banco o plataforma del interior. En medio de este banco hay dos hogares cuyas chimeneas están sostenidas por cuatro columnas cortas; es el único *han* con este tipo de chimenea que se conoce en Anatolia. En los *hans* clásicos del periodo selyuquí no había hogares; para cocinar y calentarse se usaban *tandirs*, que consistían en un hoyo bordeado de arcilla o un recipiente de barro enterrado en el suelo. Los hogares del *han* Issız tampoco están junto a la pared, sino en la plataforma del centro del edificio. Por ello, puede decirse que representa la transición entre los *hans* selyuquíes, con *tandirs* en los bancos, y los otomanos, con los hogares pegados a la pared.

Ş. Ç.

EL COMERCIO EN ANATOLIA

Rahmi H. Ünal

Anatolia, encrucijada natural por su situación geográfica, ha sido escenario de un activo comercio desde las épocas más remotas de la historia. Por Anatolia pasaba la más importante de las rutas de la seda entre Oriente y Occidente. Las tribus turcas, que desde el siglo XI venían haciendo correrías por Anatolia, se esforzaron por establecer un dominio permanente en la región a partir de la segunda mitad del siglo XII. Por este motivo, no fue hasta entonces —la época del sultán selyuquí Kılıç Arslan II— cuando los gobernantes de Anatolia pudieron tomar medidas para favorecer el comercio. Y puesto que el desarrollo comercial es imposible en un país donde los caminos no son seguros, para los sultanes se volvió prioritario garantizar la vida y los bienes de los viajeros. Establecieron para las mercancías lo que quizá sea el primer seguro de la historia: los selyuquíes de Anatolia firmaron un acuerdo con los chipriotas en 1213 y otro con los venecianos en 1220, según los cuales ambas partes se comprometían a indemnizarse mutuamente por los daños o pérdidas que los mercaderes del otro país sufrieran en su territorio.

La construcción de *caravansarays* —o *hans*, como también se llaman— comenzó en tiempos del sultán selyuquí Kılıç Arslan II y continuó a marchas forzadas con 'Ala al-Din Keykubad I y Gıyaseddin Keyhusrev II. También los mongoles, que pusieron bajo su hegemonía a los selyuquíes en 1243, daban importancia al comercio y a la construcción de *hans*. Los sultanes y altos funcionarios levantaron *caravansarays* en las rutas de la seda y las especias, edificios para protegerse que ofrecían a los viajeros un mínimo de comodidades. Los *hans* de este periodo se asemejan arquitectónicamente a pequeñas fortalezas: la mayoría de ellos está formada por un patio y una parte cubierta; la única entrada al patio desde la calle era una puerta monumental, y también entre el patio y

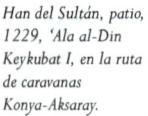

Han del Sultán, patio, 1229, 'Ala al-Din Keykubat I, en la ruta de caravanas Konya-Aksaray.

la zona techada había una sola puerta. Las caravanas que deseaban pasar la noche en lugar seguro se quedaban en estos edificios, construidos a intervalos regulares en las rutas. La distancia entre *han*s no sobrepasaba nunca los 40 km; en los terrenos accidentados estaban separados a veces por solo 5 ó 10 km; de ahí que estos *han*s fueran llamados *menzil han*s, literalmente "*han*s de una jornada". Los *han*s, ubicados en zonas antes inhabitadas, dieron lugar en ocasiones al nacimiento de pueblos.

Sin embargo, cuando el poder central selyuquí empezó a desvanecerse a fines del siglo XIII, los señores locales se dirigieron a Anatolia occidental y empezaron a fundar emiratos. El resultado de la aparición de un gran número de emiratos en tierras de Anatolia fue que no se pudo garantizar ya la seguridad en las rutas de las caravanas, y el comercio empezó a perder importancia. Los *caravansaray*s construidos en este periodo de inestabilidad eran más pequeños y sin patio, y no podían equipararse en magnificencia a los selyuquíes. También en este tiempo empezaron a surgir *han*s urbanos en número creciente.

Con el descubrimiento del Cabo de Buena Esperanza por el navegante portugués Bartolomeu Dias en 1488, los europeos prefirieron en general la ruta marítima para el comercio con Oriente. Cuando las rutas que unían Oriente y Occidente empezaron a decaer, las que conectaban las ciudades de las regiones centrales de Anatolia con las ciudades portuarias cobraron importancia, y en estas rutas se construyeron *han*s de pequeñas dimensiones. Debido a esto también, en el centro de las ciudades empezaron a levantarse *han*s para satisfacer las necesidades de almacenamiento de los bienes de los mercaderes, de compraventa e incluso de alojamiento. La magnificencia y enormes proporciones de los *han*s de los siglos XVI y XVII que han sobrevivido demuestran que las rutas de las caravanas volvieron a alcanzar su anterior vitalidad, una vez recobrada la estabilidad política en la época del imperio otomano. Pero la planta de estos *han*s no recuerda la de los *menzil han*s que se hallaban a lo largo de las rutas de las caravanas, ya que se construyeron con otros propósitos. Los urbanos suelen ser de dos pisos, y las habitaciones se alinean alrededor de un patio central. El piso inferior se usaba generalmente como almacén; las habitaciones del piso superior servían de oficinas o dormitorios.

Han Susuz, interior, p. m. del s. XIII, en la ruta de caravanas Burdur-Antalya.

RECORRIDO IV

Bursa, la ciudad de los sultanes

Lale Bulut, Aydoğan Demir, Yekta Demiralp

IV.1 BURSA

Primer día

- IV.1.a Complejo Yeşil
- IV.1.b Complejo Yıldırım
- IV.1.c Mezquita de Orhan
- IV.1.d Han Koza
- IV.1.e Mezquita Mayor (Ulu Cami)
- IV.1.f Han del Emir (opción)

Segundo día

- IV.1.g Turbe de Osman Gazi
- IV.1.h Turbe de Orhan Gazi
- IV.1.i Complejo Muradiye
- IV.1.j Madrasa de Ahmet Paşa (opción)
- IV.1.k Manantial de azufre (Kükürtlü Kaplıca)
- IV.1.l Termas viejas (Eski Kaplıca)
- IV.1.m Mezquita de Hüdavendigar

La tradición del hammam
La batalla de Ankara

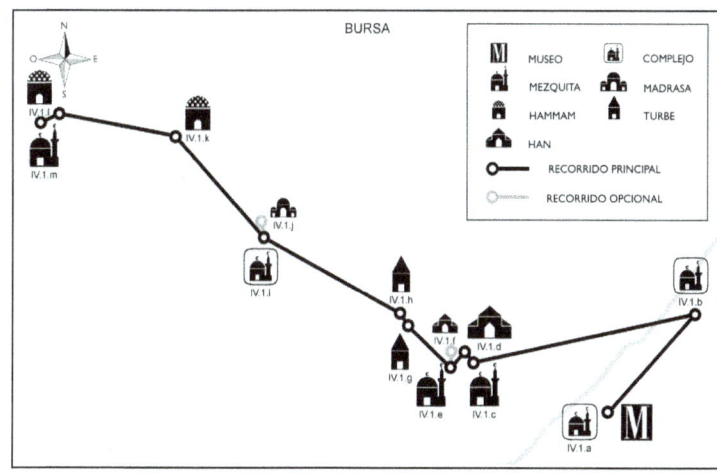

Mezquita Mayor, cúpulas, 1400, Bayezıd I, Bursa.

Bursa, la ciudad de los sultanes

Mezquita Yeşil, portal, 1419-1424, Mehmet I, Bursa.

Mezquita de Orhan, detalle del mihrab, 1339-1340, Orhan Gazi, Bursa.

Bursa, en las laderas del monte Uludağ (Olimpo de Misia), con sus fértiles tierras y agua en abundancia, ha atraído a pueblos a lo largo de toda la historia. Importante ciudad en el antiguo reino de Bitinia, en Prusa (Bursa) encontramos huellas de todas las civilizaciones que ha habido en Anatolia desde mediados del primer milenio antes de Cristo. El Estado selyuquí de Anatolia, fundado en 1075 y con capital en İznik (la antigua Nicea), impuso su soberanía sobre Bursa en la época de su fundación, aunque por poco tiempo. En 1097, cuando los selyuquíes fueron derrotados por el ejército de la I Cruzada y tuvieron que transferir su capital a Konya, no pudieron ya mantener una posesión constante de la región del Mármara. Aunque en 1113 recuperaron las costas de esta región, incluida Bursa, no pudieron, igual que antes, asegurar su dominio en la zona.

A finales del siglo XIII y principios del XIV, cuando se estaban estableciendo varios emiratos en Anatolia occidental, un *bey* turcomano llamado Ertuğrul (muerto en 1281) y su hijo Osman (r. 1281-1324) se asentaron en la región de la antigua Bitinia. Los "héroes" de Osman, que recuerdan a los caballeros europeos medievales, combatieron contra pequeños terratenientes bizantinos en batallas que hoy se nos antojan llenas de honor y romanticismo. Con todo, tras la instauración del dominio otomano en la región, ambas comunidades gozaron de un largo periodo de paz.

El emirato fundado por Osman Bey en 1299 se apoderó de Prusa, una de las ciudades bizantinas más importantes, en 1326, durante el reinado de Orhan Bey (1324-1362). Esta ciudad, cuyo nombre fue transformado en Bursa por el pueblo, se convirtió en la capital del recién fundado Estado otomano.

En este desarrollado centro comercial y manufacturero pronto se levantaron numerosos *hans*. La ciudad se hizo famosa,

RECORRIDO IV   *Bursa, la ciudad de los sultanes*
Bursa

Madrasa Yeşil, iwan de entrada, 1419-1424, Mehmet I, Bursa.

sobre todo, por la producción de seda y otros tejidos.

Los sultanes otomanos que gobernaron desde principios del siglo XIV hasta mediados del XV, Orhan Gazi (llamado también Orhan Bey, 1324-1362), Murad I (o Hüdavendigar, 1362-1389), Bayezid I (o Yıldırım Bayezid, 1389-1402), Mehmet I (o Çelebi Mehmet, 1413-1421) y Murad II (1421-1451) mejoraron la ciudad construyendo varios edificios religiosos y civiles.

En tiempos de la fundación del Estado, los sultanes otomanos eran personas de mente abierta y vida sencilla. Tras la toma de Bursa, Orhan Gazi mandó una bebida alcohólica como regalo a Geyikli Baba, un religioso heterodoxo que se había sumado a la conquista de la ciudad. También el sultán Bayezid I bebía alcohol; dice la leyenda que, cuando le preguntó a Emir Sultan, un jefe religioso, si le gustaba la mezquita Mayor recién construida, este respondió: "Solo le encuentro un defecto, y es que debería haber tabernas a los cuatro lados para que así tuvierais un pretexto para venir".

Bursa es también una ciudad de *turbe*s; de hecho, aquí están enterrados los seis primeros sultanes del imperio otomano. El de Mehmet I es un asombroso monumento por su factura arquitectónica y sus azulejos. La ciudad es famosa por sus *hammam*s, termas y fuentes. Los otomanos procuraron servir a todos los ciudadanos, sin hacer distingos por religión o lengua. Por ejemplo, después de tomar Bursa, Orhan Gazi construyó conductos para llevar el agua al barrio judío de la ciudad.

A. D.

IV.1 BURSA

IV.1.a Complejo Yeşil

Barrio de Çelebi Sultan, en la calle Yeşil. El complejo está muy cerca del centro de la ciudad y es un lugar muy popular entre los habitantes.

Bursa

Madrasa Yeşil, bóveda de azulejos del iwan de la parte oeste, 1419-1424, Mehmet I, Bursa.

Acceso con entrada a la madrasa, *hoy Museo de Arte Turcoislámico; en el* turbe *se pide un donativo al visitante.*
Horario del museo: invierno de 8 a 12 y de 13 a 16:30; verano de 8:30 a 12:30 y de 13:30 a 17. Cierra los lunes.

Hoy en día, el complejo está formado por una mezquita, una *madrasa*, un *imaret* y un *turbe*. Debe su nombre, Yeşil ("verde"), a los azulejos turquesa que decoran la mezquita, la *madrasa* y, especialmente, el mausoleo. Después de su victoria en las duras luchas del interregno que siguió a la batalla de Ankara (28 de julio de 1402), Mehmet I, conocido también como Çelebi Mehmet, ascendió al trono otomano en 1413. Poco después empezó a construir el complejo Yeşil, que es visto como muestra de la magnificencia del Estado que acababa de recobrar su poder. En 1421, sin embargo, Mehmet I sufrió una parálisis durante una partida de caza en Edirne y murió al poco tiempo. Por miedo a sus opositores, el hijo de Mehmet, Murad II, ocultó al pueblo la muerte de su padre hasta estar en el trono. Más tarde, Mehmet fue enterrado en el *turbe* del complejo, concluido después de su muerte. El *imaret*, al sureste de la mezquita, ha sido restaurado recientemente y permanece cerrado a los visitantes. El *hammam*, al oeste del *turbe* y aún en funcionamiento, no aparece mencionado en el acta fundacional del *waqf*.

Y. D.

Madrasa (Museo de Arte Turcoislámico)

La *madrasa*, a unos 100 m al oeste de la mezquita, está en medio de un jardín y es la actual sede del Museo de Arte Turcoislámico. Viniendo desde la calle se llega a la parte trasera; pasando por el lado este se observan los restos de la sencilla decoración geométrica de azulejos de los tímpanos de las ventanas; la puerta exterior, semejante a un *iwan*, está en el lado norte. Las columnas y capiteles que sostienen el pórtico proceden de varios edificios bizantinos. La mayoría de las crujías del pórtico que rodea el patio por tres de sus lados están cubiertas por cúpulas, mientras que las celdas están techadas con bóvedas; la bóveda del *iwan* oeste está decorada con preciosos azulejos turquesa y azul oscuro. En las alas hay escaleras para subir al piso superior que en principio iba a tener la *madrasa*, y que no se terminó debido a la repentina muerte de Mehmet I. El *dershane*, con cúpula, enfrente de la entrada, sobresale al exterior, y por la presencia de *mihrab* en el muro de la *qibla* se sabe que también servía de sala de oración.

El primer *müderris* nombrado para la madrasa fue el hijo de Molla Şemseddin

RECORRIDO IV Bursa, la ciudad de los sultanes
Bursa

Fenari, el renombrado intelectual otomano. El hecho de que un joven de 18 años alcanzara un puesto de tanta responsabilidad debió de parecer extraño, hasta el punto de que, en la primera clase que impartió, tanto estudiantes como cultivados hombres de Bursa y alrededores le hicieron un verdadero examen con sus preguntas. A partir de entonces, se convirtió en costumbre que los *müderris*es de esta *madrasa* pasaran por un examen así. El museo tiene una excelente colección bien expuesta en la que pueden apreciarse piezas en madera, cerámica y metal, manuscritos, *firman*s, bordados, etcétera. Las piezas de cerámica descritas a continuación se encuentran en los expositores del *iwan* oeste, y los demás objetos, en las celdas de la parte este.

Y. D.

Plato de cerámica
(núm. inv. 814, siglo XV)

Los investigadores coinciden en que la cerámica blanca de İznik apareció en el siglo XV. Esta cerámica, hecha con una pasta blanca, dura y delgada, y con un suave vidriado transparente, resultó de las transformaciones hechas por azulejeros expertos en la preparación del barro. Especialmente notables son las innovaciones y cambios en la decoración. Se piensa que la introducción de cerámica china en la corte otomana tuvo mucho que ver en esta evolución. Cuencos profundos, copas, grandes vasijas con pie, anchos platos llanos con adornos en los bordes, platos con bordes ondulantes, jarras y tarros eran los objetos de cerámica preferidos que se usaban cotidianamente en este periodo.

Este plato de pasta blanca, producido en İznik, pertenece al grupo de la cerámica blanquiazul. El centro está dentado y los bordes vueltos hacia fuera. La decoración, hecha bajo una capa de vidriado, consiste en follaje, grandes *rumi*s y nubes chinas en el centro y el borde, pintados en blanco sobre un fondo azul cobalto.

L. B.

Brasero de bronce
(núm. inv. 107, siglo XV)

Son varios los métodos ideados por el ser humano para calentar los lugares en que

Museo de Arte Turcoislámico, plato de cerámica (núm. inv. 814), s. XV, Bursa.

Museo de Arte Turcoislámico, brasero de bronce (núm. inv. 107), s. XV, Bursa.

Bursa

Museo de Arte Turcoislámico, Corán (núm. inv. 207), 1435, Bursa.

vive: en la Edad Media se usaban hogares, agujeros recubiertos de arcilla denominados *tandır*s y braseros. Los hogares servían ante todo para calentar grandes espacios, como la parte cubierta de los *caravansarays*; dada la dispersión del calor y la gran cantidad de combustible que consumían, este tipo de calefacción se empleaba en las residencias de los ricos. Las clases más humildes preferían calentar sus viviendas con braseros o *tandır*s.

Los braseros son grandes recipientes de barro cocido o metal en los que se quema carbón. El cuerpo del recipiente, donde se enciende la pira, se coloca en un pie. Para evitar que las brasas y trozos de carbón encendido cayeran al suelo, bajo el pie se ponía una plancha o bandeja, generalmente de algún tipo de madera que no ardiera con facilidad, como carpe o roble. Este brasero es de cuerpo hexagonal, con un pie de seis patas y dos asas. Los seis lados están decorados con rejillas de motivos florales simétricos.

L. B.

Corán
(núm. inv. 207, 1435, sultán Murad II)

Para los musulmanes el *Qur'an* (*Corán*), libro sagrado del Islam, es la palabra de Dios revelada al profeta Muhammad a través del arcángel San Gabriel. Las revelaciones comenzaron en el año 610, con la primera sura, y continuaron hasta la muerte del Profeta, acaecida veintitrés años más tarde. Las revelaciones eran memorizadas por Muhammad y otros musulmanes y, al mismo tiempo, los escribas ponían por escrito los versículos en distintos materiales, como piedra, hueso, hojas de datilera y pergamino. Estos textos, no recogidos en libro en vida del Profeta, se compilaron en un volumen a su muerte, en la época del califa Abu Bakr.

El *Corán* está dividido en 114 capítulos denominados *suras*; en turco, cada uno de los versículos que forman una *sura* se llama *ayet*. No hay acuerdo acerca de dónde empiezan y terminan los versículos,

RECORRIDO IV   *Bursa, la ciudad de los sultanes*
Bursa

por lo que no existe una opinión unánime sobre su número exacto, en todo caso más de seis mil.

Este *Corán* se ha ejecutado en la caligrafía árabe llamada *nasji*; los títulos y el comienzo de las *suras* están decorados en oro; en la ornamentación se ha empleado gran cantidad de dorado. Los motivos florales de las tapas de cuero marrón se aplicaron con un molde. Las caras internas de las tapas están decoradas con la técnica llamada *kati'*, cuyo fondo está pegado con tela. Los motivos florales del interior de las rosetas están dibujados con pintura y oro.

L. B.

Museo de Arte Turcoislámico, jarrón de cerámica (núm. inv. 3374), s. XV, Bursa.

Jarrón de cerámica
(núm. inv. 3374, siglo XV)

Se trata de un ejemplo del tipo de cerámica blanquiazul de İznik. Tiene cuerpo en forma de pera que se ensancha desde la base, y cuello cilíndrico. Los dibujos, cubiertos por una capa de vidriado y repetidos en el cuerpo y el cuello, consisten en estilizadas nubes y hojas enrolladas de color azul, aplicadas sobre fondo blanco.

L. B.

Museo de Arte Turcoislámico, plato de cerámica (núm. inv. 813), s. XV, Bursa.

Plato de cerámica
(núm. inv. 813, siglo XV)

Este plato es otro ejemplo de cerámica blanquiazul de İznik. Aunque el barro de esta cerámica es blanco y duro como la porcelana, no es tan traslúcido. El vidriado es muy delgado, incoloro, trasparente y brillante, por lo que no se resquebraja durante la cocción. En la cerámica blanquiazul llama la atención el contraste entre el fondo y los motivos decorativos. Es un plato hondo y con los bordes hacia fuera, realizado con la técnica del vidriado. En la franja del borde se han pintado palmetas y *rumis* sobre un fondo azul

133

RECORRIDO IV *Bursa, la ciudad de los sultanes*

Bursa

Museo de Arte Turcoislámico, firman (núm. inv. 4320), 1458, Bursa.

cobalto. El círculo del centro está decorado con una composición geométrica, y los espacios vacíos se han rellenado con hojas y flores.

L. B.

Firman (núm. inv. 4320, 1458)

Los *firmans* son edictos del sultán. Los *firmans* conservados en los archivos otomanos, en varios museos y en colecciones privadas proporcionan una valiosa información acerca de la administración y las condiciones socioeconómicas del Estado. Son, al mismo tiempo, raros ejemplos de la escritura artística y decorativa. Estos documentos llevaban puesto el *tuğra*, elaborada firma del sultán, y su contenido se ordenaba conforme a un patrón. Un *firman* podía consistir, por ejemplo, en saludo, *tuğra*, títulos, oración, texto, orden, reiteración de la orden y fecha, en este orden. En algunos edictos se "amenaza" especificando el castigo que se aplicará si no se cumple la orden o el cometido no se lleva a cabo. Resultan interesantes también las maldiciones que se encuentran en algunos *firmans*, como: "Que no tenga lugar ni en la tierra ni en el cielo quien desobedezca esta orden".

El *firman* aquí descrito es un decreto enviado en Edirne por el sultán Mehmet II al cadí de Bursa Şemseddin. Escrito con tinta negra brillante, hace mención de derviches que vivían en los alrededores del *imaret* construido por el bisabuelo del sultán, Murad I, también llamado Hüdavendigar. El edicto da a entender que los derviches habían solicitado parte del agua que se llevaba al *imaret* de Hüdavendigar para su propio uso y que el sultán se lo concedía.

L. B.

Plato de cerámica
(núm. inv. 2659, f. siglo XIV-p. XV)

Se trata de una pieza de cerámica de Iznik del tipo llamado "de Mileto". Este grupo de cerámica se distingue por los dibujos en azul cobalto sobre un fondo de *engobe* blanco. Aunque los dibujos de hojas y

Museo de Arte Turcoislámico, plato de cerámica (núm. inv. 2659), f. del s. XIV- p. del s. XV, Bursa.

estrellas del centro y las líneas radiales se ven con frecuencia en estos platos, en ninguna de las piezas conocidas se repite la misma composición. En este ejemplo, entre ramas enroscadas, se aprecia un gran pez con el cuerpo adaptado a la forma circular.

L. B.

Mezquita Yeşil

Llegando desde la parte trasera, el pálido color dorado de los muros de piedra deja paso al mármol que recubre por completo la fachada norte, decorada con un exquisito trabajo de cantería, sobre todo alrededor de las ventanas —inconclusas— y el portal. En la planta baja hay cuatro ventanas y dos *mihrab*s externos, y sobre ellos cuatro logias. Una de las peculiaridades más interesantes de la fachada es la ausencia de pórtico; las ménsulas aún visibles en el frente indican que estaba proyectado y que por alguna razón nunca se hizo. La inscripción del arco bajo del portal nos proporciona el nombre del arquitecto, Hacı İvaz. Al entrar, tres pasi- llos llevan a una habitación en el ángulo norte y a tramos de escalera cerrados al público. Hay una pequeña cámara semejante a un *iwan*, recubierta de azulejos verde oscuro donde se han puesto medallones decorados con la técnica de la *cuerda seca*. Una vez en el patio interior, es imposible no sentirse cautivado por la decoración —como el cielo, decía Evliya Çelebi— tan diferente de la de otras mezquitas de Bursa del mismo periodo. Fue la primera vez que los otomanos emplearon azulejos para adornar las mezquitas de una forma tan diferente a la de los templos selyuquíes precedentes, estableciendo un modelo que sería desarrollado en el siglo siguiente, cuando los hornos de İznik produjeran sus mejores trabajos, aunque muy diferentes de los de Bursa.

El patio central está cubierto con una cúpula alta con linterna, y la fuente del centro tiene un magnífico surtidor de mármol grabado. Al este y al oeste, los dos grandes *iwan*s, de paredes recubiertas de azulejos, están coronados también de altas cúpulas acanaladas. Los dos huecos

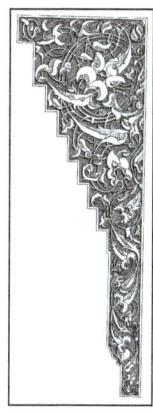

Decoración del portal de la mezquita Yeşil, Bursa (Ş. Çakmak).

Mezquita Yeşil, vista desde el sur, 1419-1424, Mehmet I, Bursa.

RECORRIDO IV *Bursa, la ciudad de los sultanes*

Bursa

Planta de la mezquita Yeşil, Bursa (Z. Sönmez).

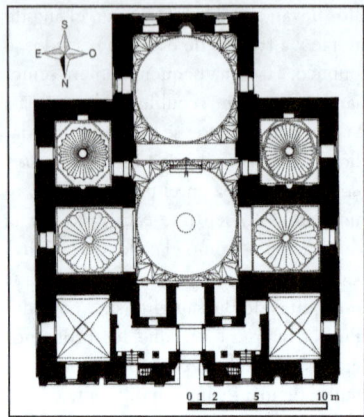

que flanquean la entrada al norte del patio central se destinaban a los *muecines;* la galería que hay sobre la entrada era la logia real. Los muros y techos de estos tres espacios están completamente revestidos de azulejos; los de la logia real tienen una decoración particularmente rica. Es notable la decoración floral en oro de los azulejos hexagonales de los *iwans* de los lados este y oeste, así como la de las paredes de dos espacios situados en el piso bajo.

Esta mezquita fue pensada para facilitar alojamiento y un lugar donde reunirse a los *derviches* itinerantes, que tan importante papel desempeñaron en la vida social y religiosa de la época, aunque actualmente todo el edificio sirve de mezquita. Los *tabhanes* situados entre los *iwans* y la sala de oración, con hogar y estantes, se usaban como salas para los *derviches.* Las hornacinas y hogares de los *tabhanes* del sureste y suroeste están soberbiamente decorados con motivos florales y geométricos de estuco. En las cúpulas que cubren estos espacios quedan

aún rastros de pinturas, al igual que en las cúpulas de los *iwans*. La sala de oración de la parte sur, separada del patio central por un "arco de Bursa", está recubierta también de soberbios azulejos, y destaca ante todo el *mihrab*; como dice Evliya Çelebi, resulta imposible describirlo. Según una inscripción de la parte superior de una de las dos columnas situadas a los lados del nicho del *mihrab*, los azulejos fueron fabricados por artesanos de Tabriz (Irán). La influencia persa es, asimismo, visible en las cámaras de la planta superior. La mezquita se abrió al culto en 1419, pero la decoración no se terminó hasta 1424. Según las inscripciones de la logia real, Nakkaş Ali llevó a cabo las pinturas y supervisó la decoración, y el maestro azulejero fue Muhammed al-Majnun.

Y. D.

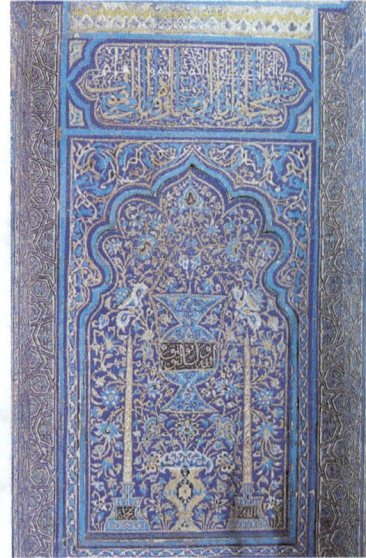

Turbe Yeşil, detalle del mihrab, 1419-1424, Mehmet I, Bursa.

RECORRIDO IV *Bursa, la ciudad de los sultanes*
Bursa

*Complejo Yıldırım,
vista general desde sur,
1389-1399,
Bayezid I, Bursa.*

Turbe Yeşil

Al sur de la mezquita.

Construido sobre una pequeña elevación, el *turbe* se encuentra considerablemente más alto que la mezquita. El cuerpo octogonal está cubierto casi por completo de azulejos color turquesa; los tímpanos de la fila inferior de las ventanas emparejadas de cada lado están también decorados con azulejos. En cuanto a los que antaño cubrían la fachada del portal han desaparecido completamente; con todo, la concha de ostra sobre triángulos turcos y los nichos de los lados conservan su belleza. En ambas hojas de la magnífica puerta de madera adornada con *kündekari* hay seis paneles, dos grandes y dos pequeños; alrededor de ellos se extiende una filacteria que incluye los nombres del sultán Mehmet I, el arquitecto Hacı İvaz, hijo del *ahi* Bayezid, y el maestro artesano de los azulejos, Hacı Ali, hijo de Ahmet, oriundo de Tabriz.

En el interior, la parte inferior de los muros está recubierta de azulejos hexagonales. Entre las ventanas hay también un gran *şemse* multicolor, realizado con la técnica de la *cuerda seca*. También la rica ornamentación del *mihrab* es de azulejos, y no desmerece del *mihrab* de la mezquita. Elementos decorativos poco frecuentes se encuentran en la ornamentación que adorna los arquitrabes de la fila inferior de ventanas. La cúpula se alza sobre una hermosa cornisa de triángulos turcos. Cuatro de los sarcófagos del *turbe* están revestidos de azulejos; el del sultán Mehmet I, en el centro, es una muestra del mejor trabajo que podían realizar los artesanos. Las otras tumbas pertenecen a sus hijos Mustafa, Mahmud y Yusuf, enterrados con sus esposas, incluida la niñera del sultán. La cripta, actualmente cerrada al público, tiene una interesante planta de

Bursa

Madrasa Yıldırım, cúpula con muqarnas en el pórtico oriental, 1389-1399, Bayezid I, Bursa.

Turbe de Bayezid I, fachada de la entrada, 1406, emir Süleyman Çelebi, Bursa.

cinco espacios, dos grandes y tres pequeños; no se conocen otros ejemplos de cripta con diferentes espacios.

Y. D.

IV.1.b Complejo Yıldırım

Barrio de Yıldırım.

Mezquita, *madrasa*, *daruşşifa*, *imaret*, *hammam* y *turbe* componían este complejo que debemos al sultán Bayezid I; todos estos edificios, salvo el *imaret*, han llegado a nuestros días. El complejo se llama Yıldırım por el sobrenombre del sultán, que en turco significa "rayo" o "trueno", y se supone que el sultán era capaz de desplazar sus ejércitos "como un rayo" para aplastar a sus enemigos. La mayoría de las construcciones que levantó se llaman mezquita Yıldırım, complejo Yıldırım, etcétera. Este complejo está situado en un cerro algo apartado del centro de la ciudad y en medio de un encantador parque en terrazas, debido a la pendiente. El *hammam*, oculto entre las casas, sigue en funcionamiento.

Mezquita

La mezquita, edificio central del complejo, está construida en piedra. El actual alminar es un añadido posterior, pues los alminares primigenios de las esquinas noreste y noroeste se vinieron abajo en fecha desconocida. El pórtico frontal de cinco crujías es también de piedra y está coronado por cúpulas. Las dos logias que hay encima de los dos *mihrab*s del exterior, uno a cada lado del portal, servían para dar luz a las escaleras de los alminares originales. Pasando el sencillo *iwan* del portal, cubierto por una diminuta cúpula, se entra en el patio interior, techado con una cúpula alta y con *iwan*s a ambos lados. A su vez, los *iwan*s están rodeados por habitaciones cubiertas con bóvedas de crucería planas por arriba, pero solo las del sur, que flanquean la sala de oración, están acondicionadas con un espectacular hogar de estuco y estantes reforzados con azulejos incrustados. El plano del edificio se proyectó para responder a las necesi-

Mezquita de Orhan, mihrab, 1339-1340, Orhan Gazi, Bursa.

dades de alojamiento y reunión de los *derviches ahi*, luego las habitaciones con hogar y estantes son *tabhane*s. Hay un arco monumental que separa el patio interior de la sala de oración; es el primer ejemplo de "arco de Bursa", que tiene la parte superior plana y retranqueada, otro hermoso ejemplo del que vimos en la mezquita Yeşil.

No hay ninguna fecha de construcción, pero se cree que debió de levantarse en algún momento entre la ascensión al trono de Bayezid I, 1389, y el acta fundacional del *waqf*, 1399.

Y. D.

Madrasa

La *madrasa*, en una terraza inferior al noreste de la mezquita, es ahora un centro de salud. Los atractivos muros con franjas alternadas de piedra y ladrillo están realzados con la decoración de los tímpanos de las ventanas. La existencia de un par de pequeños nichos juntos en las paredes laterales del *iwan* de entrada, más alto que el resto de la estructura, es una rara característica, y llama la atención también la cúpula con triángulos turcos. Realmente sorprendente es la decoración de *muqarnas* del interior de la cúpula del pórtico. Había unos servicios en la esquina derecha de la entrada, pero se quitaron en las últimas reformas. En el interior de la *madrasa* están las celdas abovedadas detrás de pórticos también con bóveda en tres de los lados del patio, y el gran *iwan* del lado opuesto a la entrada sobresale completamente; se usaba como *dershane* estival. Es bastante extraño que no haya un *dershane* invernal, como en otras *madrasa*s de la época; en ellas, en invierno se tapiaba el *iwan* con tablas de madera o se daban las clases en la mezquita del complejo.

Y. D.

Daruşşifa

El *daruşşifa*, uno de los edificios principales del complejo, ha sido restaurado en los últimos años. Su importancia reside en

RECORRIDO IV · *Bursa, la ciudad de los sultanes*

Bursa

Han Koza, vista general, 1492, Bayezid II, Bursa.

que es uno de los pocos *darüşşifa*s otomanos que han sobrevivido hasta hoy. Levantado en un terreno inclinado al este de la mezquita, las habitaciones y pórticos de las alas están en gradas con escalones. Resulta notable el trabajo de albañilería.

Y. D.

Turbe

Se trata del mausoleo de Bayezid I, que fue derrotado y hecho prisionero por Tamerlán en la batalla de Ankara (1402). Algunos historiadores afirman que se suicidó, otros sostienen que enfermó y falleció en Akşehir, en Anatolia central. A su muerte se le dio sepultura en Akşehir, en el *turbe* de Seyyid Mahmud Hayran, pero posteriormente, por orden de Tamerlán, sus restos fueron entregados a su hijo Musa Çelebi y llevados a Bursa. Así, en 1403-1404 pudo cumplirse su última voluntad: ser enterrado cerca de la mezquita que había construido; en 1406, su hijo, el emir Süleyman Çelebi, hizo levantar sobre su tumba el actual *turbe*. Durante el asedio de Bursa de 1413, el *bey* karamaní Mehmet II, para vengarse de Bayezid I, que había matado a su padre, robó el cuerpo y lo quemó.

El *turbe* es un simple edificio cuadrado, cubierto con una cúpula y con un pórtico frontal de tres crujías, que sirvió de modelo para posteriores mausoleos otomanos con pórtico.

Y. D.

Los monumentos señalados como c, d, e y f se encuentran muy próximos: la mezquita Orhan, al este de la plaza, es un edificio muy pequeño en comparación con la mezquita Mayor (Ulu Cami), que cierra el lado oeste de esta misma plaza. El han Koza es la primera construcción al oeste de la mezquita Orhan. Al pasar algunas tiendas que esconden el hammam Bey, se llega al han Emir y a la mezquita Mayor (Ulu Cami). Este barrio se llama Heykel, es el corazón de la ciudad y presenta gran animación durante todo el día. Otros hans *y el* bedesten *de comienzos del periodo otomano, que se encuentran a continuación, hacia el norte, constituyen actualmente el mercado central de Bursa. Están cerrados el domingo y los festivos religiosos.*

yectó con la idea de atender las necesidades de reunión y alojamiento de los *derviches* itinerantes *ahi*, y a tal fin se construyeron los dos *iwan*s que flanquean el patio central. Una cúpula cubre la sala principal de oración; el *mihrab*, aunque pintado de colores, es uno de los más bellos *mihrab*s de estuco de Anatolia.

Y. D.

IV.1.c Mezquita de Orhan

Orhan Bey, que había subido al trono en 1324, entró en Bursa, tras su toma en 1326, en medio de una espectacular ceremonia. Con el fin de desarrollar la ciudad, que no había sobrepasado aún los límites de la muralla, hizo construir al este la Fortaleza Baja y el complejo que lleva su nombre, del que no han sobrevivido ni la *madrasa*, ni el *mektep* ni el *imaret*.

En 1413, mientras el sultán Mehmet I estaba lejos, en una expedición militar por Rumelia, el *bey* karamaní Mehmet II sitió Bursa. Hacı İvaz Paşa se retiró a la ciudadela y trató de defender la ciudad vieja. En los últimos días del asedio de un mes, el *bey* Mehmet II incendió la mezquita Mayor y la de Orhan. En el fuego resultaron dañados el pórtico y la fachada principal. En la inscripción de la puerta se lee que Orhan Bey hizo construir la mezquita en 1339-1349 y que, después de que el *bey* karamaní Mehmet II la destruyera durante la ocupación de Bursa, el visir Bayezid Paşa la hizo reparar en 1417 por orden del sultán Mehmet I.

El pórtico del lado norte, de cinco crujías, atrae por la decoración de piedra y ladrillo de sus arcos. La mezquita se pro-

IV.1.d Han Koza

La mayor parte de los *han*s de Bursa que han perdurado en buen estado datan de los siglos XIV y XV, lo cual indica que en esa época la ciudad era un centro comercial importante. A algunos *han*s construidos en núcleos comerciales de Anatolia les pusieron nombres como *han* de la sal, de la seda, del cobre o del latón, subrayando así en qué mercancía en concreto se trataba. La presencia en Bursa de dos *han*s llamados *han* İpek (de la seda) y *han* Koza (de los capullos de seda) prueba que en los siglos XIV y XV la ciudad fue un importante centro de la seda. Narra un cuento que una princesa china que emigró a Bursa trajo, escondidos en el pelo, huevos de gusano de seda, que por entonces estaba prohibido sacar de China.

La seda es una fibra animal que se extrae del capullo del gusano de seda (*Bombyx mori*). La producción de seda comienza con la incubación de los huevos del gusano (dos mil pesan un solo gramo). En un ambiente adecuado, los huevos se abren a los 11-14 días y durante otros 24-28 el gusano se alimenta de hojas de morera. Después, en 48-72 horas segrega la fibra e hila el capullo en que se encierra.

RECORRIDO IV *Bursa, la ciudad de los sultanes*
Bursa

Mezquita Mayor, vista general desde el suroeste, 1400, Bayezid I, Bursa.

Dentro, se metamorfosea en mariposa y sale luego por un agujero. Para que las fibras no resulten dañadas, hay que matar al gusano antes de que salga. Esta operación, llamada "asfixia", consiste en calentar el capullo con vapor o aire caliente, o simplemente poniéndolo al sol. Por último, se ablanda el capullo con varios métodos y la fibra de seda cruda es recogida e hilada en ruecas. De un capullo salen de 30 a 1.400 m de hilo de seda. Los sabios islámicos consideran ilegítimo el uso de prendas de seda precisamente porque se mata al insecto en el capullo.

Este *han* de dos plantas tiene una entrada en el lado sur, por la que se accede al piso superior, y un bonito portal en el lado norte, por el que se entra al patio, rodeado completamente de pórticos. El pórtico superior, hasta hace poco de madera, ha sido reformado para igualarlo con el inferior. Dentro del patio hay una estructura octogonal de dos plantas que tiene arriba la *masyid* y abajo la fuente para las abluciones; una columna octogonal en el centro y ocho pilares en los ángulos sostienen la bóveda y la *masyid*. El sultán Bayezid II mandó construir este *han* en 1489-1492 para garantizar ingresos al *imaret* de su complejo monumental de Estambul.

Y. D.

IV.1.e **Mezquita Mayor (Ulu Cami)**

Fue construida por orden de Bayezid I, que sucedió a su padre Murad I tras la muerte de este en combate, en 1389. Bayezid mató a su hermano Yakup Çelebi en la disputa por el trono. Se cuenta que, cuando Bayezid I derrotó a los cruzados en Niğbolu (Nicópolis) en 1396, hizo el voto de construir 20 mezquitas con el botín conseguido, pero fue convencido para que, en vez de eso, construyera una con 20 cúpulas, y el edificio se terminó en 1400. Las fuentes hablan de que Tamerlán usó la mezquita como establo y henil durante su ocupación de Bursa. Según otra leyenda, en 1413, en los últimos días de los treinta y uno que duró su ocupación de la ciudad, el *bey* karamaní Mehmet II apiló leña alrededor del templo y le prendió fuego. A consecuencia del daño causado —presumiblemente, para algunos estudiosos, por esta acción— en las piedras de la parte inferior de los muros y los portales, la superficie exterior se cubrió con mortero. En 1950 se renovaron por completo las piedras de las fachadas.

La avenida Atatürk pasa junto al muro de la *qibla*, construido en piedra y con arcos y ventanas, como las demás fachadas. El edificio, rectangular, tiene tres entradas: el portal principal, en mitad de la fachada norte, está más trabajado que los de las fachadas este y oeste. Junto a las esquinas del lado norte hay dos alminares. Dentro, la atmósfera es muy diferente a la de las típicas mezquitas con *tabhane*s de Bursa: la gran sala de oración está dividida en 20 crujías, separadas por 12 enormes pilares alineados en tres filas de cuatro que sostienen 20 cúpulas de idéntico tamaño. Estos pilares destruyen la unidad espacial y crean un ambiente lóbrego y opresivo. El templo, que continúa la tradición selyuquí de mezquitas con crujías iguales, carece de la unidad de espacio de las mezquitas otomanas del siglo XVI; otro ejemplo de este tipo de planta es la mezquita Eski de Edirne. Al igual que los alminares, la decoración pintada se hizo en una restauración del siglo XIX. La verdadera obra maestra en esta mezquita es el *mimbar* de nogal, hecho con la técnica de la *kündekari* y famoso por su trabajo artesanal y su decoración. Los lados del *mimbar* están formados por pequeñas piezas geométricas decoradas con motivos florales, ensambladas sin cola ni ningún otro material de unión. Según Evliya Çelebi, está tan bellamente decorado que ni todos los artesanos del mundo juntos podrían producir algo similar (excepto el *mimbar* de Sinop, en la costa del mar Negro). Hacı Mehmet Ibn Abdülaziz, de Antep, el creador de este *mimbar*, hizo también el de la mezquita Mayor de Manisa.

Y. D.

IV.1.f **Han del Emir** (opción)

Al noroeste de la mezquita Mayor.

El *han* del Emir, también llamado *han* del Bey, forma parte del primer complejo real que hizo construir Orhan Gazi y consta de mezquita, *han*, *madrasa*, *mektep* e *imaret*. Por la ubicación elegida, queda claro que se estaba tratando de hacer crecer la ciudad y que el complejo se levantó en una zona sin edificar de la parte oriental. La construcción del complejo dio vida a la zona, que sigue siendo el centro comercial de Bursa.

Al entrar por la sencilla puerta que hay junto al alminar noreste de la mezquita Mayor, uno se encuentra directamente en el piso superior; hay otra entrada en el lado norte que se abre a la calle desde la planta baja. El *han* tiene un patio con pórticos, detrás de los cuales están las habitaciones y un pequeño establo. Las

Decoración del portal de la mezquita Mayor, Bursa (Ş. Çakmak).

RECORRIDO IV   *Bursa, la ciudad de los sultanes*

Bursa

Turbe de Osman Gazi, sarcófago de madera, 1863, sultán Abdülaziz, Bursa.

36 habitaciones de la planta inferior no tienen ventana, mientras que las 38 del piso superior tienen hogar y una ventana a la calle. No hay ninguna inscripción que informe de la construcción, pero se cree que pudo levantarse en la segunda mitad del siglo XIV. El *han* del Emir es uno de los primeros ejemplos de *han* urbano otomano.

Y. D.

Segundo día

Los turbes *de Osman Gazi y Orhan Gazi están situados en el barrio de Tophane (Mahallesi) en la avenida Osmangazi, dentro de la antigua ciudadela de Bursa. Es una zona estupenda para pasear por la colina y ver algunas de las remozadas casas antiguas, y la vista desde la terraza donde se hallan los* turbes *es magnífica.*

IV.1.g **Turbe de Osman Gazi**

Cerca del turbe *de Orhan Gazi.*

Osman Gazi, fundador del Estado otomano que lleva su nombre, abdicó en su hijo Orhan Bey debido a su edad y su mala salud. Se cuenta que, antes incluso de tomar la ciudad, le dijo a su hijo Orhan que a su muerte fuera enterrado en Bursa, bajo la "cúpula de plata". No sabemos con certeza si Bursa fue conquistada antes o después de la muerte de Osman. Lo que Osman Gazi llamaba "cúpula de plata" era una capilla bizantina que se encontraba en una zona elevada; de lejos, el edificio y su cúpula, revestida de plomo, daban la impresión de estar hechos de plata. Osman Gazi fue enterrado aquí, como pidió, pero su mausoleo resultó gravemente dañado en un incendio que destruyó más de media Bursa en 1801, y quedó completamente arruinado en el terremoto de 1855. No siendo posible su reparación, el sultán Abdülaziz ordenó reconstruirlo en 1863 sobre los viejos cimientos.

El *turbe*, cubierto por una cúpula, es de forma octogonal. El estilo arquitectónico y la decoración se encuadran en el periodo de "occidentalización" de la arquitectura turca. A partir del siglo XVII, la arquitectura y decoración turcas se vieron influidas por el arte europeo; los estilos barroco, rococó e imperio se dejaron sentir profundamente en la arquitectura y el diseño turcos. En este edificio hay ejemplos de intrincada pintura mural de motivos florales. De los 17 sarcófagos que hay sobre el suelo de mármol, solo cinco se han identificado. El de Osman Gazi, situado en el centro, está rodeado por un vallado de madera con incrustaciones de madreperla.

Y. D.

RECORRIDO IV *Bursa, la ciudad de los sultanes*
Bursa

IV.1.h **Turbe de Orhan Gazi**

Cerca del turbe *de Osman Gazi.*

Orhan Gazi, que subió al trono en 1324, murió en 1362. En su época se dieron los primeros pasos para la organización del ejército y de asuntos como el dinero, la vestimenta y el uso de las tierras. Con sus conquistas, este sultán ensanchó los confines otomanos; sitió Bursa en 1326 y entró en la ciudad, a la que hizo capital del joven emirato, en medio de una gran celebración. Nada más conquistarla, las construcciones empezaron a mejorar y embellecer la ciudad, y ya en tiempos de Orhan se levantó el primer gran complejo, compuesto de mezquita, madrasa, mektep, hammam, imaret y han. El *turbe* de Orhan Gazi, al igual que el de su padre, sufrió daños en el incendio de 1801 y se derrumbó totalmente con el terremoto de 1855. El edificio actual fue reconstruido sobre los viejos cimientos por orden de Abdülaziz, en 1863. La parte central de este edificio de planta cuadrada está cubierta por una cúpula sostenida por cuatro enormes columnas, mientras que los corredores circundantes están techados con bóvedas. La decoración de *opus sectile* del suelo hace pensar que el lugar en que se alza el mausoleo estuvo ocupado antes por una construcción bizantina. En el edificio hay 20 tumbas, pero el sarcófago de Orhan Gazi se distingue por el enrejado de latón.

Y. D.

Cerca del complejo Muradiye se encuentran otros lugares interesantes como el Konak Muradiye y el Evi Hüznü Züber, ambos del siglo XVII.

Turbe de Orhan Gazi, cúpula, 1863, sultán Abdülaziz, Bursa.

RECORRIDO IV *Bursa, la ciudad de los sultanes*
Bursa

*Mezquita Muradiye,
sala de oración, 1426,
Murad II, Bursa.*

*Mezquita Muradiye,
detalle de las hojas de
la puerta, 1426,
Murad II, Bursa.*

IV.1.i Complejo Muradiye

En el barrio de Muradiye, seguir los indicadores.

De los edificios construidos por sultanes otomanos, los principales eran las mezquitas. Generalmente, en sus inmediaciones se levantaban edificios con distintas funciones, como *madrasa*s, *hammam*s, *darușșifa*s, *imaret*s, etcétera. Por eso, cada sultán mandaba construir un grupo de edificios al que se llamaba *külliye*, que llevaba el nombre del sultán y satisfacía distintas necesidades sociales. El construido por Murad II consta de mezquita, *madrasa*, *hammam* e *imaret*, así como de *turbe*s de diferentes épocas. Es el último complejo imperial construido en Bursa.

Y. D.

Mezquita

El terremoto de 1855 produjo graves daños en muchos edificios históricos de Bursa y destruyó total o parcialmente los alminares. El entonces gobernador de Bursa, Ahmet Vefik Paşa, encargó su reparación al arquitecto francés Léon Parvillé. En muchos de los edificios, la restauración del arquitecto francés no respetó del todo el estilo original. Por ejemplo, los alminares se reconstruyeron conforme al gusto y los usos arquitectónicos del siglo XIX; de la restauración del alminar occidental de esta mezquita se ocupó también Parvillé, que echó abajo las paredes que dividían los *tabhane*s del este y el oeste de la sala de oración, y los transformó en *iwan*s. Los tímpanos del pórtico de cinco crujías tienen una atrayente decoración de motivos geométricos en piedra, ladrillo y azulejos, que recuerda la ornamentación de fachadas de edificios tardobizantinos. El uso del color amarillo en los azulejos, tal como se ve en el tímpano de las ventanas del pórtico, comenzó a principios del siglo XV y es característico de esa época.

Mezquita Muradiye, iwan principal, 1426, Murad II, Bursa.

La entrada a la mezquita es como una pequeña habitación cubierta por un techo plano decorado con azulejos y *kalemişi*. Según la inscripción de la entrada, la construcción comenzó en mayo de 1425 y concluyó en 1426. La ornamentación tallada de los postigos de la puerta de la sala de oración es una excelente muestra del arte de la época. La mezquita Muradiye posee todas las características de las mezquitas con *tabhane*s, y resulta interesante el corredor en forma de U que en origen llevaba a los *tabhane*s. La cúpula que se alza sobre el patio central es ligeramente más alta que la de la sala de oración, que se apoya en sorprendentes pechinas cónicas; los *iwan*s de los lados están cubiertos también con cúpulas. Las paredes de la sala de oración están revestidas de azulejos hasta determinada altura, y la pintura de exóticas formas que decora las ventanas data de la restauración del siglo XIX.

Y. D.

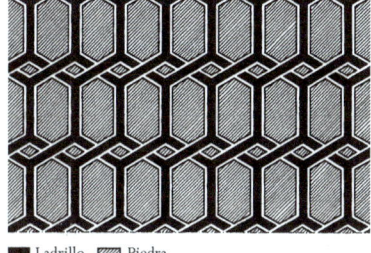

Decoración de la fachada del iwan, madrasa Muradiye, Bursa (Y. Demiralp).

■ Ladrillo ▨ Piedra

Madrasa

Hoy es un hospital de tuberculosos; no obstante, los días de diario se permite a los visitantes ver el patio.

La *madrasa*, al oeste de la mezquita es, por sus dimensiones, el segundo edificio del complejo. El tercero, más al oeste aún, es el *hammam*, que ya no está en funcionamiento. Al sur de la mezquita y de la *madrasa* está el encantador jardín de plátanos y cipreses venerables donde se encuentran el *turbe* de Murad II y otros de varias épocas.

La *madrasa*, recientemente restaurada por completo, se construyó con hileras alternas de piedra y ladrillo. Los turcos empezaron a emplear esta técnica de construcción, adoptada por primera vez en edificios bizantinos, a partir del siglo XIV. El portal del lado norte, parecido a un *iwan*, está coronado por una cúpula sostenida por una cornisa de triángulos turcos. En los tímpanos de las ventanas alternan también la piedra y el ladrillo. Hay un *dershane iwan* en la parte sur del patio cuadrado, que está rodeado en tres de sus lados por pórticos, tras los cuales están las celdas de los estudiantes. En la *madrasa* se

Bursa

Turbe de Murad II, fachada de la entrada, 1451, Bursa.

*madrasa*s preotomanas de Anatolia había al menos un *dershane* de invierno cerca del *iwan* donde se daban las clases en verano. Hay ejemplos de *madrasa*s otomanas con un solo *dershane* para invierno o verano, así como sin *dershane*; en este último caso, las lecciones se impartían en alguna mezquita cercana o en la mezquita del propio complejo. Es de suponer que en las *madrasa*s que solo tuvieran *dershane* de verano, el lado abierto se tapara con tablas en los meses de invierno.

Y. D.

Turbes

En el gran patio al sur de la mezquita y de la madrasa hay *turbe*s de distintas épocas. Desde el punto de vista arquitectónico, los más interesantes son los Murad II, Hatuniye, Cem Sultan y Şehzade Mustafa. Si hay alguno cerrado, los guardas de la entrada pueden abrirlo para la visita. *Acceso con entrada.*

Turbe de Murad II

Turbe de Murad II, interior, 1451, Bursa.

ve, asimismo, la decoración en piedra y ladrillo de los entrantes de la mezquita Muradiye, especialmente en la fachada del *iwan*. El *dershane* tiene un nicho rectangular de *mihrab* con azulejos turquesa y azul oscuro en la pared sur, lo que demuestra que esta parte servía también de sala de oración.

Puesto que el *dershane* se usaba también en el invierno, sorprende que uno de sus lados esté completamente abierto. En las

Murad II, que mandó levantar este complejo, subió al trono en 1421, pero en 1444 dejó el poder a su hijo de 12 años, Mehmet II, y se retiró a Manisa para llevar una vida contemplativa y mística. Mehmet II invitó a su padre a volver al trono, al no poder sobrellevar el peso del gobierno. Dice la leyenda que, viendo a su padre poco dispuesto a retomar el poder, Mehmet II le dijo: "Si tú eres el sultán, ven a cumplir con tu deber; si el sultán soy yo, entonces te ordeno que

Turbe de Şehzade Mustafa y Cem Sultan, interior, 1479, Bursa.

subas al trono y gobiernes el país". Murad II volvió, pero en 1451 cayó enfermo y murió en Edirne. En su testamento, redactado en árabe y turco en 1446, pedía ser enterrado en Bursa, cerca de su hijo 'Ala al-Din Ali. En el mismo testamento ordenaba que el *turbe* tuviera cuatro esquinas, que el techo tuviera una abertura y el perímetro estuviera cerrado; nadie más debía ser enterrado con él y, si moría lejos de Bursa, su cuerpo tenía que ser llevado a la ciudad y sepultado en jueves. Murad II fue el último sultán otomano enterrado en Bursa; su hijo Mehmet II y todos sus sucesores prefirieron la nueva capital, Estambul.

El *turbe* es un edificio cuadrado con filas alternadas de ladrillo y piedra, y al este tiene otra tumba monumental. La cara interna de los aleros de madera de la entrada, similar a un nicho que sobresale del muro norte, está finamente decorada con *kalemişi* y delgados listones. El interior está muy bien iluminado, gracias al gran número de ventanas de las paredes. La sencilla tumba de Murad II, en el centro, está circundada en cada uno de sus lados por una columna bizantina de expolio entre los pilares de las esquinas. El espacio cuadrado se convierte en circular en la parte alta y se ha dejado abierto para que la gracia de Dios descienda sobre el sultán con el brillo del sol y la luna, y la lluvia y el rocío celestiales bañen su tumba, tal como era su voluntad. Una ventana convertida en puerta comunica con el *turbe* contiguo, el de 'Ala al-Din Ali, que, según se cree por pruebas arquitectónicas, es posterior al de Murad II.

Y. D.

Turbe del Şehzade Mustafa y del Cem Sultan

Este mausoleo se construyó para el sultán Mustafa, hijo de Mehmet II. A su vuelta de la batalla de Otlukbeli, en 1473, el sultán Mustafa sufrió un fallo renal y murió cerca de Niğde, en Anatolia central. Su cuerpo fue llevado a Konya y después trasladado a Bursa, donde fue enterrado en el mausoleo de su tío 'Ala al-Din Ali. Finalmente, sus restos fueron depositados en este *turbe*, construido en 1479. Después de la muerte de su padre Mehmet II en 1481, el Cem Sultan combatió por el trono contra su hermano Bayezid II; fue derrotado dos veces y, tras la segunda, buscó refugio en Rodas entre los Caballeros de San Juan. Fue conducido a Niza y después entregado al Papa. Cuando el rey de Francia Carlos VIII entró en Roma en 1495, le devolvió la libertad. El Cem Sultan se fue a Nápoles con el rey francés y murió allí al día siguiente.

Este edificio hexagonal, construido con filas alternas de ladrillo y piedra, tiene en el lado norte una entrada semejante a un nicho sobresaliente profundo y ancho. Dentro del *turbe* hay un *mihrab* en el lado opuesto a la entrada. Los cuatro sencillos sarcófagos que se alinean uno cerca del otro a partir de la entrada pertenecen, por este orden, al Cem Sultan, al sultán Mustafa, al sultán Abdullah, hijo de Bayezid II y, el más próximo al *mihrab*, a Alem Şah, otro hijo de Bayezid II. El interior recibe luz de las ventanas situadas en el eje central de cada lado, y la linterna del centro de la cúpula que se alza sobre la cornisa de triángulos turcos crea juegos de color en los azulejos hexagonales con doraduras que recubren las paredes hasta una altura de 2,5 m. La parte alta de las paredes y la cúpula están decoradas con espléndidas pinturas murales de vivos y brillantes colores que han sido restauradas y devueltas a su estado original; entre los motivos dibujados destacan los estilizados abetos, las lámparas de aceite, las rosetas y las inscripciones religiosas.

Y. D.

IV.1.j Madrasa de Ahmet Paşa
(opción)

En el barrio de Muradiye, al norte del complejo Muradiye, en la avenida Beşikçiler.

Este edificio, conocido también como *madrasa* Geyikli o *madrasa* del poeta Ahmet Paşa, fue construido por Ahmet Paşa, cadí y *müderris* en varias *madrasa*s. El sultán Mehmet II se valió de sus servicios primero como *kadıasker* y después como visir.

La *madrasa* está junto al lado norte del complejo Muradiye, y domina las llanuras de Bursa. Viniendo desde dicho complejo, se entra en el patio exterior y se pasa junto a un *turbe*, un edificio hexagonal con cúpula, cuya inscripción informa de que Ahmet Paşa murió en 1497. Tanto el mausoleo como la *madrasa* están construidos con filas alternas de piedra y ladrillo. La entrada a la *madrasa* se encuentra en medio de las celdas de estudiantes del lado este. Los cuartos de los estudiantes se distribuyen por los lados este y oeste del patio interior; en el lado sur está el *dershane iwan*, que sobresale, mientras que el lado norte se dejó abierto como terraza sobre la llanura. El pórtico y las celdas de los estudiantes —todas con hogar y una hornacina— están cubiertos con bóvedas. No hay ninguna inscripción referida a la construcción de la *madrasa*; a juzgar por la fecha de fallecimiento de Ahmet Paşa, debió de levantarse hacia finales del siglo XV. Resulta singular que no haya un *dershane* de invierno. Una vez completado los trabajos de restauración de esta *madrasa*, está previsto su uso como centro de artesanía.

Y. D.

IV.1.k Manantial de azufre (Kükürtlü Kaplıca)

En la avenida Kükürtlü. La Universidad de Uludağ lo usa actualmente como centro de rehabilitación y no está abierto al público, pero se puede pasear por los apacibles y deliciosos jardines donde se encuentra.

Se cuenta que el nombre del manantial proviene de la presencia de azufre en el agua. Está formado por dos *hammams* separados, uno para las mujeres y otro para los hombres. El de los hombres fue construido por el sultán Murad I (r. 1362-1389); el de las mujeres, así como el *soyunmalık* del baño de los hombres, por Bayezid II (r. 1481-1512). En época otomana se creaban *waqf*s con el fin de costear los gastos de mantenimiento y los sueldos del personal de edificios como las mezquitas y los mausoleos, y eran las rentas de establecimientos como los *ham-*

Kükürtlü Kaplıca, vista general desde el sur, 1362-1389, Murad I, Bursa.

mams, las termas y los *hans* las que permitían pagar dichos gastos. Murad I, que hizo construir el baño de los hombres, no lo donó a ningún *waqf* y no quiso que pagaran nada quienes se bañaran en estas termas. El *soyunmalık* es grande y luminoso; en medio del *sıcaklık* está la plataforma caliente. Hay también tres cámaras provistas de bañeras individuales para fines terapéuticos.

Y. D.

RECORRIDO IV *Bursa, la ciudad de los sultanes*

Bursa

Eski Kaplıca, vista general desde el noroeste, 1362-1389, Murad I, Bursa.

IV.1.1 **Termas viejas (Eski Kaplıca)**

En la plaza de Çekirge, en el patio del hotel Keravansaray Thermal. Divididas en termas de hombres y de mujeres. Aunque el visitante no vaya a bañarse, le permitirán echar un vistazo. Acceso con entrada.
Horario: todos los días de la semana entre 7:30 y 22:30.

Las termas son establecimientos balnearios edificados cerca de manantiales de agua con cualidades terapéuticas. La estructura de estas termas, construidas para el tratamiento de varias dolencias, puede diferir de la de los *hammam*s ordinarios. Por ejemplo, en el *sıcaklık* no hay *halvet*s, pero, en cambio, hay una piscina con agua curativa.
También en época bizantina Bursa era una ciudad de termas. En el año 525, el emperador Justiniano y su mujer Teodora pasaron un tiempo en Bursa acompañados por un séquito de 4.000 personas. Cuenta la leyenda que no hubo suficientes edificios para alojarlas y se tuvo que levantar todo un campamento en las cercanías.
También conocidas como *hammam* de la Armutlu ("pera"), las Eski Kaplıca se construyeron en tiempos de Murad I (1362-1389). El *soyunmalık*, levantado por el sultán Bayezid II en 1511, se alza sobre un sótano debido a la pendiente. No está claro para qué servía; algunos investigadores han sugerido que quizá fuera un establo donde se guardaban las cabalgaduras de quienes iban al *hammam*.
Resultan interesantes estas termas por el trabajo de albañilería del exterior; las grandes cúpulas cubiertas de láminas de plomo son añadidos del sultán Bayezid II. La sección de los hombres está formada por el *soyunmalık* para desvestirse, el *ılıklık* y el *sıcaklık*. El *sıcaklık* es cuadrado por

Bursa, la ciudad de los sultanes
Bursa

Mezquita de Hüdavendigar, vista desde el noreste, 1385, Murad I, Bursa.

fuera y octogonal por dentro; en cuatro lados opuestos de los ocho hay huecos semicirculares; la piscina del centro tiene 7 m de diámetro. En muchas partes del edificio, sobre todo en el *sıcaklık*, se reutilizaron materiales bizantinos, por lo que algunos estudiosos han sostenido que era un edificio bizantino.

Y. D.

IV.1.m Mezquita de Hüdavendigar

En la zona de Çekirge, barrio de Hüdavendigar. Subir por la calle del lado oeste de las Eski Kaplıca.

A la muerte de su padre Orhan Gazi en 1362, el sultán Murad I fue llamado a Bursa y elevado al trono. Sus dos hermanos le disputaron el poder, pero Murad los capturó en Eskişehir y los hizo ajusticiar.

Murad I, iluminación de Kıyafetü'l-İnsâniyye fî Şemâili'l'-Osmâniyye, Seyyid Lokman Çelebi, 1579, H.1563, 32b, Biblioteca del Palacio Topkapı, Estambul.

RECORRIDO IV *Bursa, la ciudad de los sultanes*

Bursa

Mezquita de Hüdavendigar, fachada norte, 1385, Murad I, Bursa.

Durante su reinado, concretamente en 1368, la capital se trasladó de Bursa a Edirne. En 1386, cuando combatía en Rumelia, su hijo Savcı Bey, por entonces gobernador de Bursa, se proclamó sultán. Cuando Murad I se enteró, volvió a la ciudad y ordenó que a su hijo le quemaran los ojos con un hierro al rojo y luego lo mataran. "Hüdavendigar" es el sobrenombre de Murad I, y significa literalmente "sultán". El edificio está situado en lo alto de una escarpada ladera con hermosas vistas de la ciudad. Al acercarse, primero se deja a la izquierda un pequeño edificio con cúpula (los servicios); después, el visitante queda sorprendido por la fachada norte, que tiene un pórtico de cinco crujías y dos pisos, esto último algo raro de ver en las fachadas de la arquitectura turca de Anatolia. Rodea el edificio un alero con una llamativa cornisa de arcos. Columnas, elegantes capiteles y elementos decorativos tomados de construcciones bizantinas pueden verse en ambos pisos, y llama la atención también el trabajo de los paneles de ladrillo. La inusual disposición de la fachada principal y los elementos arquitectónicos bizantinos han llevado a pensar a algunos investigadores occidentales que este edificio fue en origen un palacio bizantino, pero lo cierto es que guarda la dirección de la *qibla* y que su planta no deja lugar a dudas.

Esta mezquita es, asimismo, un caso raro en la arquitectura turca de Anatolia por cuanto reúne mezquita y *madrasa* bajo un mismo techo. La *madrasa* se construyó en el nivel superior de la estructura, y el portal de la fachada norte sirve a la vez de entrada a la mezquita y a la *madrasa*. Según la inscripción que hay sobre la entrada, el edificio se reformó por orden del sultán Abdülhamid II en 1904. Las entradas del este y del oeste se abrieron después. A la *madrasa*, que suele estar cerrada a los visitantes, se sube por una escalera que sale de la entrada a la mezquita. Tiene 16 celdas con bóveda de cañón alineadas en torno al patio central de abajo. Como la sala de oración y el patio central del piso inferior tienen dos plantas, la *madrasa* carece de patio. El pasillo que corre frente a las celdas traza todo el perímetro del patio central y la sala de oración. Los hogares que se ven en los rincones de algunas celdas son añadidos tardíos.

La mezquita se proyectó para acoger a los *derviches* itinerantes. La entrada da a un pequeño vestíbulo en forma de *iwan* que precede al patio central coronado por una cúpula alta. Al este y al oeste hay un *iwan* con bóveda de cañón flanqueado por *tabhane*s abovedados del mismo modo. En el lado opuesto a la entrada está la sala de oración, otro *iwan* con bóveda de cañón y el nicho sobresaliente del *mihrab*, semejante a un ábside. La decoración pictórica se debe a reformas posteriores.

Esta mezquita forma parte de un complejo compuesto por *madrasa*, *imaret* y mausoleo. Por el acta fundacional del *waqf*

sabemos que su fundador fue el sultán Murad I; no hay ninguna inscripción que señale la fecha de construcción, por ello se acepta generalmente que el complejo se terminó en 1385, año del acta del *waqf*. Tanto el *imaret*, situado al oeste de la mezquita y hoy Dirección de Turismo, como el *turbe* de la parte norte del complejo han sido restaurados.

Y. D.

Bursa está situada a los pies del monte Uludağ (2.554 m), una de las estaciones de esquí más populares de Turquía. Aunque no tiene demasiados visitantes en los meses estivales, los habitantes de Bursa van allí de excursión durante las vacaciones. Un teleférico sube hasta un punto cercano a la cumbre. Se puede coger un taxi o los dolmuş *que salen de la plaza Heykel, junto a la mezquita Mayor, hasta la estación del teleférico, y también desde el punto de llegada del teleférico (Sarıalan) se puede ir en* dolmuş *hasta la zona de hoteles, donde hay un telesquí. En Sarıalan hay muchos restaurantes con parrillas, del tipo "kendin pişir, kendin ye" ("cocíneselo y coma"). Quien prefiera ir por la carretera, puede subir hasta la cima en taxi o en un autobús que sale de la estación de la ciudad. El tortuoso recorrido tiene 36 km.*

El monte Uludağ es un parque nacional con gran variedad de árboles, como laureles, olivos, castaños, olmos, robles, plátanos, pinos, enebros y chopos, y una rica vegetación.

Tan famosas como las toallas y fábricas de seda de Bursa son sus castañas (especialmente su puré de castañas), sus melocotones y el İskender Kebabı. *Quien deguste este último plato no debe olvidar acompañarlo con* şıran *(jugo de pasas ligerísimamente fermentado).*

LA TRADICIÓN DEL *HAMMAM*

Aydoğan Demir

Mujeres yendo al hammam, Ain Turggische Hochzeit, J.2a, 1582, Sächsische Landesbibliothek, Dresden.

La cultura del baño, que en Egipto, Mesopotamia y Anatolia se remonta al segundo milenio antes de Cristo, tuvo su edad de oro en la época romana. En los baños romanos, aparte de aseo, deporte y diversiones, había también tertulias literarias. Los omeyas (661-750) que conquistaron las tierras del imperio bizantino en Oriente Medio adoptaron también la cultura del *hammam*. El precepto islámico de que, después de una relación sexual, hay que lavarse todo el cuerpo ayudó a la difusión de la tradición del baño en el mundo turcoislámico.

En la Edad Media, el suministro de agua era limitado y, por ello, solo los más ricos podían disponer de un *hammam* privado en sus mansiones, mientras que la gente corriente se lavaba y se entretenía en los baños públicos. En el periodo de los emiratos, la amplitud y belleza del interior eran criterios de primer orden en los *hammam*s. El primer edificio de los complejos que se construía era siempre el *hammam*. Así, los cientos de trabajadores de la obra podían utilizarlo. Muchos viajeros occidentales han descrito con admiración la limpieza, la belleza y la amplitud del interior de los baños turcos.

Los *hammam*s tenían otras funciones además del baño en sí: en ellos se reunían funcionarios y poetas para charlar o beber. Por ejemplo, Tamerlán (r. 1370-1405), durante su campaña militar por Anatolia (1402), habló con el poeta Ahmeti en un *hammam*; a Süleyman Çelebi, hijo de Bayezid I (r. 1389-1402), le gustaba organizar reuniones en el *hammam* de Edirne durante las cuales se servía alcohol.

Los *hammam*s eran un lugar de libertad para las mujeres turcas, a quienes la ley islámica restringía sus apariciones en público. Los hombres debían dar a sus mujeres dinero para ir al *hammam* por lo menos una vez a la semana, y no dárselo era motivo de divorcio. Las mujeres ricas iban acompañadas de sus criadas, y con sus toallas bordadas, finas camisas, zuecos con incrustaciones de madreperla, aguamaniles de plata y peines de marfil debían de constituir todo un espectáculo. Se iba por la mañana y se regresaba por la noche.

Se comían dulces y pastelillos salados, se bebía *sherbet*, sonaban instrumentos musicales y se bailaba. Las madres con hijos casaderos buscarían posibles nueras en el *hammam*.

Había normas que estipulaban que no se volvieran a usar las navajas de afeitar empleadas con alguien que tuviera sarna, por ejemplo, o que regulaban la limpieza de los *hammams*, que eran una importante fuente de ingresos para los *waqf*.

Arquitectónicamente, los *hammams* se componen de varias partes: aunque tradicionalmente han sido emparentados con las termas romanas, la planta de los baños turcos es muy diferente. Excepto el *frigidarium*, todos los elementos de las termas romanas se encuentran también en los *hammams*. La sección del baño que comunica directamente con el exterior se llama *soyunmalık* (equivalente al *apodyterium*), donde los clientes se desvisten o vuelven a vestirse. El *ılıklık* (*tepidarium*) es la zona de baños tibios y sirve como pequeño espacio de transición entre el vestuario y la zona de baños calientes. En algunos baños hay otra pequeña sala entre el *ılıklık* y el *soyunmalık* llamada *aralık*, que significa simplemente "pasaje". El *sıcaklık* (*calidarium*) está formado generalmente por una parte central, donde hay una plataforma caliente para tumbarse y sudar antes de recibir la frotación y el masaje, y las cámaras privadas de baño llamadas *halvets* están situadas por lo general en los rincones. Ideado como una unidad separada, en el depósito se calienta el agua por abajo, como el propio edificio.

Algunos *hammams* se construyeron como dos baños separados contiguos, uno para los hombres y otro para las mujeres. En estos baños dobles, la entrada a la sección de las mujeres solía dar a una calle lateral poco concurrida, de forma que las mujeres pudieran entrar y salir discretamente. Aparte de estos baños dobles, no había baños construidos expresamente para las mujeres. En caso de que solo hubiera un baño, uno o dos días en semana se permitía la entrada de mujeres.

Mujeres en el hammam, Abdullah Buhari, 1741-1742, Biblioteca del Palacio Topkapı, YY.1043.

LA BATALLA DE ANKARA

Aydoğan Demir

El ejército otomano en campaña, Zigetvarname, Nakkaş Osman, 1568-1559, H. 1339, fol.103b, Biblioteca del Palacio Topkapı, Estambul.

Desde su fundación hasta 1402, los otomanos siguieron por la senda que llevaba al imperio conquistando muchos países entre el Éufrates y el Danubio. Sin embargo, con la derrota sufrida en Ankara en 1402 se vieron al borde de la desintegración. ¿Qué sucedió para que Bayezid I (r. 1389-1402), apodado Yıldırım (el Rayo) y que había ido de victoria en victoria desde Niğbolu (Nicópolis) en el Danubio hasta Erzincan, se viera ante tal acontecimiento, que tan desastroso fue para su Estado y que a él lo redujo a la esclavitud?

La victoria de Tamerlán (r. 1370-1405) trajo la crisis al Estado otomano. Tamerlán, conocido como Uluğ Bey (el Bey Magnífico), había logrado una notable fuerza política en la región del Turkistán occidental, región hoy comprendida en la República de Uzbekistán. Partiendo de su capital, Samarcanda, y avanzando hacia el oeste, empezó a ocupar Oriente Medio. Después de conquistar Persia, Azerbayán, Irak y Siria septentrional, quiso añadir Anatolia a su imperio.

En el transcurso de la historia, todos los Estados de las tierras altas de Persia, o sus gobernantes han deseado extender sus dominios a Anatolia, el mar Negro y el Mediterráneo: medos, persas, partos, sasánidas, omeyas, abbasíes y mongoles intentaron la empresa. Es interesante observar que también todos los imperios occidentales, empezando por el de Alejandro Magno (356-323 a. C.) trataron de dominar en las mismas regiones: famosos cónsules y emperadores de Roma ocuparon todo Oriente Medio salvo Persia; a finales del siglo XI, los cruzados, camino de Jerusalén, fundaron condados y reinos en Anatolia y Siria. También después de la I Guerra Mundial (1914-1918) los Estados occidentales quisieron repartirse gran parte de Anatolia.

Hay muchas razones por las que los grandes Estados se han sentido atraídos por Anatolia: su puesto de privilegio en las rutas comerciales del mundo; su estratégica ubicación con los estrechos del Bósforo y los Dardanelos; su clima benigno que hace posible el cultivo de todo tipo de plantas, sobre todo cereales. En una época en que la riqueza de los países se medía por la posesión de tierras fértiles y de vías comerciales, no era de esperar que Tamerlán pensara o actuara de manera distinta a la que dictaban los tiempos.

Un caluroso 28 de julio de 1402, en las cercanías de Ankara, las fuerzas de Tamerlán, reforzadas con 32 elefantes, combatieron despiadadamente con las del sultán otomano Bayezid I, entre las que figuraban soldados de los emiratos de Anatolia conquistados por los otomanos. Estos soldados traicionaron al ejército otomano pasándose a las filas de sus *beyes*, que se habían refugiado con Tamerlán. El resultado de esta traición fue la derrota y prisión de Bayezid I.

Después de una larga cautividad, Bayezid se enteró de que Tamerlán se lo iba a llevar con él a Samarcanda. Cayó en la desesperación, y es probable que se quitara la vida bebiendo el veneno que guardaba bajo la piedra de su anillo (9 marzo de 1403).

Cuando Tamerlán abandonó Anatolia en 1403, los hijos de Bayezid I, Süleyman, İsa, Musa y Mehmet, comenzaron a disputarse el trono. En 1413, Mehmet I, también conocido como Çelebi Mehmet, tomó el poder y puso fin al interregno; este acontecimiento fue todo menos una refundación del Estado otomano.

Antes de dejar Anatolia, y en señal de gratitud por su ayuda, Tamerlán restituyó a los *beyes* que habían buscado su protección

Soldados otomanos, Codex Vindobonensis, cod. 8626, fol. 38, Biblioteca Nacional Austriaca, Viena.

los territorios que habían gobernado. Así se volvieron a constituir los emiratos de Germiyan, Saruhan, Aydın, Menteşe y Karaman, y también la dinastía Candar recuperó las tierras que había perdido. Los otomanos tuvieron que combatir durante cerca de 50 años para borrar definitivamente del mapa estos emiratos.

RECORRIDO V

Orhan Gazi, el sultán del pueblo

Lale Bulut, Aydoğan Demir, Rahmi H. Ünal

V.1 İZNİK

V.1.a Imaret de Nilüfer Hatun (Museo de Iznik)
V.1.b Mezquita Yeşil
V.1.c Madrasa de Süleyman Paşa
V.1.d Hammam de İsmail Bey
V.1.e Hammam de Murad II
V.1.f Turbe de Kırkkızlar

"Flores brotadas de las llamas": el arte de los azulejos y la cerámica en los siglos XIV y XV
La administración en el Estado otomano

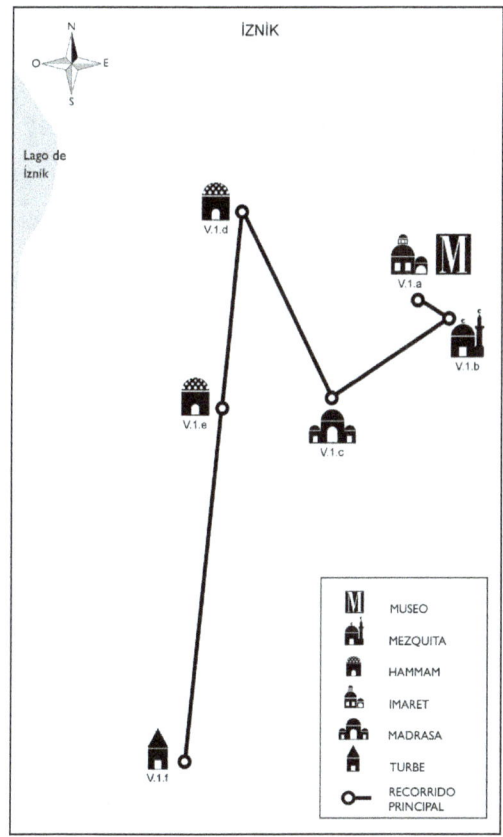

Mezquita Yeşil, alminar, 1378-1392, Halil Hayreddın Paşa, İznik.

RECORRIDO V   *Orhan Gazi, el sultán del pueblo*

İmaret de Nilüfer Hatun, portal, 1388, Murad I, İznik.

İznik (la antigua Nicea), capital del Estado selyuquí de Anatolia de 1075 a 1097, volvió a poder de Bizancio durante la I Cruzada. Pero el segundo sultán otomano, Orhan Bey, la reconquistó en 1331, y dice la leyenda que, cuando entró en la ciudad, pidió a sus soldados que se casaran con las viudas *rums* para que estas no tuvieran que pasar más penalidades. Un escritor otomano cuenta así la leyenda: "Cumplieron la orden. En la ciudad había casas listas para vivir en ellas, y se las dieron a los veteranos de guerra casados. Una mujer ya lista y además una casa, ¿quién no habría aceptado la oferta?".

Durante el periodo otomano, İznik se enriqueció con varios edificios que sultanes y muchos hombres de Estado hicieron construir. Murad I, por ejemplo, hizo levantar un *imaret* con el nombre de su amada madre, Nilüfer Hatun. Orhan Gazi cogió un cucharón y distribuyó él mismo la comida en el *imaret* que había construido, y el mismo sultán, durante la ceremonia de inauguración de la *madrasa* que levantó en Iznik, encendió personalmente las velas; primero Davud de Kayseri y luego Taceddin el Kurdo fueron nombrados *müderris*es de esta *madrasa*. Los sultanes otomanos daban importancia a la inteligencia y la experiencia en la administración del país, y no hacían diferencias entre turcos, kurdos, albaneses o circasianos.

La noble familia de los Çandarli desempeñó un relevante papel en el servicio al Estado, desde el nacimiento mismo del Estado otomano. Çandarli Halil Hayreddin Paşa, miembro *ahi* y gran organizador, fue el primer cadí de İznik. El cuerpo de los jenízaros creado por él fue parte importante del ejército otomano. Varios hijos y nietos de Çandarli Halil Hayreddin Paşa alcanzaron el rango de Gran Visir, y algunos miembros de esta familia que alcanzaron altas posiciones en la administración no olvidaron su ciudad de origen y ornaron İznik con hermosos edificios, como la pequeña pero elegante y asombrosa mezquita Yeşil, que mandó construir el propio Çandarli Halil Hayreddin Paşa. El *chayj* Bedreddin (muerto en 1419), cuya personalidad y actos han sido motivo de debate durante siglos, fue un hombre de gobierno con el cargo de *kadıasker* y también un hombre de religión y de ciencia que escribió obras de *sufismo*. En 1413 fue destituido de su cargo y desterrado a İznik. Börklüce Mustafa y Torlak Kemal, dos discípulos suyos, organizaron sendas revueltas en Karaburun, cerca de İzmir, y Manisa. El *chayj* Bedreddin se fugó de İznik y se refugió en los Balcanes, donde a su vez comenzó una rebelión popular en Deliorman. Estas insurrecciones fueron sofocadas por el Estado otomano en 1419.

Pasado el siglo XV, İznik perdió su antigua importancia y continuó su existencia como una pequeña ciudad otomana. En el periodo republicano empezó a crecer de nuevo, y hoy es una de las ciudades más vitales de la región.

A. D.

*De Bursa a İznik, a unos 76 km, hay una carretera general. Todas las obras de este recorrido se encuentran en la ciudad de İznik. Excepto al turbe de Kırkkızlar, un poco alejado del centro, se puede ir sin dificultad a pie a todos los monumentos. El centro, rodeado de dos soberbios cercos de murallas, tiene dos calles principales, una de norte a sur, desde la Puerta de Estambul a la de Yenihe*ş*ir, y la otra de este a oeste, desde la Puerta de Lefke a la de Göl; en la intersección, en el centro, está Ayasofya, la iglesia donde tuvieron lugar el I y VII concilios ecuménicos.*

Hammam de Murad II, lavabo del sıcaklık del baño de las mujeres, s. XV, İznik.

V.1 İZNİK

La ciudad fue fundada en 316 a. C. por Antígono I el Cíclope (380-301 a. C.), uno de los lugartenientes de Alejandro Magno, que le dio su nombre, Antigonia.

RECORRIDO V   *Orhan Gazi, el sultán del pueblo*
İznik

*İmaret de Nilüfer
Hatun, vista general
desde el sureste, 1388,
Murad I, İznik.*

Otro general de Alejandro, Lisímaco, tomó la ciudad en 301 a. C., la llamó Nicea en honor de su difunta mujer y la convirtió en capital de la región de Bitinia.

Cuando los romanos conquistaron la región, pasó a ser una de las ciudades más importantes de la provincia de Asia. En el año 325 se celebró el I Concilio Ecuménico, en que se pusieron los cimientos de la Ortodoxia. En 787, el VII Concilio Ecuménico terminó en compromiso entre iconólatras e iconoclastas. En 1075 la conquistaron los selyuquíes y recibió el nombre de İznik. Al mismo tiempo, la ciudad se convirtió en capital del emirato de Rum. Estuvo cambiando de manos entre bizantinos y turcos hasta que el sultán otomano Orhan Gazi la conquistó definitivamente en 1331.

V.1.a **Imaret de Nilüfer Hatun (Museo de Iznik)**

En el barrio de Eşrefzade, en la calle Müze. Hoy alberga el Museo de İznik.
Acceso con entrada. (Pedir las llaves del hammam de İsmail Bey y de la madrasa de Süleyman Paşa.) Horario: invierno de 8 a 12 y de 13 a 16:30; verano de 8:30 a 12:30 y de 13:30 a 17; lunes cerrado.

El fundador del imperio otomano, Osman Gazi, fue un *bey* periférico toda su vida, atado por los selyuquíes y los iljaníes. No existe inscripción alguna que lleve su nombre como fundador de algún edificio. Se dice que la princesa bizantina Holofira, que se casó con Orhan Gazi, hijo de Osman Gazi, tomó el nombre de Nilüfer Hatun al convertirse al Islam. Aunque se afirma que Bayalun Hatun, una

RECORRIDO V   *Orhan Gazi, el sultán del pueblo*
İznik

de las mujeres de Osman Gazi, a la que Ibn Battuta conoció en İznik, pudo ser Nilüfer Hatun, lo cierto es que no está confirmado. Las fuentes históricas hablan de que Nilüfer Hatun se interesaba por las actividades filantrópicas y daba muchas *sadaqa*s o limosnas a los pobres. Como hizo construir un puente sobre el riachuelo que discurre por la llanura de Bursa, esta corriente lleva hoy su nombre, arroyo de Nilüfer. A su muerte, cuya fecha se desconoce, fue enterrada en el *turbe* de su marido Orhan Gazi de Bursa. Poco después de la muerte de Nilüfer Hatun, su hijo, el sultán Murad I, hizo construir en İznik el edificio que hoy se conoce como *imaret* de Nilüfer Hatun. La palabra *imaret*, que más tarde llegó a tener el significado de "comedor para pobres", aludía en un principio a cualquier edificio con fines sociales. Por eso, esta y otras construcciones llamadas *imarets* no deben considerarse necesariamente como comedores de beneficencia. Algunos de estos edificios, como el que nos ocupa, se construyeron para dar cobijo a misioneros religiosos, y hay otros muchos ejemplos de los siglos XIV y XV. En ellos, que por fuera parecen mezquitas, solo un espacio, identificable por el nicho del *mihrab*, estaba dedicado al culto comunitario.

Situado 100 m al noroeste de la mezquita Yeşil, el edificio ha sido restaurado recientemente y ahora alberga el Museo de İznik. Además de la rica colección de piezas de cerámica provenientes de las excavaciones aún en curso en la ciudad, se exponen también materiales de la antigüedad clásica y de Bizancio, y otros de interés etnográfico. El edificio llama la atención por su muro exterior revestido de filas de ladrillo que alternan con otras de piedra, y aquí y allá se ven paneles decorativos de ladrillo. Mientras que en la mayoría de edificios de este tipo, que suelen llamarse mezquitas con *zawiya* (*tabhane*), el pórtico de cinco crujías ocupa todo el ancho de la fachada, aquí no llega a los extremos; los pilares que flanquean el arco central están adornados con molduras. La crujía del medio está coronada por una pequeña cúpula con hermosas pechinas; las crujías restantes están cubiertas por bóvedas. Según la inscripción de la puerta de entrada, realzada con albañilería de ladrillo y piedra en la parte alta, el edificio se terminó el 8 de abril de 1338. Nada más pasar la entrada está el espacio cubierto por la cúpula mayor. En los *tabhane*s de los lados se expone la cerámica del periodo otomano. La sala de oración de enfrente, identificada por un pequeño nicho del *mihrab* a la izquierda, alberga los objetos prehistóricos. En estos edificios, la sala de oración suele estar cubierta por una cúpula,

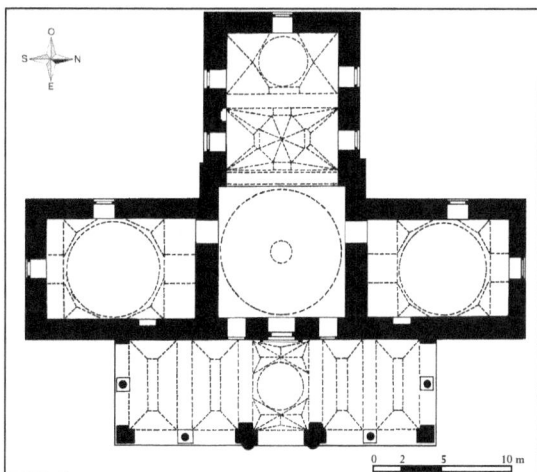

Planta del imaret de Nilüfer Hatun, İznik. (Y. Demiriz).

RECORRIDO V *Orhan Gazi, el sultán del pueblo*
İznik

İmaret de Nilüfer Hatun, plato de cerámica (núm. inv. 1365), s. XV, İznik.

pero aquí el techo está dividido en dos partes por un gran arco, cada una con una sola cúpula pequeña y con refinados elementos de transición.

R. H. Ü.

Plato de cerámica
(núm. inv. 1365, siglo XV)

Pertenece a la cerámica, producida en İznik, llamada "de Mileto". Esta cerámica de arcilla roja, que apareció en el siglo XIV, se denomina también "cerámica de la era de los emiratos" y está decorada en color azul sobre fondo blanco. Las excavaciones en hornos de İznik han demostrado fehacientemente que el centro de producción de esta cerámica no era Mileto, sino İznik precisamente. Se sabe que esta cerámica de barro rojo estuvo fabricándose durante buena parte del siglo XIV para el uso cotidiano. Los objetos más numerosos son las fuentes, pero hay también cuencos, platos y lámparas. La parte interior está revestida completamente de *engobe*, y no así el exterior y la base. Los bordes de esta pieza están levemente levantados. Tiene una capa de vidriado encima de la decoración. Los adornos sobre el fondo azul oscuro consisten en círculos concéntricos y palmetas estilizadas. Los motivos florales fueron grabados sobre las partes pintadas de azul.

L. B.

Jarra
(núm. inv. 4609, siglo XV)

En esta jarra de cerámica, la decoración blanquiazul fue realizada bajo el vidriado, técnica que se venía empleando desde el periodo selyuquí. Primero se aplicaba una capa de *engobe* sobre el barro secado al sol; después se pintaba la decoración sobre esta capa y se cocía; se cubría de una capa de vidriado y se volvía a meter en el horno. De esta forma, la decoración quedaba bajo una capa brillante de vidriado. En museos de todo el mundo hay expuestas piezas de cerámica vidriada. Esta jarra con asa tiene un cuerpo cilíndrico que se ensancha ligeramente de abajo a arriba y está decorado en azul sobre fondo blanco con dibujos de ramas enroscadas y flores estilizadas.

L. B.

İmaret de Nilüfer Hatun, jarra de cerámica (núm. inv. 4609), s. XV, İznik.

RECORRIDO V   *Orhan Gazi, el sultán del pueblo*
İznik

Plato de cerámica
(núm. inv. 5324, siglo XV)

En este plato hondo del grupo de cerámicas de Mileto se hizo primero el dibujo y después se aplicó la capa de vidriado. En el centro del plato hay un medallón con una estrella formada por triángulos; del centro al borde se han dibujado líneas radiales con pinceladas.

L. B.

Plato de cerámica
(núm. inv. 5304, siglos XIV- XV)

En este plato hondo fabricado en İznik los dibujos se hicieron en barbotina bajo el vidriado. Con idéntica técnica se dibujaron las grandes flores de color beige, con ligero relieve, sobre el fondo marrón. Los dinámicos y estilizados motivos florales cubren por completo la superficie interior del plato. Los colores marrón, amarillo y verde de este grupo de cerámica parecen más oscuros a causa del fondo rojo.

L. B.

Plato de cerámica
(núm. inv. 5308, siglos XIV-XV)

En İznik se empleaban tres técnicas distintas en la fabricación de la cerámica de arcilla roja. Una de ellas, la de barbotina, se encuentra también en el periodo selyuquí. Los elementos decorativos dinámicos dibujados sobre fondo rojo se hacen con barbotina y tienen un ligero relieve bajo la capa de vidriado transparente. Este plato hondo está decorado con palmetas y *rumis* sobre un fondo marrón oscuro; en el borde se ven manchas amarillas con forma de gota.

L. B.

V.1.b Mezquita Yeşil

Al este del imaret *de Nilüfer Hatun (museo), en la acera opuesta.*

Uno de los visires más famosos del siglo que siguió a la fundación del Estado otomano fue Halil Hayreddin Paşa, de la familia Çandarly. En 1372, en los días siguientes a su nombramiento como visir, le fue encomendada la misión de acabar

İmaret de Nilüfer Hatun, plato de cerámica (núm. inv. 5324), s. XV, İznik.

İmaret de Nilüfer Hatun, plato de cerámica (núm. inv. 5308), s. XIV- XV, İznik.

RECORRIDO V *Orhan Gazi, el sultán del pueblo*
İznik

Mezquita Yeşil, vista general desde el oeste, 1378-1392, Halil Hayreddin Paşa, İznik.

Decoración del portal de la mezquita Yeşil, İznik. (Ş. Çakmak).

con una rebelión encabezada por el gobernador de Selanik (Salónica); esto es un acontecimiento relevante, porque antes de él los visires no se inmiscuían en asuntos militares. Fuentes locales y extranjeras de aquel tiempo nos informan de que Halil Hayreddin Paşa ejercía una gran influencia sobre el sultán Murad I. Así, cuando este subió al trono, fue nombrado *kadıasker* y participó activamente en la nueva organización del ejército. Asimismo, ante la insuficiencia de soldados, Halil Hayreddin Paşa sugirió que se educara a jóvenes cristianos prisioneros de guerra y fueran incorporados luego al ejército. Propuso la creación de una clase de soldados conocidos como *Yeniçeri Ocağı*, Cuerpo de Jenízaros, que constituyó la principal fuerza de ataque del ejército otomano en los siglos siguientes.

Halil Hayreddin Paşa, educado en una *madrasa*, fue mecenas o inició el mecenazgo de artistas y sabios. Fue cadí de Bilecik, İznik y Bursa. La mezquita Yeşil de İznik, que comenzó a levantar en 1378, muestra un refinado trabajo artesanal. Por razones que nos son desconocidas, la construcción se prolongó largos años. De hecho, encima de la entrada a la sala de oración, una inscripción dice que la mezquita fue erigida por Halil Hayreddin Paşa en 1378, en tiempos del sultán Murad I, y en otra inscripción, esta sobre la entrada al pórtico, se lee que la mezquita construida por el difunto Çandarlı Halil Hayreddin Paşa se terminó en 1392.

RECORRIDO V   *Orhan Gazi, el sultán del pueblo*
İznik

Esta última inscripción añade que fue un arquitecto de nombre Hacı Ibn Musa quien construyó el edificio.

Esta bella mezquita, situada en un encantador y bien cuidado parque, atrae la mirada con sus cúpulas y su colorido alminar. Por fuera está totalmente revestida de mármol; el tejado y las cúpulas están recubiertos de láminas de plomo. El alminar de ladrillo, que descansa sobre una base prismática de mármol, está decorado con zigzags formados por ladrillos turquesa y púrpura oscuro vidriados y sin vidriar, y franjas de azulejos. El hermoso friso esculpido del alero y las molduras de los marcos de las ventanas recuerdan patrones antiguos. Las barandillas de mármol del pórtico, que sufrieron graves daños durante la ocupación griega de 1919-1922, fueron reemplazadas en la última restauración. Las columnas están rematadas en preciosos capiteles de decoración similar a la del alero, y llama la atención también el marco de la inusual puerta falsa del medio. La crujía central del pórtico está cubierta por una cúpula acanalada. Al entrar en la sala de oración, lo primero que encuentra el visitante son dos columnas más y arcos tras los cuales está el espacio principal, coronado por una cúpula que se alza sobre una cornisa de *triángulos turcos*. Es una interesante peculiaridad, porque con su espacio adicional al norte, la sala de oración cuadrada se convierte en un rectángulo. Al ser uno de los primeros ejemplos de sala de oración ampliada, la mezquita Yeşil ocupa un importante lugar en la arquitectura turca. En los siglos XIV y XV, casi todas las mezquitas estaban cubiertas por una o más cúpulas, y se intentaba ensanchar la sala de oración con el añadido de uno, dos o tres espacios a los lados de la cúpula central. Las paredes de la sala de oración, muy sencilla aparte del precioso *mihrab* de mármol, están revestidas de este material hasta cierta altura.

R. H. Ü.

Madrasa de Süleyman Paşa, vista general desde el sur, m. del s. XIV, Orhan Gazi, İznik.

İznik

Hammam de Murad II, lavabo del sıcaklık del baño de las mujeres, s. XV, İznik.

V.1.c Madrasa de Süleyman Paşa

Barrio de Yeni, en la calle Süleymanpaşa.

Süleyman Paşa era el primogénito del segundo sultán otomano, Orhan Gazi, y de su esposa Nilüfer Hatun. Vivió en İznik hasta 1336, año en que se convirtió en visir y participó en la conquista de Tracia. Los investigadores sostienen que esta *madrasa* fue construida antes de que se fuera de İznik en 1336, pero por entonces Süleyman Paşa tenía solo 20 años. Cuando murió, en 1360, tras caerse del caballo durante una partida de caza, su padre, Orhan Gazi, profundamente apenado, convirtió las propiedades de su hijo, junto con las rentas de dos pueblos de İznik, en un *waqf*. Todo esto lleva a pensar que quizá esta *madrasa* fuera levantada por Orhan Gazi para perpetuar la memoria de su querido hijo.

El *dershane* de la *madrasa* llega hasta la calle del oeste y está cubierto por una cúpula mayor que las restantes. Por fuera, llama la atención la fila superior de ventanas. La entrada del lado sureste, muy sencilla, da al patio, rodeado por pórticos con cúpulas sobre columnas en tres de sus lados; detrás del pórtico están las celdas de los estudiantes y, en la parte oeste, el *dershane*. Se trata de una de las primeras *madrasa*s del periodo otomano, pero ya se diferencia bastante de las selyuquíes: aquí, las cúpulas sustituyen a las bóvedas de las *madrasa*s selyuquíes; sorprende también que en los pórticos no haya pilares sino columnas, que rara vez se encuentran en los templos selyuquíes. Aunque no se conoce la fecha exacta de construcción, esta *madrasa* data probablemente de mediados del siglo XIV. En el año 2000 estaba abandonada y se proyectaba su restauración.

R. H. Ü.

V.1.d Hammam de İsmail Bey

En el barrio de Beyler, en la calle Yeni. Desde la Puerta de Estambul y yendo hacia el sur, girar a la izquierda en la calle Ziya Özbek. Es fácil reconocer el moderno toldo que lo cubre.

Los baños turcos, al igual que los romanos, son edificios abiertos al público. Los *hammams* de casas particulares y palacios, de los cuales han llegado muy pocos a nuestros días, se diferencian, en cuanto a sus proporciones, de los baños públicos tradicionales. En los privados, el *soyunmalık*, el *ılıklık* y el *sıcaklık* son de pequeñas dimensiones. La zona de baños pro-

RECORRIDO V *Orhan Gazi, el sultán del pueblo*
İznik

piamente dicha, el *sıcaklık*, que en los establecimientos públicos está formada por tres o cuatro espacios comunicados, en los privados está constituida por un solo ámbito. Probablemente, en los palacios y casas, al no hacer uso del baño más que cuatro o cinco personas a la vez, no se sentía la necesidad de grandes zonas de baño.

En el Islam, hombres y mujeres deben depilarse el pubis, y hacerlo todos los viernes estaba considerado *sevap* o fuente de bienaventuranza, pues se trata de un acto no obligatorio pero de mérito. Se juzgaba necesario hacerse este tipo de aseo al menos una vez cada quince días, y dejar pasar más de cuarenta era considerado pecado. En casi todos los *hammams* existen unas zonas reservadas para la depilación, llamadas *traşlık*.

Al acercarse al *hammam* de İsmail Bey, lo primero que se ve, a la derecha, es el depósito de agua con la bóveda derruida. El *külhan* para calentar el agua está debajo y abierto al exterior. La entrada principal está detrás, por el camino de la izquierda. Al ser un *hammam* privado de finales del siglo XIV o principios del XV, tiene solo cuatro pequeñas cámaras, cada con su cúpula. La más cercana a la calle debe de ser el *soyunmalık*; obsérvense los restos de la bonita transición

Hammam de İsmail Bey, cúpula del ılıklık, f. del s. XIV-p. del s. XV, İznik.

171

RECORRIDO V   *Orhan Gazi, el sultán del pueblo*
İznik

Turbe de Kırkkızlar, vista general desde el sureste, s. XIV, İznik.

a la cúpula. La cámara de la derecha sería el *traşlık*; la transición de los muros a la cúpula está hecha con *triángulos turcos*. Pasada la zona de vestuario, la pequeña habitación siguiente es el *ılıklık* y luego viene el *sıcaklık*, ambos con maravillosas cúpulas en espiral todavía en buen estado; puede observarse el dispositivo de iluminación de las salas: unos agujeros en las cúpulas, en los cuales se insertaban copas de cristal. Los suelos están levantados y puede verse el sistema de calefacción subterráneo. El *sıcaklık* está junto al depósito de agua y la caldera, y el aire caliente y los gases que desprendía el fuego circulaban bajo el suelo y salían por conductos de barro cocido de las paredes. Todas las salas tienen tristes restos de un soberbio enyesado con decoración que habrá hecho de este *hammam* un lugar delicioso.

R. H. Ü.

V.1.e **Hammam de Murad II**

En el barrio de Mahmut Çeleb. Una manzana al sur de Ayasofya y en el extremo oeste de las excavaciones del horno de azulejos. La sección de los hombres, totalmente restaurada, está en funcionamiento desde principios del año 2001; se puede visitar con autorización previa. La llave de la sección para las mujeres está en la Fundación İznik.

En el primer recorrido, a propósito del Hammam Büyük de Beçin, dijimos que algunos *hammams* públicos se construían como dos baños separados contiguos y que uno de ellos era para hombres y el otro para las mujeres. El *hammam* de Murad II, conocido también como *hammam* de Hacı Hamza, es uno de estos baños dobles. De los dos *hammams*, el del norte es mucho más pequeño. Las entradas, como en otros muchos casos, dan a calles diferentes. El *soyunmalık* del *hammam* norte, destinado a las mujeres, estaba retranqueado para que así se pudiera entrar y salir discretamente.

El *hammam* de los hombres está formado por una gran zona de vestuario con bonitos arcos llenos de *muqarnas*, un *ılıklık*, un *traşlık* y un *sıcaklık* con *halvet*s en los rincones. El *soyunmalık* del *hammam* de las mujeres, que no funciona ya como tal baño, lo utiliza como sala de exposiciones la Fundación İznik, que trabaja en la recuperación del arte de la cerámica y los azulejos de İznik. El *hammam* de las mujeres no ha sido restaurado y se pueden ver todavía las antiguas pilas. El viajero turco Evliya Çelebi escribió que había dos *hammam*s dobles en İznik: el de Tekioğlu y el baño Yeni. El *hammam* de Murad II data del siglo XV, mientras que el otro doble *hammam*, hoy sólo parcialmente en pie y conocido como Hammam Büyük se levantó en el siglo XV o el XVI.

R. H. Ü.

V.1.f Turbe de Kırkkızlar

Barrio de Selçuk, unos 150 m al sur de Yenişehir.

Colocar el cuerpo en una tumba monumental para que sea visitado y se perpetúe el recuerdo del difunto es contrario a las creencias musulmanas. Considerando que algunas sectas islámicas ortodoxas, como la *Wahhabi*, creen incluso que no hay que hacer demasiado evidente el lugar de enterramiento, la construcción de un monumento funerario parece una conducta cuando menos desviada. Sin embargo, dentro del mundo islámico, las tumbas monumentales remiten inmediatamente a los turcos. Los primeros ejemplos de este tipo de construcción, de cuerpo cúbico, poligonal o cilíndrico cubierto por una cúpula, se encuentran en Irán.

Algunos piensan que el nombre de esta tumba, Kırkkızlar ("cuarenta chicas"), debía de ser en origen Kırgızlar, por la tribu turca de Kyrgyz. En algunas fuentes se menciona como *turbe* de Reyhan o de Hacı Camasa. El edificio ha sido restaurado por completo en los últimos tiempos. La mampostería de filas de ladrillo alternadas con otras de piedra es una característica que pasó de la arquitectura bizantina a la otomana. El tambor de la cúpula, un dodecaedro, ha sido muy elevado en la última restauración. El edificio se compone de dos habitaciones: la primera, techada originalmente con una bóveda, y la sala principal, un cuadrado cubierto por una cúpula. Las tumbas existentes, en forma de sarcófagos, son muy simples y no tienen ninguna inscripción; por tanto, no aportan información acerca de la identidad del muerto. Para hacer lugar a sucesivas tumbas, se modificó una ventana y se abrió un nicho junto a ella. En el interior encontramos preciosas flores y velas en la pintura mural. Aunque no existen documentos sobre el mausoleo o su ocupante, basándose en el tambor de múltiples lados, semejante al de mezquitas de İznik como la de Hacı Özbek o la mezquita Yeşil, y en las pinturas decorativas, con rasgos del primer arte otomano, se ha datado en el siglo XIV.

R. H. Ü.

"FLORES BROTADAS DE LAS LLAMAS": EL ARTE DE LOS AZULEJOS Y LA CERÁMICA EN LOS SIGLOS XIV Y XV

Lale Bulut

El arte de los azulejos y la cerámica experimentó una larga evolución en Anatolia. Asombran por su variedad de técnicas y dibujos los azulejos que adornan las paredes de los edificios de los periodos selyuquí, de los emiratos y otomano. Solo un reducido número de azulejos del periodo selyuquí de Anatolia ha sobrevivido hasta hoy. En cambio, abundan las piezas del siglo XV en adelante, que son, con mucho, las favoritas de museos nacionales y extranjeros, así como de las colecciones privadas. En los edificios del periodo de los emiratos, siglos XIV y XV, es raro encontrar decoración de azulejos. En los pocos ejemplos existentes se aprecia que continuaron la tradición sin cambios significativos. En los alminares de la mezquitas Mayor de Birgi (1312-1313), Mayor de Manisa (1366-1367) y Yeşil de İznik (1391-1392) se combinaron ladrillos vidriados con los azulejos.

La técnica del mosaico de azulejos, la preferida en el periodo selyuquí, no fue muy seguida en el periodo de los emiratos y de los primeros otomanos; en la ornamentación de mosaicos de azulejos de esa época —grandes composiciones en comparación con las del periodo selyuquí—, a los clásicos colores azul, turquesa, púrpura y negro se añadió el blanco. Ejemplos refinados de este arte en la época de los emiratos son la decoración en mosaico de azulejos del *mihrab* de la mezquita Mayor de Birgi (1312), y las zonas de transición entre los muros y la cúpula que hay ante el *mihrab* de la mezquita de İsa Bey de Selçuk (1375), mientras que de la primera época otomana se pueden citar los azulejos de la mezquita Yeşil de İznik (1391-1392), la mezquita, la *madrasa* y el mausoleo Yeşil de Bursa (1419-1424), y la mezquita Muradiye, también de Bursa (1426). La técnica llamada *cuerda seca*, que encontramos por primera vez en este periodo, no tiene precedentes en la alfarería de Anatolia y solo se aplicó a los azulejos. Los colores de los azulejos hechos con esta técnica, empleada sobre todo en edificios de Bursa, Edirne y Estambul, son azul, turquesa, azul oscuro, negro, blanco, amarillo, oro, lila y verde pistacho. Los primeros ejemplos los hallamos en el complejo Yeşil de Bursa (1419-1424) y en la mezquita Muradiye de Edirne (1426-1427).

La ciudad de Konya, centro de producción de azulejos en la época selyuquí, empezó a perder importancia a principios del XV. İznik, importante asentamiento desde el siglo IV a. C., fue donde se produjo la cerámica de mayor calidad del primer periodo otomano. Su ubicación en la ruta entre Estambul y Anatolia le garantizó una larga vida económica

Jarrón de cerámica (núm. inv. 3373), Museo de Bursa.

y cultural. Según los relatos de viajeros, en İznik trabajaban unos 300 maestros azulejeros. Por exagerada que pueda parecer esta cifra para una población tan pequeña, el número de hornos descubiertos en las excavaciones (por ejemplo, las que se encuentran frente al *hammam* de Murad II) y las investigaciones realizadas en los últimos años la confirman. En İznik había dos tipos de hornos: rectangulares y redondos. Los rectangulares estaban cubiertos por una bóveda de cañón y el espacio para el fuego tenía agujeros en el suelo. Los hornos redondos, en cambio, estaban cubiertos por una cúpula y en ellos se podían alcanzar temperaturas más altas que en los rectangulares.

La cerámica llamada "de Mileto", fabricada con la técnica del vidriado, ocupa un lugar importante en la artesanía de los siglos XIV y XV. Como hasta hace poco se suponía que se fabricaba en Mileto, a esta cerámica de barro rojo se le había dado el nombre de esta ciudad, pero ahora sabemos que en realidad se producía en İznik. Los colores usados en esta cerámica son el azul cobalto, el púrpura oscuro y el turquesa y, además de líneas radiales, en la decoración se ven también motivos florales y geométricos. Por ejemplo, son frecuentes las composiciones de hojas en abanico dibujadas con pinceladas y saliendo de una roseta en el centro.

La cerámica denominada "blanquiazul" apareció después de la de Mileto y es un producto de mayor calidad, parecido a la porcelana. Representa la segunda innovación del periodo otomano después de la técnica del vidriado de color. Es raro encontrar esta técnica en los azulejos, pero aparece a menudo en cerámica de uso diario. Fabricada en İznik hasta principios del siglo XVI, en ella se aplicaban colores azul turquesa y azul oscuro sobre fondo blanco; los motivos más apreciados en estos azulejos y cacharros, que recuerdan la porcelana Ming del Lejano Oriente, del siglo XV, son peonías, flores, nubes chinas y dragones. En el conjunto de piezas de cerámica erróneamente llamado Haliç (Cuerno de Oro) se ven ramas de hojas enroscadas en composiciones helicoidales sobre fondo blanco.

Detalles del panel mural de azulejos, mezquita Muradiye, Edirne.

LA ADMINISTRACIÓN EN EL ESTADO OTOMANO

Aydoğan Demir

La administración del Estado otomano experimentó un continuo desarrollo desde el año de la fundación del Estado hasta que por fin alcanzó una estructura burocrática centralizada. El deseo de gobernar el Estado conforme a leyes empezó en tiempos de Osman Gazi (r. 1281-1324) y prosiguió a lo largo de toda la historia otomana.

Por lo que sabemos hasta ahora, el primer sultán otomano en recoger las leyes en un *corpus* o, por decirlo de otra manera, seleccionarlas y compilarlas, fue Mehmet II (r. 1451-1481). El código de leyes o constitución de Mehmet II comienza con estas palabras: "Este código de leyes es el código de mi padre y de mis antepasados, y es también mi código". Este testimonio prueba que el Estado otomano había empezado a administrarse por leyes mucho antes de Mehmet II.

Una de las primeras acciones del Estado otomano cuando conquistaba un territorio era anotar en un registro todo tipo de información sobre la región: población que podría pagar impuestos, campos, huertos, arboledas, molinos, animales, minas, etcétera, que podrían gravarse con tasas. Al principio mismo del libro de registro se escribían las leyes que debían acatar los habitantes y que tenían como fin la protección del pueblo. Después de que la ciudad otomana de Selanik (Salónica) pasara a manos bizantinas durante el interregno que siguió a la batalla de Ankara (1402), los nuevos gobernantes no derogaron las leyes otomanas para aplicar las bizantinas por miedo a una insurrección popular contra estas. Aunque habían estado bajo administración otomana poco tiempo, se habían acostumbrado a unas cargas fiscales más razonables.

Lo primero que viene a la mente al hablar de la administración otomana es el título de sultán de la dinastía osmanlí. Durante más de 300 años, en el Estado otomano el sultanato pasó de padre a hijo y, de 1617 a 1922, al miembro de más edad de la familia real. Que una dinastía dirija un Estado durante más de 600 años es algo que raras veces se ve en la historia.

El sultán otomano, investido de una autoridad realmente poderosa, gobernaba con ayuda de una asamblea llamada *Divan-i Hümayun*, en la que el gran visir, los visires, el *kadıasker*, el *defterdar* y el *nişancı* se ocupaban de sus respectivos cometidos oficiales. Cuando era necesario, eran llamados a consulta el *Chayj al-islam*, el *yeniçeri ağası* y el *kaptan-ı derya*. Hasta los últimos días del reinado de Mehmet II, los sultanes presidieron las reuniones del *divan*; posteriormente, esta responsabilidad recayó en el gran visir.

En las reuniones del *divan* se discutían todos los asuntos del país, se tomaban decisiones y se sometían a la aprobación del sultán. Una vez debatidas las cuestiones del país, cualquier ciudadano otomano tenía derecho a presentarse ante el *divan* para exponer sus problemas y pedir una solución. Por esta razón, el *divan*, además de las funciones de gobierno, cumplía también las de tribunal supremo.

La administración centralizada otomana hacía valer su fuerza hasta en los rincones más remotos del imperio. Los gobernadores locales (*beylerbey*s y *sançak bey*s), cadíes y *tımarlı sipahi*s utilizaban su auto-

Reunión del diván, Surname-i Vehbi, 3593, fol. 176, Levni, 1720, Biblioteca del Palacio Topkapı, Estambul.

Visir y soldados, Codex Vindobonensis, cod. 8626, fol. 46r, Biblioteca Nacional Austriaca, Viena.

ridad administrativa, judicial y militar como representantes del gobierno central otomano en todos los lugares, ya fuera en aldeas o en grandes provincias.

Los cadíes se ocupaban no solo de los problemas judiciales del lugar en que estaban, sino también de los servicios municipales. Además del control del barrio comercial y de las funciones notariales, los servicios de obras públicas de la ciudad formaban parte de su responsabilidad. Nadie podía interferir en las decisiones judiciales de los cadíes. Sin embargo, quienes quedaban insatisfechos con un veredicto podían insistir en sus derechos apelando al *divan*. Como dice un razonamiento otomano, "el Estado no puede existir sin un gobernante; el gobernante no puede existir sin soldados; los soldados no pueden existir sin dinero; el pueblo no puede existir sin justicia". En pocas palabras, la administración otomana hizo suyo el principio de que "el Estado se funda en la justicia". Cristianos y judíos, los súbditos no musulmanes del Estado otomano, podían practicar tranquilamente su religión y tradiciones. Los judíos que en 1492 fueron expulsados de España se refugiaron entre los otomanos. *Escuchis señor soldado*, una canción popular judía de aquel tiempo, cuenta la historia de una mujer judía que busca a su marido entre los fugitivos:

—Escuchis señor soldado
si de la guerra venís...
—Si, señora, de la guerra,
de las guerras del España.

—¿Habréis visto a mi marido,
por ventura alguna ves?...
—Dame una señal, señora,
por poderlo conoser.

—Mi marido es blanco y rubio,
alto como un aciprés.
Cabalga caballo blanco,
que se lo donó el rey.

—Este hombre que Usted dice,
hace muerto más de un mes,
O ha encontrado
la libertad en Estanbol.

(Colección privada del Sr. Jak Esim, que ha hecho una compilación de varias canciones antiguas a través de personas de avanzada edad.)

—Escuche señor soldado,
¿vuelve de la guerra?
—De la guerra vuelvo, señora,
de la guerra con los españoles.

—¿Y no ha visto a mi marido?
¿Acaso lo ha visto?
—Deme una señal, señora,
para poderlo saber.

—Mi marido es blanco y rubio,
alto como un ciprés.
Cabalga caballo blanco,
que se lo donó el rey.

—El hombre de que me habla
o ha muerto hace un mes
o está libre en Estambul.

(Colección privada del Sr. Jak Esim, que ha hecho una compilación de varias canciones antiguas a través de personas de avanzada edad.)

Gracias a la *Pax Ottomana*, los súbditos otomanos de religión distinta a la musulmana y hablantes de otra lengua vivieron en paz durante siglos.

El lago a cuya orilla se encuentra İznik, y que lleva su mismo nombre, es el quinto en extensión de Turquía. Su profundidad media es de 30 m. Gran parte de la orilla sur tiene playas y en sus aguas se puede nadar.

RECORRIDO VI

Solidaridad social

Şakir Çakmak, Aydoğan Demir, Rahmi H. Ünal

VI.1 YENİŞEHİR
    VI.1.a Zawiya de Postinpuş Baba

VI.2 İNEGÖL
    VI.2.a Complejo de İshak Paşa

VI.3 KARACABEY
    VI.3.a Mezquita Imaret

Tabhanes, zawiyas y derviches *itinerantes*

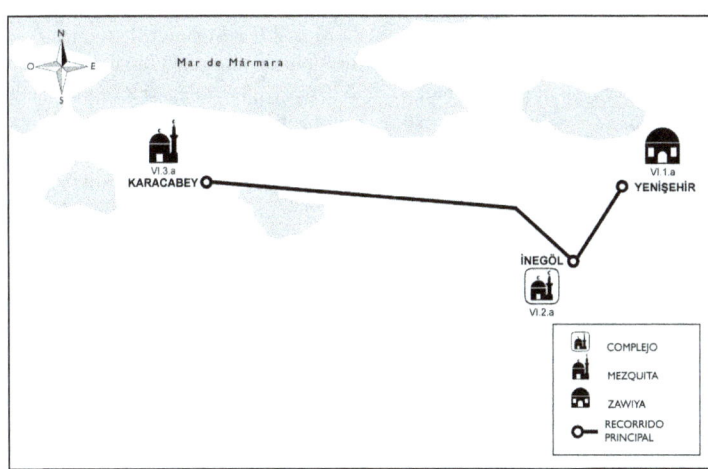

Mezquita imaret, portal, 1457, Karaca Paşa, Karacabey.

RECORRIDO VI   *Solidaridad social*

En los años en que Osman Bey intentaba fundar un emirato en la meseta de Söğüt, señores feudales bizantinos ocupaban la zona circundante. Unas veces Osman los combatía; otras, asistía a bodas con ellos y compartían los festejos. En la boda del señor bizantino de Bilecik, trataron de tenderle una trampa y hacerle prisionero. El señor bizantino de Harmankaya, Köse Mihail, le informó de la conspiración; Osman fue a la boda con sus soldados disfrazados de mujeres. Con ayuda de su amigo Köse Mihail, actuó primero y frustró la conspiración. Una de las cautivas, Holofira, fue dada en matrimonio a Orhan Gazi, y la dinastía otomana continuó con un hijo de este matrimonio, Murad I. Holofira, mujer caritativa, se convirtió al Islam con el nombre de Nilüfer; hizo construir en Bursa un puente, una *masyid* y un *tekke* para los *derviches*; el arroyo sobre el que mandó construir un puente se llama aún Nilüfer Çayı.

También Köse Mihail, el amigo de Osman, se hizo musulmán y entró al servicio del Estado. Él, sus hijos y sus nietos, conocidos como los Mihailoğlu, prestaron valiosos servicios al Estado otomano durante cientos de años. İnegöl fue una de las ciudades que cayeron en manos de Osman a consecuencia de la fallida conspiración de la boda (1298-1299). İshak Paşa (muerto en 1485), uno de los hombres de Estado importantes en el siglo XV, hizo construir una mezquita, una *madrasa* y un *turbe* de gran belleza en İnegöl. De origen esclavo, İshak Paşa, dotado de gran inteligencia y talento, ocupó cargos importantes —gobernador, comandante del ejército, visir— con los sultanes Murad II, Mehmet II y Bayezid II. İshak Paşa quiso asegurarse de que los *waqf*s de las instituciones que fundó perdurarían durante siglos; para esto, destinó a ellos las propiedades que le habían otorgado los sultanes y también las propias.

El emirato otomano, después de Bilecik e İnegöl, conquistó Yenişehir (1299), donde Osman Gazi hizo construir casas para sus soldados (de ahí deriva su nombre, que en turco significa "ciudad nueva"). Yenişehir fue la capital otomana hasta la toma de Bursa 27 años después (1326), y por ello se acepta el año 1299 como el de fundación del Estado otomano.

Los primeros sultanes otomanos estaban muy próximos a algunos religiosos heterodoxos que hicieron destacados servicios al Estado en los años de su fundación. Murad I hizo construir en Yenişehir una *zawiya* para Postinpuş Baba (Postinpuş significa "el que viste pieles de animal"), y sus *derviches*. La pequeña ciudad de Mihaliç (Karacabey) cayó en poder de los otomanos en 1336. Durante los reinados de Murad II y Mehmet II, Karaca Paşa tuvo importantes cargos estatales y alcanzó el rango de *beylerbey* de Rumelia; fundó y dotó un *imaret* en Mihaliç, en cuyas habitaciones, excluida la sala de oración, se hospedaba a *derviches* y sabios, y se les daba de comer gratuitamente. Un *waqf* corría con estos gastos, así como con los de mantenimiento del *imaret* y los de personal. Más tarde, Karaca Paşa murió en combate ante Belgrado (1456) y en su honor se cambió el nombre de la ciudad por el de Karacabey.

A. D.

RECORRIDO VI   *Solidaridad social*
Yenişehir

Zawiya de Postinpuş Baba, detalle de la fachada sur, 1362-1389, Murad I, Yenişehir.

VI.1 **YENİŞEHİR**

VI.1.a **Zawiya de Postinpuş Baba**

En el parque de Baba Sultan.

Como mencionábamos antes, los cronistas turcos escriben que Murad I (r. 1362-1389) mostraba gran interés por los *derviches* e hizo construir en Yenişehir la *zawiya* de Postinpuş Baba —llamada también *zawiya* de Seyyid Mehmet Dede y *zawiya* de Baba Sultan— para este religioso y sus *derviches*. Se cuenta que, a la muerte de este hombre santo musulmán venido a Anatolia desde Bukhara, Murad I levantó un *turbe* para él y una *zawiya* para los *derviches*. En 1555, Hans Dernschwam, un viajero alemán —que nos proporciona el primer testimonio escrito de la existencia del edificio, ya que este no tiene ninguna inscripción— lo menciona brevemente; a principios de la segunda mitad del siglo XVII, el viajero turco Evliya Çelebi, que recorrió el Cercano Oriente y los Balcanes y escribió sus memorias, dice del edificio que era la tumba del *chayj* Postinpuş Baba de Khorasan. En los años veinte, el estudioso alemán R. Hartmann cuenta que había un cementerio alrededor del edificio, pero no queda rastro alguno de él. La construcción se ha restaurado recientemente, pero desde el terremoto de 1999 está abandonada.

La *zawiya* se alza solitaria sobre un pequeño cerro, con la única compañía de los árboles. No queda ningún vestigio de otra construcción en sus inmediaciones, como no sean los tristes restos de un moderno café. Construida con filas alternas de piedra y ladrillo, son notables sus hermosos paneles de albañilería, la decoración de los tímpanos de las ventanas y, especialmente, la del trasdós de los arcos ciegos de la fachada sur. El porche, ahora cerrado por una cristalera, está situado

RECORRIDO VI *Solidaridad social*
Yenişehir

Zawiya de Postinpuş Baba, vista desde el sureste, 1362-1389, Murad I, Yenişehir.

en medio de la fachada oriental que es, por otra parte, totalmente ciega. El pórtico ha desaparecido pero las huellas todavía visibles de un arco, en el ángulo este de la fachada meridional, atestiguan que existió. Ejemplo de mezquita con *zawiya*, fue proyectado para ofrecer hospitalidad a *derviches* errantes y otros viajeros. En estos edificios, construidos desde principios del siglo XIV hasta mediados del XVI, la sala de oración estaba separada de las demás estancias. Aquí, por ejemplo, la sala de oración es el gran espacio con cúpula del lado opuesto a la entrada principal; un pasillo lleva a las habitaciones cuadradas de las partes norte y sur, que eran *tabhane*s para huéspedes. Otra característica interesante de este edificio es su orientación: en Anatolia occidental la *qibla* está orientada al sureste, mientras que en Anatolia oriental mira al suroeste. La entrada principal suele estar en la fachada norte, en el lado opuesto al nicho del *mihrab*, que indica la dirección de la Ka'ba de La Meca (la *qibla*). En la *zawiya* de Postinpuş Baba, en cambio, el nicho del *mihrab* no se encuentra en la pared opuesta a la entrada, sino en la de la izquierda. Como decíamos, los alrededores

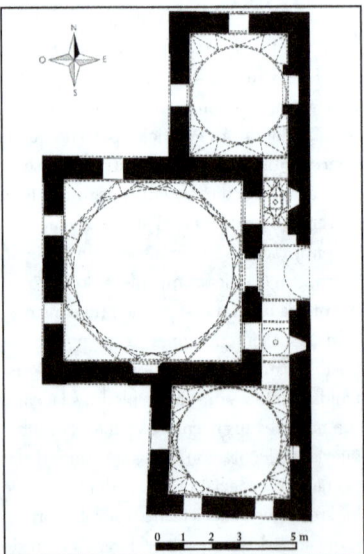

Planta de la zawiya de Postinpuş Baba Zawiya, Yenişehir (S. Emir).

del edificio están vacíos y, puesto que nada impide que la entrada principal esté en el lado norte del edificio, no se entiende por qué el *mihrab* y la entrada están colocados de forma tan insólita.

Los *tabhane*s sur y norte están coronados por cúpulas y provistos de un hogar en su pared oriental; ambos tienen ventanas en las dos paredes exteriores, pero la del lado este ha sido tapiada, seguramente para proporcinar mayor intimidad a los huéspedes que pasaban la noche.

R. H. Ü.

VI.2 İNEGÖL

VI.2.a Complejo de İshak Paşa

En el barrio de Cuma, en la avenida de Ankara, junto a la plaza Eski Belediye.

İshak Paşa fue un importante hombre de Estado en la época de Murad II (r. 1421-1451) y Mehmet II (r. 1451-1481). En la toma de Estambul era comandante del ejército y, más tarde, llegó a ser gobernador y Gran Visir. Murió en Salónica en 1485 y su cuerpo fue llevado a İnegöl y enterrado en el cementerio que hay al sur de la mezquita que él mismo había hecho construir con su nombre. En 1937 se trasladó su tumba al mausoleo del suroeste. En sus años de servicio había hecho construir muchos edificios en Estambul, Edirne, Kütahya y Bursa, y las rentas que proporcionaban varios *hammam*s, comercios, molinos y tierras iban destinadas a los *waqf*s que se encargaban del mantenimiento de los edificios y de pagar los salarios del personal. El complejo construido por İshak Paşa en İnegöl consta de una mezquita, una

Complejo de İshak Paşa, vista de la mezquita y el turbe desde el noroeste, 1476, İshak Paşa, İnegöl.

185

RECORRIDO VI *Solidaridad social*
İnegöl

Madrasa de İshak Paşa, vista desde el sur, 1483, İshak Paşa, İnegöl.

madrasa y un *turbe*; aunque en el acta fundacional del *waqf* se menciona un *han*, no hay ninguno en nuestros días.

Mezquita

Esta mezquita, construida con filas alternas de piedra y ladrillo, igual que la *madrasa* y el *turbe*, tiene decoración de albañilería, entre la que destaca la del trasdós de los arcos del pórtico. Este sobrio pórtico —cerrado con cristaleras— tiene cinco crujías con cúpula separadas por pilares de ladrillo y piedra. Al alminar único que se alza en la esquina noroeste del edificio se entra por el extremo occidental del pórtico. La inscripción del sencillo portal informa de una reforma en 1877, ordenada por el sultán Abdülhamid II. Al atravesarlo, se entra en el patio interior, flanqueado a este y oeste por lo que debieron ser *tabhane*s y ahora forman un solo espacio al haber sido quitados los tabiques de separación; los espacios rectangulares abovedados que se encuentran al norte de estas secciones laterales parecen ser los pasillos que antes llevaban a los *tabhane*s. La sala de oración está en la parte sur. Todas las cúpulas interiores se alzan sobre preciosos *triángulos turcos*. Aunque no hay ninguna inscripción con datos sobre su construcción, se cree, basándose en la inscripción de la *madrasa* y la fecha del acta fundacional del *waqf* promulgada por İshak Paşa, que esta mezquita fue erigida en 1476.

Madrasa

La *madrasa* tiene forma de U con el lado abierto orientado a la mezquita; esta planta recuerda la de la *madrasa* de Süleyman

RECORRIDO VI *Solidaridad social*
İnegöl

Paşa de İznik. El *dershane*, más alto que el resto del edificio, está cubierto por una cúpula y sobresale al exterior en la parte norte. A sus dos lados se distribuyen 12 celdas de estudiantes, todas con hogar y hornacinas para el uso diario. Delante de ellas, rodeando el patio abierto, se extiende un pórtico de crujías con bóvedas que descansan sobre pilares. Según la inscripción, esta *madrasa* —que hoy es una escuela coránica— se construyó en 1483, es decir, un poco más tarde que la mezquita.

Turbe

De este *turbe*, situado al suroeste de la mezquita, se sabe que lo mandó construir İshak Paşa para su mujer Tacü'n-nisa (Tay al-Nisa) Sultan. Se trata de un edificio hexagonal coronado por una cúpula y con un sobrio portal en la fachada norte. En el interior hay tres tumbas, una de ellas la de İshak Paşa. Al no tener lápidas, se desconoce de quiénes son las otras dos. Si damos crédito a los documentos históricos, una de las dos tumbas tiene que pertenecer a Tacü'n-nisa. Se dice que la tercera es la de la hija de Paşa, pero no se tienen noticias ciertas.

Ş. Ç.

İnegöl es famosa por sus köftes *(albóndigas)*. El mercado de los jueves es pintoresco y animado. A 20 km de İnegöl se encuentran las termas de Oylat *(Oylat Kaplıcaları)*, que vale la pena visitar por sus aguas sulfurosas y sus paisajes. Para ir a Oylat hay que coger la carretera D 200 en dirección a Ankara y torcer a la derecha (hacia el sur) pasados 10 km. Torcer de nuevo a la derecha 5 km más adelante.

Turbe de İshak Paşa, vista desde el norte, f. del s. XV, İnegöl.

RECORRIDO VI *Solidaridad social*
Karacabey

Mezquita imaret, fachada norte, 1457, Karaca Paşa, Karacabey.

VI.3 **KARACABEY**

La antigua ciudad de Mihalıç cambió de nombre en honor del *beylerbey* de Rumelia Karaca Paşa, que hizo construir en ella un complejo. Karaca Paşa fue un notable hombre de Estado en tiempos de Mehmet II. Participó en la conquista de Estambul y murió en el sitio de Belgrado.

VI.3.a **Mezquita Imaret**

Avenida Selimeye İmaret, 12.

En los años veinte, el edificio estaba en ruinas y abandonado; solo quedaban en pie dos grandes cúpulas. Cuando comenzaron los trabajos de restauración, en la década de 1960, el tejado se hallaba totalmente derruido. La mezquita, hoy abierta al culto, se ha reconstruido de acuerdo con la planta original. Situada en un hermoso jardín, está flanqueada, al oeste, por un *turbe* cúbico donde están enterrados la mujer, Bülbül Hatun, y el hermano de Karaca Bey. Si se llega desde la calle principal, se ven una mezquita y un *turbe* en piedra y ladrillo, pero al otro lado del edificio está la fachada principal, bellamente revestida de mármol con un suave contraste de color. El pórtico frontal está dividido en cinco crujías por pilares recubiertos de mármol; la crujía central está cubierta por una bóveda de crucería plana por arriba; las otras están techadas con cúpulas. El portal, sencillo, es también de mármol, pero con un contraste más fuerte de color; la inscripción nos informa de que la mezquita se terminó en 1457, después de la muerte de Karaca Bey.
En la crujía más occidental del pórtico está la tumba del propio Karaca Bey. En

RECORRIDO VI *Solidaridad social*
Karacabey

la lápida que hay a los pies, la más cercana a la puerta, reza que murió el 20 de julio de 1456. En la tradición funeraria otomana, el nombre del difunto figura en la lápida de la cabecera y no en la de los pies; un precepto islámico manda que el cuerpo sea enterrado tendido sobre el costado derecho, con el rostro vuelto hacia la *qibla*, de ahí que en esta tumba la cabeza esté al oeste y los pies al este; así, la lápida de los pies queda más cerca de la entrada a la sala de oración y por ello, en vez de estar escrita en la cabecera, la identidad del difunto aparece en la lápida de los pies, probablemente para que quien entra o sale de la mezquita pueda leerlo con facilidad. Generalmente, los ricos que fundaban *waqf*s se reservaban una estancia para su tumba en un edificio que hubieran construido o bien hacían erigir un mausoleo independiente. El propósito era que los visitantes los recordaran con una oración. Por ello, a veces hay una ventana o una puerta que comunica un *turbe* con una mezquita, una *madrasa* u otro edificio contiguo, o la entrada al mausoleo está dentro de la *madrasa*.

Tras la entrada de esta mezquita está el patio interior, que parece un rectángulo, al prolongarse por la parte sur con la sala de oración. Como en la mayoría de las mezquitas, la cúpula del patio es mayor que la de la sala de oración. Un componente indispensable de una mezquita con *tabhane*s es la zona para que los visitantes pasen la noche; aquí, los *tabhane*s se encuentran a los lados del patio interior, separados de él por una pared; no obstante, sorprende que un pasillo en la parte norte dé acceso a los *tabhane*s, que están provistos de hogar y hornacinas; el pasillo occidental lleva también al alminar de la esquina noroeste, el otro a una escalera para subir al tejado.

R. H. Ü.

A quienes deseen descansar al final de la jornada y disfrutar de la belleza de la naturaleza les recomendamos la visita a la Reserva Ornitológica del lago Manyas (Manyas Gölü Kuş Cenneti). Para llegar a ella, salir de Karacabey en dirección a Çanakkale y 12 km antes de llegar a Bandırma tomar la carretera general 565 hacia Balıkesir. Pasados 2 km, seguir la carretera que sale a la derecha hasta llegar a un pequeño museo. La reserva no tiene más instalaciones que un aseo y una zona de observación; no hay ningún sitio para comer ni para pasar la noche. Tampoco se permiten las comidas campestres.

El lago Manyas, conocido antiguamente como Aphnitis o Daskylitis, fue coto de caza de los sátrapas cuando Anatolia estaba bajo dominio persa. Este lago de agua dulce, situado a 15 m sobre el nivel del mar, tiene una superficie de 166 km^2. Es poco profundo; a finales del invierno el nivel de las aguas sube y en primavera llega a alcanzar los 10 m, mientras que en verano baja hasta un metro y medio. El sauce es el árbol que más abunda en las orillas del lago, que está rodeado de pueblos y grandes tierras de labranza.

Para los pájaros, el lago representa un refugio seguro y una rica fuente de sustento. En él viven cormoranes, pelícanos, gansos, patos y garzas. Gracias a la gran cantidad de peces, ranas, sapos, gusanos y semillas, las aves disponen de abundante alimento. La vegetación es robusta y tupida. Una de las razones de que las aves se reúnan aquí es que las rutas migratorias atraviesan el lago. En él crían, pasan el invierno o hacen una parada durante la migración. En el lago se han identificado 250 especies que suman unos dos o tres millones de ejemplares.

TABHANES, ZAWIYAS Y DERVICHES ITINERANTES

Şakir Çakmak

Derviches, Codex Vindobonensis, cod. 8615, fol. 92r, Biblioteca Nacional Austriaca, Viena.

Desde el tiempo de los selyuquíes, en Anatolia hubo varias organizaciones sociales con influencia en el terreno militar, religioso, social y económico, que desempeñaron un importante papel durante el establecimiento del Estado otomano. Una de las más importantes fue la *Ahiyan-ı Rum* (*Ahi*s de Anatolia); se ha sugerido que tomó su nombre del término árabe *aji*, "hermano", o del turco *akı*, "generoso". La sociedad *Ahi* era una extensión de la *Futuwwa* sostenida por califa abbasí Nasir (1180-1225). Otra organización célebre en aquel tiempo era la de los *Abadaln-ı Rum* (Abdals de Anatolia), una sociedad de *derviches* itinerantes.

Concientes de la importante contribución que estos *ahis* et *derviches* itinerantes podían aportar al proceso de "turquización" y al indispensable desarrollo económico de las ciudades conquistadas, los sultanes los protegían y varios de ellos, incluso, se convirtieron en miembros de estas sociedades. Con el fin de estimular sus vocaciones y facilitar su misión religiosa, los sultanes hicieron construir numerosos edificios que les estaban destinados como *zawiya*s, mezquitas con *zawiya*s y mezquitas con *tabhane*s.

Un viajero del siglo XIV, Ibn Battuta, nos ofrece valiosos datos sobre las *zawiya*s de *ahi*s que encontró y en las que fue hospedado en algunas ciudades de Anatolia. En estos edificios, que habían llegado hasta el más remoto de los pueblos, además de impartirse educación religiosa, científica y moral, se enseñaban también varios oficios.

Las mezquitas con *tabhane*, erigidas por sultanes y altos cargos gubernamentales para los *ahis* y *derviches* itinerantes, arrojan luz sobre la estructura social del periodo de los primeros otomanos. Las numerosas mezquitas de este tipo, construidas entre los siglos XIV y el XVI en los territorios que cayeron bajo el poder otomano, demuestran que el gobierno consideraba importantes estas organizaciones "socializadoras".

Las mezquitas con *tabhane*s se diferencian de las destinadas solo al culto; de hecho, en las inscripciones, las actas fundacionales de los *waqf*s y otros documentos se refieren a ellas como *zawiya*s o *imaret*s.

Las mezquitas con *tabhane*s estaban pensadas para responder a las necesidades de espacios de reunión, culto y alojamiento de los *ahi*s y los *derviches* itinerantes. Estos edificios, también llamados "mezquitas en T", se componen de tres partes principales: una zona de reunión y transición llamada "patio central", "patio interior" o *sofa*, una sala de oración y *tabhane*s que servían de cuartos de huéspedes y cuyo número variaba entre dos y seis.

Desde mediados del siglo XV, la organización *Ahi* empieza a tomar carácter de gremio que se ocupa únicamente de asuntos comerciales. Por este motivo, la necesidad de mezquitas con *tabhane*s disminuyó. La construcción de esta clase de mezquitas continuó hasta principios del siglo XVI con pocos cambios. A partir de ese siglo, los *tabhane*s pasaron a ser edificios independientes dentro de los complejos y esto puso fin a la construcción de mezquitas con *tabhane*s.

RECORRIDO VII

La cerradura del mar

Şakir Çakmak, Aydoğan Demir

VII.1 ÇANAKKALE
    VII.1.a Fortaleza Sultaniye

VII.2 ECEABAT
    VII.2.a Fortaleza de Kilitbahir

VII.3 GELİBOLU
    VII.3.a Turbe de Ahmet Bican Efendi (o de Hallacı Mansur)
    VII.3.b Namazgah de Azebler

VII.4 UZUNKÖPRÜ
    VII.4.a Uzunköprü (el puente largo)

    Los waqfs
    Los jenízaros

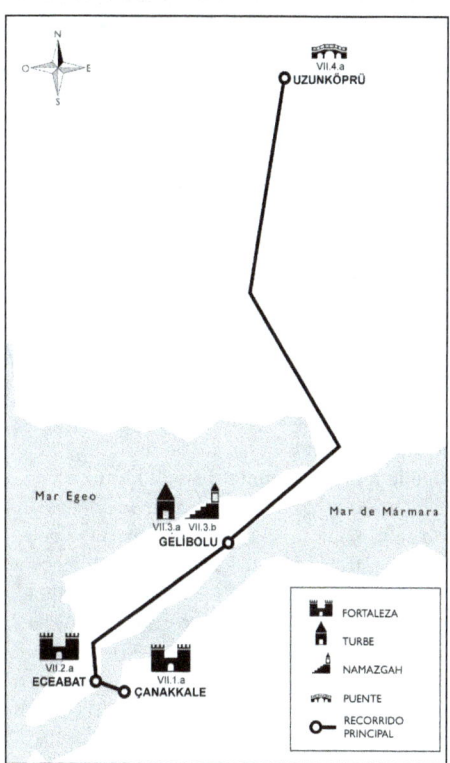

*Namazgah de Azebler,
mimbar, 1407,
İskender Ibn Hacı
Paşa, Gelibolu.*

RECORRIDO VII *La cerradura del mar*

Fortaleza de Kilitbahir, vista desde el este, 1463, Mehmet II, Eceabat.

A pocos kilómetros de la costa de Anatolia, a la entrada del estrecho de Çanakkale (los Dardanelos) que une el Egeo con el mar de Mármara, en el sitio conocido ahora como cerro de Hisarlık, se ven las ruinas de la antigua ciudad de Troya. Cerrando los ojos e imaginando por un momento los tiempos antiguos, veremos a Príamo y su mujer Hécuba, a su célebre hijo Paris, a su hija Casandra y a su nuera la bella Helena asistiendo aterrorizados al duelo entre dos hombres. En el otro bando, el rey aqueo Agamenón, su hermano y rey de Esparta Menelao y el valeroso Ulises contemplan con emoción la misma lucha. Los combatientes son bien conocidos para las dos partes: uno, el invencible Aquiles, hijo de una diosa y un mortal; el otro, el esforzado Héctor, hijo del rey Príamo. Homero vincula la gloriosa gesta de la "Ilíada" y la inmortal guerra de Troya a una romántica historia de amor: para él, el rapto de la mujer de Menelao, la hermosa Helena, por Paris fue la causa de esta larga guerra. Pero la verdadera razón de la guerra fue la pugna por adueñarse del estrecho de Çanakkale, una importante vía comercial y de transporte entre el Egeo y el mar Negro.

En el transcurso de los siglos, los estrechos de Çanakkale y Estambul (Bósforo) han sido fuente de conflictos entre los pueblos. A principios del siglo XIV, las costas de Anatolia del estrecho estaban bajo soberanía del emirato de Karasi. Cuando los otomanos acabaron con este emirato a mediados de siglo, lograron el control de las costas de la región. Al mismo tiempo, Juan III Cantacuzeno, a cambio de la ayuda recibida de los otomanos en su lucha por hacerse con el trono de Bizancio (1354), les otorgó un puesto militar en Gelibolu (Gallípoli, 1354), en el otro extremo del estrecho de Çanakkale. Desde esa fecha, los otomanos se lanzaron a apoderarse de toda Tracia. Gelibolu se convirtió en frecuentado lugar de paso entre Tracia y Anatolia. El

RECORRIDO VII *La cerradura del mar*
Çanakkale

Uzunköprü (literalmente, "puente largo"), situado en el camino que va de Gallípoli a Edirne y uno de los puentes más largos de Anatolia, demuestra la importancia que se daba en la primera mitad del siglo XV a las rutas comerciales y de conquista que unían Anatolia con Europa.

Una vez tomada Estambul (1453), el sultán Mehmet II emprendió una política de expansión por el Egeo y los Balcanes que produjo grandes pérdidas a los *comuni* mercantiles de Venecia y Génova. Por Italia corrían muchas leyendas del sultán Mehmet II. En sus Ensayos, Montaigne (1533-1592) dice: "Mehmet el Conquistador se veía a sí mismo como un descendiente de los troyanos, igual que a los italianos, y por eso se asombraba de que los italianos apoyaran a los griegos cuando quiso aliarse con ellos para vengar a Héctor". Y puesto que las relaciones entre Estados no pudieron resolverse con estos planteamientos idealistas y de parentesco, el sultán Mehmet II mandó construir las fortalezas Sultaniye y Kilidü'l-Bahr, en el punto en que más se acercan las costas del estrecho de Çanakkale, para evitar posibles amenazas de genoveses y venecianos.

A. D.

Este recorrido comienza en el continente asiático y termina en el europeo. Con el transbordador que sale de Çanakkale se llega a la península de Gelibolu en 30 minutos. Esta península ocupa un lugar importante en la historia turca y universal. Aquí tuvo lugar en 1915 una de las batallas más sangrientas de la historia, la de Çanakkale (o de Gallípoli), entre el imperio otomano y las potencias aliadas. El sitio donde perdieron la vida unas 500.000 personas es hoy un parque nacional con monumentos erigidos en varios lugares, para que no se olviden las penosas experiencias del pasado y la gente se dé cuenta, una vez más, de la importancia de la paz. La carretera que atraviesa las fértiles tierras de Tracia es ligeramente accidentada, pero el paisaje es placentero y relajante. La carretera general D 550, en dirección norte desde Eceabat, conduce a Gelibolu, y prosigue por Uzunköprü hasta Keşan. Para llegar a Edirne, tomar la carretera general D 100 en Havsa.

VII.1 CANAKKALE

La ciudad de Çanakkale, situada en el lado asiático del estrecho, fue fundada hacia mediados del siglo XV con la construcción

Fortaleza Sultaniye, patio interior, 1463, Mehmet II, Çanakkale.

RECORRIDO VII *La cerradura del mar*
Çanakkale

Fortaleza Sultaniye, patio interior y armería, 1463, Mehmet II, Çanakkale.

de la fortaleza de Sultaniye en la costa de Anatolia, por orden de Mehmet II, para prevenir amenazas de venecianos y genoveses. Sus ciudadanos llaman a la ciudad "Çanakkale" porque era un centro de producción de alfarería: *çanak* significa "olla de barro" y *kale*, "fortaleza". Los cacharros fabricados en Çanakkale son populares en todo el país.

> Los restos de la famosa Troya se encuentran al sur de Çanakkale, a solo media hora en automóvil, y algunos de los hallazgos, junto con otros de Assos, están expuestos en el Museo Arqueológico de Çanakkale.

VII.1.a Fortaleza Sultaniye

La fortaleza se encuentra en el barrio de Kemalpaşa, en la avenida Yalı, 200 m al sur del puerto de los transbordadores. Hoy es un museo militar (de la Armada).
Acceso con entrada (más una cantidad extra por las cámaras).
Horario: de 9 a 12 y de 13:30 a 17; lunes y jueves cerrado.

Después de conquistar Estambul, Mehmet II hizo levantar, en el punto donde las dos orillas del estrecho de los Daradanelos están más próximas, dos fortalezas, una en la costa de Tracia y la otra en la de Anatolia. Situada hoy en el centro de la ciudad de Çanakkale, la fortaleza Sultaniye, que está en la orilla de Anatolia, fue construida en 1463 bajo la supervisión de uno de los generales del sultán Mehmet II, Yakub Bey. La construcción ha sido restaurada recientemente, y sus alrededores, reformados, han sido convertidos en museo.

RECORRIDO VII   *La cerradura del mar*
Eceabat

Pasada la taquilla, a la derecha se ve el barco Nusrat, que se usó para colocar minas en la batalla de Çanakkale de 1915. Por la entrada principal, que se encuentra bajo una torre en medio del lado norte, se entra al patio. La fortaleza Sultaniye, también llamada fortaleza de Çimenlik, está compuesta por un recinto fortificado exterior (110 x 160 m), un castillo interior de tres pisos (30 x 42 m y 20 m de altura), dos *masyids* y una armería circular. La muralla exterior, almenada, está fortificada con numerosas torres y baluartes. Al entrar en el patio, se ve de frente el castillo interior; a lo lejos, a la izquierda, queda la armería redonda. El primer *masyid* se encuentra junto a la torre de entrada, y la parte superior del corto alminar está completamente derruida. En la explanada entre la muralla exterior y el castillo están expuestos cañones y artillería de la I Guerra Mundial. El otro *masyid* se levanta junto al ángulo sureste del castillo y, según reza su inscripción, fue construida durante el mandato del sultán Abdülaziz (r. 1861-1876). Los reductos de la parte occidental de la muralla exterior se hicieron también en la misma época. En el rellano de la puerta principal del castillo hay un asiento roto de mármol en el que, según la leyenda, se sentaba Mehmet II. El castillo es un edificio bien defendido, con muros de 7 m de grosor; según los escritos de algunos investigadores, la bala de un cañón del 38 dejó solo una pequeña marca en el muro durante la batalla de Çanakkale (1915). Hoy, el castillo es una sala de exposiciones donde se muestran armas.

Un viajero del siglo XVII, Grelot, nos describe la fortaleza Sultaniye con todo detalle. Cuenta que en ella había 28 grandes cañones que podían disparar proyectiles a la orilla opuesta y que Çanakkale era un gran pueblo de 3.000 habitantes situado detrás del castillo.

Ş. Ç.

Se puede ir a Eceabat en uno de los transbordadores de las Líneas Marítimas Turcas que salen cada hora de Çanakkale. Al sur del puerto de Eceabat hay también pequeños transbordadores privados que llevan directamente a la fortaleza de Kılıtbahır.

VII.2 ECEABAT

VII.2.a Fortaleza de Kilitbahir

En el pueblo de Kilitbahir. Acceso con entrada para visitar el castillo.

La fortaleza de Kilitbahir —o Kilidü'l-Bahr— es el segundo bastión que Mehmet II construyó con el fin de mantener bajo control el estrecho de Çanakkale. Levantada en 1463, al tiempo que la fortaleza Sultaniye en la orilla opuesta, debe su nombre (Kilidü'l-Bahr, "la cerradura del mar") a su estratégica ubicación; el pueblo ha tomado el nombre de la fortificación.

Esta fortaleza es única entre las turcas por su planta arquitectónica: la fortaleza original recuerda una D y tiene un castillo interior en forma de trébol, en cuyo centro se alza una torre con la misma forma.

RECORRIDO VII *La cerradura del mar*

Eceabat

Fortaleza de Kilitbahir, vista desde el sur, 1463, Mehmet II, Eceabat.

Viniendo desde el puerto se entra en la fortificación exterior por la puerta norte; la costa queda a la izquierda, y la muralla de ese lado ha desaparecido; a la derecha se alza majestuoso el castillo interior, del que llama la atención la decoración de franjas de ladrillos de la parte alta.

El castillo en forma de trébol, más alto que la fortificación exterior, está compuesto por tres patios separados y comunicados por puertas, con enormes muros de 7 m de grosor y 18 m de altura. Dos de los patios tienen puertas monumentales que dan a la explanada de la muralla exterior. En el centro del castillo se alza una torre de siete pisos y 30 m de altura; el patio en que se encuentra no tiene ningún acceso directo desde la muralla exterior. Esta innovadora estructura hacía muy difícil a las fuerzas enemigas que quisieran conquistar la fortaleza pasar de un patio a otro y alcanzar la torre principal del centro. La parte alta de la torre está decorada con bandas de dibujos geométricos en ladrillo. La torre estaba dividida en pisos por suelos de madera a los que se llegaba por una escalera, también de madera, pegada a la pared. Lamentablemente, no se conservan ni la escalera ni los suelos; hoy, por la escalera del muro solo se puede subir al primer piso.

La segunda fortaleza, construida en 1541, durante el mandato de Süleyman I, es adyacente a la original —forman casi un octágono irregular— y tiene una torre monumental de 21 m de diámetro en el ángulo más meridional. La muralla exterior, de la que ha desaparecido el tramo del lado de la costa, tiene 4 m de altura. Se sabe que estaba rodeada de grandes fosos, hoy imposibles de ver porque se han rellenado. A la fortaleza se entra por dos puertas situadas en los lados norte y sur, y a las que se accedía por puentes levadizos. Más allá de la segunda fortaleza, se ven emplazamientos y tristes vestigios de murallas del siglo XIX.

Ş. Ç.

RECORRIDO VII *La cerradura del mar*
Gelibolu

La península de Gelibolu (Gallípoli para los occidentales) es hoy un parque nacional lleno de monumentos y tumbas de soldados turcos y extranjeros muertos en la batalla de Çanakkale. Una estrecha carretera que va en dirección sur conduce a los monumentos turcos, franceses e ingleses. De la carretera que va a la ciudad de Gelibolu, hacia el norte, sale otra a la izquierda que lleva a Kabatepe, la bahía de Anzak y Conk Bayırı. En Kabatepe hay un pequeño museo donde se exponen pertenencias recuperadas de los soldados de la I Guerra Mundial.

Para ir a Gelibolu desde Eceabat, tomar la carretera D 550.

VII.3 GELİBOLU

Gelibolu está situada en un punto estratégico importante, donde el estrecho de los Dardanelos se abre al mar de Mármara. La ciudad, fundada por los tracios, tomó el nombre de Kallipolis ("la ciudad hermosa") con la colonización griega. Alejandro Magno conquistó la región en 334 a. C. y, más tarde, la ciudad perteneció a los imperios romano y bizantino. El emperador bizantino Justiniano I reparó las murallas. Durante la III Cruzada, el ejército de Federico I Barbarroja, emperador alemán, pasó sus ejércitos a Anatolia desde el puerto de Gelibolu.

Umur Bey, del emirato de Aydın, asedió sin éxito Gelibolu en 1332 y 1341. A continuación, los otomanos, que en prin-

Fortaleza de Kilitbahir, interior de la torre en forma de trébol, 1463, Mehmet II, Eceabat.

RECORRIDO VII   *La cerradura del mar*
Gelibolu

Turbe de Ahmet Bican Efendi (Hallacı Mansur), fachada de la entrada, s. XV, Gelibolu.

cipio habían entrado en Rumelia para ayudar a los bizantinos, se percataron de la importancia estratégica de la zona y conquistaron la ciudad, cuya fortaleza había sido destruida por un terremoto. Gelibolu cambió de manos varias veces hasta 1367, año en que finalmente pasó a ser territorio otomano, y decayó a mediados del siglo XV, cuando la vigilancia del estrecho pasó a depender de Çanakkale. En ella hay varias obras construidas en época de Murad II (r. 1421-1451), pero la mayoría han sido víctimas de la negligencia y están reducidas a ruinas.

VII.3.a Turbe de Ahmet Bican Efendi (o de Hallacı Mansur)

En la avenida Keşan.

El *turbe* de Ahmet Bican Efendi es uno de los monumentos mejor conservados de Gelibolu. Aunque se da por hecho que fue construido en tiempos de Murad II, no se conoce con certeza quién está enterrado en él. Algunos investigadores lo atribuyen a Ahmet Bican Efendi; otros, a alguien llamado Hallacı Mansur. Es sabido que Ahmet Bican Efendi murió hacia la mitad del siglo XV y que era un hombre sabio, autor de tratados de teología islámica y de geografía. Hallacı Mansur, en cambio, fue un santo musulmán que había vivido antes de la toma de Gelibolu. No hay ninguna prueba que sustente la hipótesis de que el *turbe* se erigiera en su memoria. Un *hallaç* es la persona que ablanda el algodón o la lana de colchones, colchas y almohadas con ayuda de un mazo y un arco. Se cuenta que en el mausoleo se encontraron un mazo y un arco de los que usan los *hallaç*es. En esta leyenda se basa la teoría de que la sepultura pertenece a Hallacı Mansur.

La piedra y el ladrillo alternan en los muros de este mausoleo, de planta cua-

RECORRIDO VII *La cerradura del mar*
Gelibolu

drada y con cúpula. Precede a la entrada un pórtico de una sola crujía, cubierta por una bóveda de crucería plana. En Anatolia, este tipo de pórticos a la entrada de *turbe*s se observan a partir de principios del siglo XV, como ya hemos visto en el *turbe* del sultán Bayezid I (1406) del complejo Yıldırım de Bursa.

En el mausoleo hay dos sarcófagos: uno muy ornamentado, que se cree pertenece a Ahmet Bican Efendi, aunque no tiene ninguna inscripción, y otro muy sobrio y más pequeño.

Ş. Ç.

VII.3.b **Namazgah de Azebler**

En la carretera que va hacia el este desde el turbe de Ahmet Bican Efendi, en el barrio de Fener.

En la arquitectura otomana, además de templos cubiertos como las mezquitas y *masyid*s, hay lugares de culto al aire libre construidos para su uso en los meses de verano, llamados *namazgah*s. Suelen estar fuera de las ciudades, en lugares de esparcimiento, alrededores o carreteras entre ciudades. La palabra *namazgah* significa "lugar amplio y al aire libre donde se reza la plegaria". Los *namazgah*s no servían solo para la oración del Viernes o las diarias, sino que se rogaba por quienes se iban al ejército o a la guerra, o de peregrinaje a La Meca, para que tuvieran un buen viaje, y, en tiempos de sequía, se acudía a ellos para pedir lluvia. Al encontrarse en las carreteras entre poblaciones o en las afueras, constituían también lugares de descanso.

Los *namazgah*s son construcciones más bien sencillas, cuyos elementos principales son un *mihrab* que indique la dirección

Namazgah de Azebler, vista desde el noreste, 1407, İskender İbn Hacı Paşa, Gelibolu.

de La Meca —o una piedra que simbolice el *mihrab*—, un pequeño pozo o fuente para las abluciones, un lugar limpio y adecuado para rezar, y árboles que protejan del calor. Existen también *namazgah*s con muros de la *qibla* y *mihrab*s más ornamentados.

El *namazgah* de Gelibolu se construyó como lugar para la plegaria comunitaria de los soldados de la marina otomana, llamados *azeb*s, y es uno de los más hermosos edificios de este tipo. Ocupa una zona llana en lo alto de una cresta que domina el estrecho a la entrada de los Dardanelos, al sureste de la ciudad. Según su inscripción, lo construyó el arquitecto Aşik Ibn Süleyman para İskender Ibn Hacı Paşa en 1407.

Está rodeado de un muro bajo por sus lados este, oeste y norte, y se entra por una puerta de mármol del lado norte. Hay un *mihrab* en el centro del muro de mármol de la *qibla*, así como un *mimbar* en cada uno de los extremos del muro. Pese a ser una estructura muy simple, la refinada decoración de los tímpanos de la puerta y de la parte superior del muro de la *qibla* le dan una rica apariencia.

Ş. Ç.

VII.4 UZUNKÖPRÜ

VII.4.a **Uzunköprü (el puente largo)**

Construido sobre el río Ergene, el Uzunköprü (literalmente, "puente largo"), está situado a la entrada de la población de Uzunköprü, antiguamente llamada Ergene. Es uno de los puentes históricos turcos más largos y espléndidos. En el siglo XV, los malos caminos y las fuertes corrientes de los ríos eran grandes obstáculos para el ejército otomano. Según las fuentes históricas, el lugar donde hoy está el puente era una laguna cubierta de árboles. Los puentes de madera eran insuficientes y solían venirse abajo con las subidas. El sultán Murad II construyó uno de estos puentes de madera después de otro desbordamiento, pero pronto se dio cuenta de que tampoco era lo bastante fuerte y decidió que había que hacer uno de piedra.

Cerca del puente, que tiene cerca de 1.400 m de largo y 174 ojos, se construyeron una mezquita, un *han*, un *hammam* y un *imaret*. Según su inscripción, que hoy se encuentra en una fuente cercana, la obra se terminó en 1444. Las fuentes históricas registran que Murad II asistió en persona a la ceremonia de inauguración, a la que siguieron oficios religiosos, fiestas y desfiles.

En el puente están esculpidas las figuras de un elefante, un pájaro y un león, así como decoraciones geométricas y florales. La figura del elefante, rara vez usada en la decoración turca, ha llamado mucho la atención de los estudiosos, que han formulado varias hipótesis acerca de su origen, y de ellas la más interesante es la siguiente: el sultán Murad II casó a su hijo Mehmet en 1449, en Edirne, en una ceremonia nupcial que duró tres meses. En un manuscrito que, según se sabe, fue llevado de Estambul a la biblioteca de San Marcos de Venecia, Sitti Hatun —cuyas lápidas veremos en el Museo Arqueológico de Edirne—, la mujer de Mehmet,

RECORRIDO VII *La cerradura del mar*
Uzunköprü

Uzunköprü (puente largo), vista general, 1444, Murad II, Uzunköprü.

aparece representada en un trono colocado sobre un elefante. Algunos investigadores han interpretado que Sitti Hatun pudo llegar a Edirne en un elefante por el Üzunköprü. Así pues, el relieve del elefante en el puente pudo haberse ejecutado en recuerdo del acontecimiento.

El Uzunköprü, interesante tanto por sus características arquitectónicas como por su decoración, ha sufrido varias restauraciones, la última en 1970, y todavía es parte de una carretera general. Solo se eleva y tiene barandas con relieves en el tramo del río; el resto se extiende plano sobre la zona pantanosa. Hoy, a conse-

Uzunköprü (puente largo), relieve de león, 1444, Murad II, Uzunköprü.

cuencia de los sedimentos arrastrados por la corriente, gran parte de los basamentos está enterrada.

Ş. Ç.

203

LOS *WAQFS*

Aydoğan Demir

Los *waqfs* son fundaciones pías creadas para costear los gastos de construcción y funcionamiento de edificios no lucrativos como mezquitas, *madrasa*s, hospitales, *imaret*s, fuentes, etcétera, que alguien ha construido con las rentas de sus propios bienes muebles o inmuebles.

En la Edad Media, el Estado de los países islámicos no destinaba fondos a la construcción de edificios públicos. Los edificios levantados por gobernantes, burócratas y ciudadanos ricos de las ciudades y financiados por los *waqfs* embellecieron las espléndidas ciudades musulmanas.

En la administración otomana, un hombre de Estado que hubiera hecho construir un edificio especificaba en el acta fundacional del *waqf* la manera exacta en que debían emplearse los ingresos de la fundación. Por ejemplo:

1. Se especificaban detalladamente los requisitos y el número de personas que debían trabajar en los edificios a cargo de la fundación.
2. Si había una *madrasa*, se especificaban la ayuda a los estudiantes y los salarios del personal.
3. Si había un *imaret*, se especificaban el tipo de alimentos y el número de personas que se beneficiarían, así como los detalles concretos de las comidas de ciertos días, como las festividades religiosas.
4. Se organizaban el mantenimiento, la limpieza y los arreglos regulares de los edificios.
5. Dinero en metálico, tierras, tiendas, casas, almacenes de hielo, herrerías, fábricas de jabón, fábricas de *boza*, *han*s, *bedesten*s y demás propiedades que aportaran ingresos para sufragar los costes de los edificios de utilidad pública se especificaban, una por una, en el acta fundacional del *waqf*.
6. El propietario del *waqf* se comprometía a gestionarlo mientras viviera, y comprometía a uno de sus hijos o, si no tenía, a una hija o un nieto, a hacerlo a su muerte.
7. Se ponían por escrito, una por una, todas las condiciones de la gestión del *waqf* y luego firmaban los testigos. El acta fundacional del *waqf* tenía que ser aprobada luego por un tribunal. Desde el momento de la aprobación, y mientras rigieran las condiciones estipuladas, nadie podía interferir en el *waqf*.

Los *waqfs* se crearon con diversos fines: procurar un ajuar a las chicas pobres, excarcelar a deudores, proporcionar alimentos a presos, o comida y agua a animales, e incluso para cuidar a las cigüeñas heridas.

LOS JENÍZAROS

Aydoğan Demir

El Estado otomano se convirtió en un gran imperio 150 años después de su fundación (1299). La organización del Estado en casi todas las áreas y las continuas reformas legales para proteger a sus ciudadanos debieron de desempeñar un papel clave en su desarrollo.

Desde la misma fundación del Estado, problemas militares como el del reclutamiento e instrucción de soldados se consideraron desde el punto de vista legal.

Osman Gazi (r. 1281-1324) consiguió reunir entre sus tribus un ejército de voluntarios y mercenarios. Pronto, sin embargo, estos soldados resultaron insuficientes a causa de la prolongación de las guerras y de la lejanía cada vez mayor de los campos de batalla. En tiempos de Orhan Gazi (r. 1324-1362) se formó un ejército de soldados de caballería e infantería que, cuando no estaban combatiendo, no vivían en cuarteles, sino en tierras de labranza proporcionadas por el Estado. Aparte de estos medio campesinos y medio soldados, había soldados propietarios de un *tımar* asignado por el sultán y que recaudaban ciertos impuestos en sus circunscripciones administrativas. Estos soldados, llamados *Tımarlı Sipahi*s, constituyeron la principal fuerza del ejército otomano hasta fines del siglo XVI. El título de *Tımarlı Sipahi* solía pasar de padres a hijos.

Hacia mediados del siglo XIV, durante el mandato de Murad I (1362-1389), se formó un nuevo cuerpo de infantería, los *yeniçeris* (jenízaros), que eran considerados la guardia de palacio del sultán y vivían en cuarteles de la capital. También el cuerpo de caballería creado hacia la misma época que los jenízaros estaba a las órdenes directas del sultán. Los armeros para la milicia, zapadores, artilleros, artificieros, jenízaros y caballería constituían el personal militar que fue denominado *kapıkulus*, es decir "los esclavos de la Puerta", porque esperaban junto a la Puerta del Sultán.

Los jenízaros y la caballería estuvieron formados, en un principio, por prisioneros de guerra. Conforme a las leyes en vigor entonces, una quinta parte de los botines de guerra correspondía al Estado; puesto que los prisioneros se consideraban parte del botín, una quinta parte de los cautivos

Capitán de jenízaros, Codex Vindobonensis, cod. 8626, fol. 17, Biblioteca Nacional Austriaca, Viena.

Jenízaros, Codex Vindobonensis, cod. 8626, fol. 13, Biblioteca Nacional Austriaca, Viena.

de entre 10 y 20 años de edad, aptos para convertirse en soldados, eran educados por el Estado. Con este sistema se formó el primer cuerpo de jenízaros.

En la época de Bayezid I (1389-1402), se impusieron algunas restricciones en el adiestramiento de los prisioneros de guerra y se aplicó una nueva normativa. Según la nueva Ley de Devşirmes, cada 3 ó 7 años se hacía una leva de niños en pueblos cristianos. Sabemos que ciertas leyes limitaban el reclutamiento a solo un niño por cada 40 hogares:

1. Solo se reclutaba a hijos de familias nobles o religiosos que tuvieran entre 8 y 20 años.
2. No se enrolaba a niños de familias con un solo hijo.
3. Los otomanos eran aficionados a adivinar el carácter de las personas por sus rasgos físicos. Esto constituía la "ciencia del aspecto personal". Por ejemplo, según esta ciencia, las personas bajas eran listas pero deshonestas, las de mediana altura tenían buenos principios morales, las personas con cabeza grande eran inteligentes. Los encargados de escoger a los individuos de acuerdo con la ciencia del aspecto personal no elegían ni a calvos ni a bajos, sino a niños guapos, sanos y de estatura media. Los niños altos con la complexión apropiada se llevaban a palacio para su educación privada.
4. No se reclutaba a huérfanos de padre y madre.
5. No se reclutaba a hijos de judíos comerciantes.

Los más selectos de estos niños eran apartados para su educación en palacio, mientras que los demás se entregaban a familias campesinas turcas con hijos, con las que vivían entre 3 y 8 años. Estos niños, que compartían su entorno con niños turcos y aprendían sus costumbres y tradiciones, entraban luego en el *acemi ocağı* de Gelibolu. Los jóvenes reclutas trabajaban en la construcción de importantes obras de utilidad pública o de barcos hasta que llegaba el momento de convertirse en jenízaros.

En tiempo de paz, los jenízaros llevaban una vida célibe en los cuarteles de la capital. Solo a partir de principios del siglo XVI se les concedió el permiso para casarse.

Se les pagaba un salario cada tres meses. Combatían en mitad de la línea de batalla, al lado del sultán, y por esto tenían derecho a una gratificación especial por campaña militar. También recibían una gratificación especial cuando un nuevo sultán subía al trono.

Los jenízaros y los niños educados en la escuela de palacio podían alcanzar cualquier cargo estatal o militar. Un hijo de campesino serbio, croata, *rum* o albanés podía llegar a ser gran visir si era lo bastante hábil.

El hecho de quitarles a las familias sus hijos puede parecer reprobable para la mentalidad actual. Ivo Andrić, en su novela "El puente sobre el Drina", narra el drama de unas madres en busca de sus hijos reclutados. Sin embargo, no se debe olvidar que muchas familias trataban de algún modo de que reclutaran a sus hijos; hay ejemplos concretos en los documentos de archivo otomanos. El renombrado historiador griego Dimitri Kitsikis, en su obra "El imperio otomano", señala que también la administración bizantina seguía un procedimiento similar para reclutar soldados en los pueblos.

A partir del siglo XVII, cuando el sistema de reclutamiento se vino abajo y se rechazó este tipo de adiestramiento, los jenízaros participaron en algunas revueltas. Finalmente, en 1826 se suprimió el Cuerpo de Jenízaros como institución.

RECORRIDO VIII

Terapia musical en el *darüşşifa*

Lale Bulut, Aydoğan Demir, İnci Kuyulu

VIII.1 EDİRNE
- VIII.1.a Mezquita Muradiye
- VIII.1.b Museo de Arte Turcoislámico y Museo Arqueológico
- VIII.1.c Mezquita Eski
- VIII.1.d Bedesten
- VIII.1.e Mezquita Üç Şerefeli
- VIII.1.f Madrasa Saatli (opción)
- VIII.1.g Madrasa Peykler (opción)
- VIII.1.h Mezquita Beylerbey
- VIII.1.i Complejo de Bayezid II
- VIII.1.j Mezquita Yıldırım

Los palacios

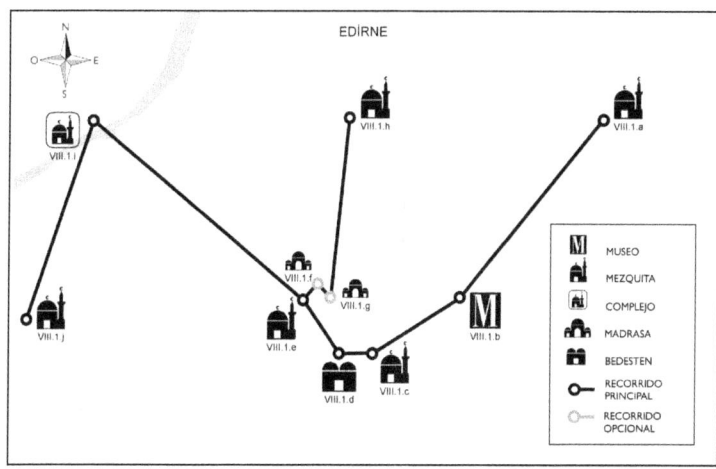

Madrasa del Complejo de Bayezid II, vista general desde el sureste, 1488, Bayezid II, Edirne.

RECORRIDO VIII *Terapia musical en el darüşşifa*

Mezquita del Complejo de Bayezid II, cúpula ante el portal de la sala de oración, 1488, Bayezid II, Edirne.

La ciudad de Edirne es una encrucijada de vías que van de Anatolia a los Balcanes. Ocupada militarmente numerosas veces, en 1362 fue conquistada por los otomanos y se convirtió en capital en 1368. La ciudad mantuvo su importancia incluso después de la toma de Estambul en 1453; de hecho, varios sultanes otomanos hicieron añadidos al palacio de Edirne y residían ocasionalmente en él, a orillas del río Tunca. Sus días de gloria quedaron para siempre atrás cuando los sultanes lo abandonaron en 1703; en el siglo XIX, dos grandes incendios afectaron gravemente al palacio, que quedó reducido a ruinas. Edirne era el lugar de los grandes preparativos para las expediciones militares a los Balcanes y Europa. Cuando todo estaba listo, el sultán partía para la batalla desde Edirne, entre grandes ceremonias. El sultán Mehmet II llevó a cabo en esta ciudad todos los preparativos, incluida la fundición de cañones, antes de emprender la conquista de Estambul, en abril de 1453, y poner fin, el 29 de mayo de ese mismo año, al imperio bizantino.

Los sultanes otomanos y los altos funcionarios ornaron Edirne de monumentos. En esta ciudad, entre los edificios de los *waqfs*, tienen particular importancia los complejos. Las ciudades otomanas crecían y se desarrollaban alrededor de estos complejos. Las maravillosas construcciones de los sultanes Bayezid I, Murad II, Mehmet II y Bayezid II despiertan aún nuestra admiración.

El *darüşşifa* del complejo de Bayezid II es un hospital con 50 camas. Sabemos, por el acta fundacional del *waqf*, que en él trabajaban un médico jefe, dos médicos de medicina general, dos oftalmólogos, dos cirujanos, un boticario, cinco enfermeros, un empleado, un encargado de compras, un almacenista, dos cocineros, un limpiador, una lavandera, un barbero y un portero. Los pacientes externos podían acudir dos días en semana a consulta, y las medicinas les eran proporcionadas gratuitamente. El célebre viajero otomano del siglo XVII Evliya Çelebi elogió la atención que se dispensaba a los pacientes, y la excelencia de las camas y la comida. Cuenta también que en el tratamiento de los enfermos mentales se utilizaba música, y dice que un grupo de 10 intérpretes daba conciertos tres veces por semana como parte de esta terapia.

Edirne, además de ciudad administrativa, era un animado centro comercial estraté-

RECORRIDO VIII   *Terapia musical en el darüşşifa*
Edirne

Mezquita Muradiye, vista general desde el alminar de la mezquita Selimiye, 1426-1427, Murad II, Edirne.

gicamente situado. Por eso en la ciudad se construyeron muchos *hans* y *bedestens*, importantes fuentes de ingresos para las instalaciones sociales de los *waqf*s.

A. D.

VIII.I EDİRNE

Este recorrido comprende únicamente la ciudad de Edirne. Casi todos los monumentos se encuentran en el centro, y la distancia entre uno y otro se puede recorrer cómodamente a pie. Solo las mezquitas Muradiye y Yıldırım y el complejo de Bayezid II están alejados del centro, por lo que recomendamos ir en algún medio de transporte.

Los tracios fueron los primeros en fundar aquí una ciudad, a la que llamaron Orestia. Durante el mandato del emperador romano Adriano (117-138), alcanzó el estatus de ciudad y tomó el nombre de Adrianópolis. La ciudad se desarrolló con los beneficios y ventajas de la próspera era romana. Con la división del imperio romano en 395, Adrianópolis pasó a formar parte del imperio romano oriental (Bizancio). Las incursiones desde los Balcanes la amenazaron y destruyeron varias veces. Tras la conquista de la ciudad por los turcos, su nombre evolucionó a "Edirne".

VIII.1.a Mezquita Muradiye

Por la avenida Kıyıki, en la calle Furun. Seguir la calle Mimar Sinan desde la mezquita Selimiye. Solo se puede visitar inmediatamente después de las plegarias.

En el periodo de Murad II se incrementaron las obras de construcción en Edirne; el complejo que lleva el nombre de este sultán se alza en una colina al noreste de la ciudad. Se cuenta que Murad II soñó que Mevlana

RECORRIDO VIII *Terapia musical en el darüşşifa*
Edirne

Mezquita Muradiye, panel mural de azulejos, 1426-1427, Murad II, Edirne.

Museo de Arte Turcoislámico, panel mural de azulejos de la mezquita de Şahmelek, 1429, Edirne.

La mezquita Muradiye, que se alza sola en lo alto de la colina, está recubierta completamente de piedra; el alminar se levanta en el ángulo noroeste. En el lado norte hay un pórtico de cinco crujías, la central cubierta por una cúpula y el resto con bóvedas de crucería con la parte superior plana. La inscripción del portal nombra al sultán Murad II, pero no da ninguna fecha. El portal, con preciosas *muqarnas*, da entrada al patio central, que está cubierto por una cúpula con linterna. Como es típico en las mezquitas con *tabhanes* pensadas para servir a los *derviches* itinerantes, el patio central está flanqueado al este y el oeste por los *tabhanes*, mientras que la sala de oración, con cúpula, queda en la parte sur.

En la mezquita Muradiye es particularmente apreciable la decoración en pintura, azulejos y madera. Las paredes de la sala de oración están revestidas, hasta determinada altura, de azulejos hexagonales decorados con naturalistas motivos florales y entre los que hay intercalados otros triangulares esmaltados en color turquesa. El magnífico *mihrab* de azulejos hecho con las técnicas del *mosaico* y la *cuerda seca* (como los del complejo Yeşil de Bursa) mide 3,65 m de ancho por 6,35 m de alto y, entre los colores de los azulejos (amarillo, blanco, azul y turquesa), predomina el amarillo. Los dibujos más bellos son las estrellas geométricas, *rumis*, palmetas y los diversos motivos florales. Más arriba quedan trazas de pintura mural con dibujos, *rumis* y flores. En sus mejores días, el interior debió de parecer tan exuberante y encendido como el de la mezquita Yeşil de Bursa.

Celaleddin Rumi, cabeza de los derviches danzantes, le pedía que construyera un *tekke* en Edirne. En el momento de su construcción, el complejo estaba formado por una mezquita, un *mektep*, un *imaret* y un *tekke*, pero hoy solo quedan la mezquita y el cementerio. Se sabe que la escuela seguía en pie en la década de 1920 y que el *tekke* desapareció después de 1935. Este mismo sultán construyó la mezquita Üç Şerefeli y el complejo Muradiye de Bursa, que ya hemos visto.

İ. K.

RECORRIDO VIII   *Terapia musical en el darüşşifa*
Edirne

VIII.1.b **Museo de Arte Turcoislámico y Museo Arqueológico**

La madrasa *que se encuentra al sureste de la mezquita Selimiye alberga hoy el Museo de Arte Turcoislámico, que posee una excelente colección de objetos de artesanía. Unos 100 m al este está el Museo Arqueológico y Etnográfico.*
Acceso a los museos con entrada. Horario de ambos: invierno de 8 a 12 y de 13 a 16:30; verano de 8:30 a 12:30 y de 13:30 a 17.

Azulejos

El arte de los azulejos, que se desarrolló en relación con la arquitectura, fue traído a Anatolia por los selyuquíes. En la producción turca de azulejos se emplearon diversas técnicas, y los ejemplos abarcan muchos siglos. La principal materia prima de los azulejos —importante elemento decorativo de mezquitas, *masyid*s, *madrasa*s, *turbe*s y palacios— era una arcilla muy pura y de buena calidad. Primero se limpiaba de impurezas y se reducía a barro en una pileta, luego se pasaba a una segunda pila y se dejaba reposar unos días antes de trasvasarla a una tercera. Cuando la pasta líquida se hacía más densa, se vertía en moldes y se dejaba secar. Una vez quitadas las asperezas con una lija de esmeril, las formas se cocían en hornos. Los azulejos se sacaban gradualmente del horno y se dibujaba en ellos la decoración. Finalmente, se cubrían de una capa transparente de vidriado, con color o no, y se volvían a meter en el horno.

Museo de Arte Turcoislámico, lápida de Sitti Hatun, 1486, Edirne.

RECORRIDO VIII *Terapia musical en el darüşşifa*
Edirne

Mezquita Eski, vista general desde el este, 1414, Mehmet I, Edirne.

Los azulejos expuestos en una de las celdas de la parte sur pertenecieron a la mezquita de Şahmelek y se remontan a 1429. Forman dos paneles rectangulares de azulejos color turquesa sin adornos y con bandas de flores en *cuerda seca* en los bordes.

L. B.

Lápida

En el jardín del Museo Arqueológico se puede ver la lápida de la cabecera de la tumba de Sitti Hatun, hija de Süleyman hijo de Zülfikar, casada con el sultán Mehmet II y muerta en junio de 1486. En las tumbas de Anatolia solían ponerse dos lápidas, una a los pies y otra en la cabecera. En el periodo selyuquí y durante los emiratos, ambas lápidas se adornaban con inscripciones. A partir del siglo XVII, en las lápidas de los pies las figuras de cipreses, palmeras y parras sustituyeron a las inscripciones. En el periodo otomano, las lápidas de las mujeres se rematabán con una forma triangular cuyo interior se llenaba de motivos florales y geométricos, o representaciones de mezquitas y otros edificios. El remate de esta lápida rectangular tiene dicha forma y está adornado con palmetas y *rumis*. En el cuerpo de la lápida vemos esculpido un nicho que recuerda un *mihrab* y en el que se han inscrito noticias de la difunta; en los ángulos del nicho aparecen girándulas y rosetas; alrededor del nicho se ha esculpido una cadena.

L. B.

RECORRIDO VIII   *Terapia musical en el darüşşifa*
Edirne

VIII.1.c **Mezquita Eski**

En el centro, en el bulevar Talat Paşa, al oeste del complejo Selimiye, cruzando el parque.

Después de la trágica muerte del sultán Bayezid I, sus hijos se disputaron el trono; la lucha se apaciguó por un tiempo cuando el primogénito, Süleyman Çelebi, se hizo con la victoria y subió al trono. En 1411, sin embargo, su hermano Musa tomó la capital, Edirne. Dos años más tarde, en 1413, Mehmet I, conocido también como Çelebi Mehmet, le arrebató la ciudad. La construcción de la mezquita Eski empezó en 1403, durante el mandato de Süleyman Çelebi, continuó en la época de Musa y concluyó en 1414, cuando Mehmet I estaba ya en el trono. La inscripción de la entrada occidental informa de que fue levantada por un arquitecto de nombre Hacı 'Ala al-Din, de Konya, y su ayudante Omar Ibn Ibrahim. Otra inscripción, la de la falsa puerta del pórtico, nos dice que la mezquita, dañada por un incendio en 1745 y por un terremoto en 1752, fue totalmente restaurada por el sultán Mahmud I en 1753. En el siglo XX ha sido objeto de frecuentes restauraciones, la última terminada a principios de 2001.

La mezquita Eski es la primera mezquita monumental erigida por los otomanos en Edirne. El alminar oriental se construyó al mismo tiempo que la mezquita, mientras que el occidental es más tardío. Los muros exteriores están revestidos de piedra, pero en el pórtico alternan el ladrillo y la piedra. La crujía central del pórtico está realzada con una cúpula y tiene también una puerta falsa. El cuerpo de la mezquita tiene nueve cúpulas y guarda una gran semejanza con la mezquita Mayor de Bursa, con 20 cúpulas, construida por Bayezid I en 1400 y que continúa la tradición selyuquí de mezquitas de múltiples crujías del mismo tamaño. Cada cúpula, de 13,5 m de diámetro, está sostenida por cuatro pilares colosales. Las tres cupulas del eje del *mihrab* son más altas que las demás, y la de la parte norte tiene linterna; bajo ella estuvo antaño la fuente para las abluciones, como en la mezquita Mayor de Bursa. En las paredes y pilares hay inscripciones religiosas de grandes letras macizas. Seguramente la pintura mural de la parte alta de las paredes, el interior de las cúpulas y el *mihrab* se añadió en la restauración del siglo XVIII. En las superficies laterales del *mimbar* de mármol hay una intrincada ornamentación.

İ. K.

Bedesten, interior, 1413-1421, Mehmet I, Edirne.

RECORRIDO VIII *Terapia musical en el darüşşifa*
Edirne

VIII.1.d **Bedesten**

Al este de la mezquita Eski, en la calle Talat Paşa Bulvarı.

Los *bedesten*s son un tipo de edificio que surgió en el siglo XV como consecuencia del desarrollo de la vida comercial en el periodo de los emiratos. Levantados originalmente para reunir bajo un solo techo a los vendedores de telas, llamados *bezzaz*, pronto sirvieron para comercializar también otros productos. En los *bedesten*s se guardaban y custodiaban mercancías preciosas —como joyas y dinero que dejaban en depósito los mercaderes—, así que funcionaban como los bancos de nuestros días. Asimismo, los bazares se ocupaban de fijar el precio y comprobar la calidad de los bienes, por lo que los responsables, que también actuaban como expertos en pleitos comerciales, eran elegidos entre personas fidedignas.

En general, los *bedesten*s son edificios rectangulares y cerrados al exterior, rodeados de negocios por los cuatro lados. Hay una puerta en el centro de cada lado; el interior se divide en crujías de igual tamaño, cada una cubierta por una cúpula; pegadas a los muros hay pequeñas cámaras, y el número de espacios con cúpula varía según el tamaño del *bedesten*.

Uno de los *bedesten*s más importantes —todos establecimientos pertenecientes a *waqf*s— es el que hizo construir Mehmet I en Edirne y que, según se sabe, pertenecía al *waqf* de la mezquita Eski. Tiene cuatro entradas en forma de *iwan*, una en medio de cada fachada. Cada ventana de la parte superior de los muros del cuerpo principal

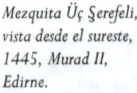

Mezquita Üç Şerefeli, vista desde el sureste, 1445, Murad II, Edirne.

ofrece una decoración diferente en piedra; 14 cúpulas elevadas cubren el cuerpo principal rectangular; hay 56 comercios fuera y 36 habitáculos dentro; el edificio, completamente restaurado, se utiliza hoy como bazar. Según Evliya Çelebi, en su época los bienes que guardaba eran tan valiosos que por la noche cerraban las puertas y era vigilado por 60 jenízaros.

İ. K.

VIII.1.e Mezquita Üç Şerefeli

En el centro de la ciudad, en la avenida Hükümet, al oeste de la mezquita Eski y el bedesten, al otro lado del parque.

Lo más atrayente de esta mezquita son sus cuatro alminares, diferentes entre sí. En la época de su construcción, era llamada Cami-i Cedid (mezquita nueva) y Cami-i Kebir (gran mezquita). No obstante, también se encuentra en documentos de las primeras épocas el nombre de mezquita Üç Şerefeli (mezquita con tres *şerefes*). El nombre deriva, seguramente, del alminar con tres *şerefes* de la esquina suroeste del patio. La mezquita tiene tres alminares más, lo que la convierte en el primer ejemplo de mezquita con cuatro alminares en la arquitectura otomana. Cada uno tiene una decoración diferente: el del noreste tiene molduras paralelas verticales, mientras que el del noroeste tiene molduras en espiral; de los dos del lado sur, el del este tiene pequeños diamantes ejecutados con piedra de dos colores, y el del oeste, el de los tres *şerefes*, está decorado con grandes *cheurones*. Hay tres escaleras distintas para subir a cada uno de los

Mezquita Üç Şerefeli, pórtico, 1445, Murad II, Edirne.

balcones de este alminar de 67,5 m, el segundo en altura de las mezquitas otomanas después de los alminares de la mezquita Selimiye (aproximadamente 71 m), construida en Edirne por Sinan, el famoso arquitecto otomano del siglo XVI. Al acercarse, se observa que las ventanas inferiores están complicadamente decoradas, cada una de una forma diferente. El patio, con una fuente en el centro, rodeado de pórticos por los cuatro lados y con tres puertas a la calle —dos a los lados y una en el eje del *mihrab*— es el primer ejemplo en la arquitectura otomana de este tipo de distribución, que trae a la mente los patios de la mezquitas Mayor de Manisa y la de İsa Bey de Selçuk, ambas anteriores y pertenecientes a los emiratos. Esta planta se aplicaría repetidamente en numerosas mezquitas posteriores; por ello, la mezquita Üç Şerefeli representa un hito entre las mezquitas de la era otomana. Dos ventanas en el muro norte, al oeste del portal central, tienen preciosos tímpanos de azulejos con inscripciones religiosas. Las cúpulas que cubren las crujías varían entre sí en tamaño y decoración. Parte de la pintura decorativa de los elementos de transición y de las cúpulas de los pórticos se renovaron en la restauración de 1763-1764.

Según la inscripción en árabe del elegante portal de la sala de oración, la mezquita se terminó de construir en 1445, pero en el interior del edificio se hallan otras inscripciones con fechas de comienzo y conclusión que varían en un par de años, sin que se conozca exactamente la razón de esta discrepancia. Según la leyenda, en 1427 la obra se puso en manos de un maestro constructor llamado Muslihüddin y en ella se gastaron 7.000 sacos de oro. El terremoto de Tracia del 29 de julio de 1752 dañó considerablemente esta mezquita, así como muchos otros edificios. Según las inscripciones que adornan los dos tímpanos del trasdós del arco central del pórtico, en los años 1763-1764, durante el mandato del sultán Mustafa II, la mezquita fue completamente restaurada. A principios de 2001 concluyeron las últimas obras de restauración, empezadas en 1998. Entre el patio y la sala de oración hay tres portales, de los que el central es el más monumental; hay también una puerta más junto al alminar de los tres *şerefes*, con salida directa al exterior. La cúpula central, con un diámetro de aproximadamente 24 m, era la mayor que habían intentado levantar los otomanos hasta entonces, y Üç Şerefeli es la primera mezquita monumental otomana con cúpula central. Esta cúpula descansa sobre una base hexagonal sostenida por dos pilares exentos y cuatro empotrados en las paredes sur y norte. El área hexagonal se transforma en un cuadrado con las *pechinas* de los ángulos, cubiertas de diminutas cúpulas y sorprendentes bóvedas. Esta parte central se prolonga al este y el oeste con dos cúpulas de igual tamaño separadas por un arco; la decoración es distinta en todas las cúpulas. A la belleza de esta espaciosa mezquita hay que añadir el *mihrab* y el *mimbar*, muy sencillos. Se cuenta que para hacer la decoración pictórica original del siglo XVIII, obra, presumiblemente, de un artista persa, se trajeron de Persia 70 camellos cargados de pinturas.

İ. K.

VIII.1.f **Madrasa Saatli** (opción)

Calle Çamaşırcılar, 14, junto al lado este del patio de la mezquita Üç Şerefeli.

Al este de la mezquita Üç Şerefeli hay dos *madrasa*s juntas, la de Saatli, literalmente "con reloj", y la de Peykler o "de los pies corriendo". Sin embargo, no sabemos a ciencia cierta cuál es cuál, pues ninguna de los dos tiene inscripciones con datos de su construcción. Según las fuentes históricas, la *madrasa* Saatli fue levantada al tiempo que la mezquita Üç Şerefeli por el sultán Murad II, mientras que fue Mehmet II quien construyó la *madrasa* Peykler. Puesto que los dos edificios presentan características arquitectónicas similares, resulta difícil identificarlas. El hecho de que la *madrasa* ubicada más al norte esté más cerca de la mezquita Üç Şerefeli y que la situada más al sur esté a mayor altura que la mezquita hace pensar que la *madrasa* Saatli sea la del norte, con lo que la del sur, más alejada de la mezquita, debería de ser la *madrasa* Peykler.

Hoy, buena parte de la *madrasa* Saatli se encuentra en ruinas. La pared oeste está recubierta de piedra viva, mientras que en las demás alternan franjas de piedra y ladrillo. La superficie interior de la cúpula que cubre el *iwan* de entrada, nada más pasar la puerta del lado oeste, está decorada con la técnica de las *muqarnas*. A un lado del patio están el *dershane iwan* estival y el *dershane* de invierno, y las celdas de los estudiantes se reparten por los lados restantes. Todas las estancias de la *madrasa* están cubiertas por cúpulas.

İ. K.

VIII.1.g **Madrasa Peykler** (opción)

Junto a la madrasa *Saatli, en la calle Çamaşircilar. Desde el año 2000 el edificio está cerrado. La llave está en la Dirección de Vakıflar (*waqfs*), cerca de la mezquita Eski, en la avenida Talatpaşa.*

Las fuentes históricas atribuyen la construcción de esta *madrasa* al sultán Mehmet II. Las paredes, tanto por dentro como por fuera, están revestidas de piedra. Una cúpula decorada con *muqarnas* cubre el *iwan* de entrada tras el portal que da a la mezquita Üç Şerefeli. No obstante, hoy se entra por la pequeña puerta del noreste, la de la calle Çamaşırcılar. El patio está rodeado, en tres de sus lados, por pórticos con arcos que resultan interesantes porque, aunque apuntados, son bajos; el arco que está frente al portal principal es de los llamados "de Bursa". En el lado sur se encuentran el *dershane iwan* para el verano y el *dershane* de invierno, mientras que en los demás lados se hallan las celdas de los estudiantes. En ambos *dershane*s hay *mihrab*, lo que sugiere que servían también de *masyid*s. Están cubiertos de sendas cúpulas; las celdas, en cambio, están techadas con bóveda o con cúpula.

İ. K.

Mezquita Beylerbey, sala de oración, 1429, Sinaneddin Yusuf Paşa, Edirne.

RECORRIDO VIII *Terapia musical en el darüşşifa*
Edirne

*Mezquita Beylerbey,
vista desde el noroeste,
1429, Sinaneddin
Yusuf Paşa, Edirne.*

VIII.1.h Mezquita Beylerbey

En la avenida Hükümet. Seguir unos 150 m después de pasar la mezquita Üç Şerefeli; se encuentra en el lado derecho, detrás de un cementerio. Puede visitarse justo después de la plegaria.

No solo los sultanes hicieron construir edificios públicos, sino también los altos funcionarios. Uno de ellos fue Sinaneddin Yusuf Paşa, *beylerbey* de Rumelia, que en 1429 construyó esta mezquita, y sabemos, por el acta fundacional del *waqf*, redactada también en 1429, que junto con ella se levantaron una *madrasa* y un *imaret*, que no han sobrevivido.

El edificio se alza en una terraza más alta que la del cementerio, dentro del cual se ven las ruinas de un *turbe*. Completamente revestido de piedra, ha sido restaurado varias veces, y todo el revestimiento de piedra y el alminar del ángulo noreste han sido renovados. La parte del alminar entre el *şerefe* y la aguja se derrumbó a mediados del siglo XX y ha sido reconstruida. En el lado norte, frente al cementerio, hay un pórtico de cinco crujías, la central con cúpula y las demás abovedadas. Pasada la sencilla puerta en que queda un fragmento de inscripción, se entra en el patio central cubierto por una cúpula de 7 m de diámetro y con linterna en el centro. La sala de oración, en el lado sur, está dividida en dos naves por un arco, igual que la del *imaret* de Nilüfer Hatun de İznik. La parte norte, de forma rectangular, tiene una pequeña cúpula de 3 m de diámetro sostenida por bóvedas estrelladas, mientras que la otra parte tiene una semicúpula en forma de concha de ostra, que recuerda la sala de oración de la mezquita de Yahşi Bey de Tire. Hay restos de pinturas murales,

RECORRIDO VIII *Terapia musical en el darüşşifa*
Edirne

sobre todo en el arco inclinado que separa la sala de oración del patio central. Este está flanqueado a este y oeste por *tabhanes* cubiertos por cúpulas, y con hogar y cuatro hornacinas cada uno.

I. K.

VIII.1.i Complejo de Bayezid II

Se encuentra al otro lado del río y a él se puede llegar siguiendo la indicación que está en la avenida Hükümet, a solo 50 m del cruce, o tomando un minibús a Y. İmaret que sale junto al hammam *de Sokollu, en la avenida Hükümet, y pasa por el complejo monumental.*
Acceso con entrada al Museo de la Salud y una entrada extra para ver el edificio hexagonal.

Incluso después de que la capital se trasladara a Estambul, Edirne siguió siendo una ciudad importante por largo tiempo. El complejo de Bayezid II, que data de finales del siglo XV, y la mezquita Selimiye, una obra maestra de la arquitectura otomana terminada en 1575, son los edificios que mejor dan idea de la importancia que tuvo esta ciudad.

El sultán Bayezid II asistió personalmente a la ceremonia en que se puso la primera piedra de su complejo, el 25 de mayo de 1484. Durante la celebración se sacrificaron animales y su carne se distribuyó a los pobres. La construcción duró poco tiempo, solo cuatro años, y en 1488 se inauguró con una gran ceremonia.

Hay varias hipótesis acerca de quién fue el arquitecto de este complejo. Para algunos estudiosos, su nombre es Hayreddin; otros creen que es Ya'qub Şah Ibn Sultan Şah.

El complejo de Bayezid II de Edirne, construido después que otro complejo del mismo sultán en Amasya, está formado por un gran grupo de edificios distribuidos por un área de 22.000 m²: mezquita, *madrasa, darüşşifa, tabhane, hammam*, puente,

Madrasa del Complejo de Bayezid II, vista general desde el sureste, 1488, Bayezid II, Edirne.

221

RECORRIDO VIII *Terapia musical en el darüşşifa*
Edirne

Darüşşifa del Complejo de Bayezid II, vista desde el oeste, 1488, Bayezid II, Edirne.

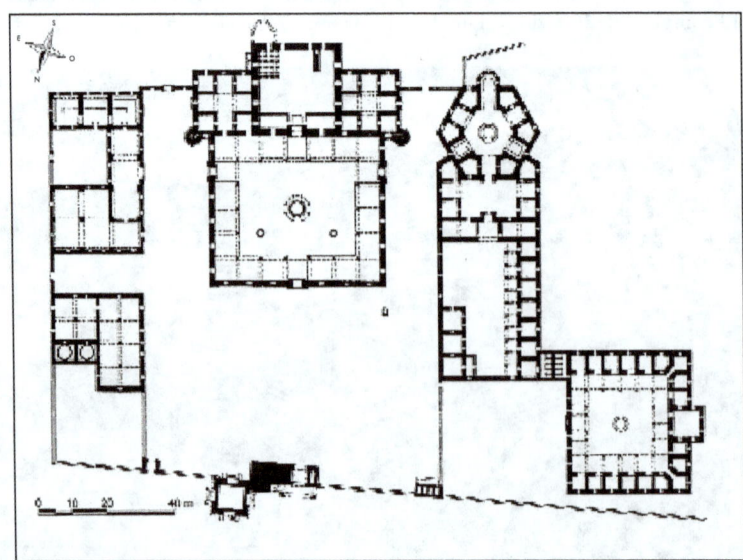

Plano del Complejo de Bayezid II, Edirne.

RECORRIDO VIII   *Terapia musical en el darüşşifa*
Edirne

Complejo de Bayezid II, vista desde el patio, 1488, Bayezid II, Edirne.

imaret y almacenes. La entrada al patio común, rodeado de muros, se hace por las puertas del lado norte, junto a la carretera; a la izquierda de la puerta principal está la fuente de Sinan Ağa.

La mezquita se encuentra en el lado sur del patio; al oeste de ella están el *darüşşifa* y la *madrasa*; al este, el *imaret*, construido en dos bloques y formado por una tahona con dos hornos, una fábrica de velas, un refectorio, una despensa y establos; la zona de las cocinas es muy grande. Además de los huéspedes y los trabajadores del complejo, también se distribuía comida a los pobres de las cercanías. Durante el Ramadán, en las festividades religiosas y los viernes se preparaban platos extraordinarios; para los enfermos, y siguiendo las indicaciones del médico, se hacían comidas especiales en una cocina aparte.

Al suroeste del complejo, fuera ya de los muros del patio, se encuentra el puente sobre el río Tunca, que facilitaba el acceso a la mezquita a los habitantes de los alrededores, quienes engrosaban así la congregación. En la misma orilla del Tunca que el resto del complejo se construyó un *hammam*, ahora desaparecido; según las fuentes históricas, era doble, con una sección para los hombres y otra para las mujeres.

A principios de 2001, el *imaret* estaba cerrado y en pésimo estado, y la mezquita,

Darüşşifa del Complejo de Bayezid II, 1488, Bayezid II, Edirne.

223

RECORRIDO VIII *Terapia musical en el darüşşifa*
Edirne

Darüşşifa del Complejo de Bayezid II, interior, 1488, Bayezid II, Edirne.

siete crujías, la cúpula del arco central es más alta para subrayar el eje de entrada. En el pórtico hay también dos *mihrab*s.

En las esquinas de los *tabhane*s adyacentes a la sala de oración por el este y el oeste se encuentran los alminares de 38 m de altura, un solo *şerefe* y cuerpos acanalados de 3,25 m de diámetro. Los *tabhane*s tienen nueve crujías, todas cubiertas por cúpulas, con cuatro *iwan*s que dan a un patio central y habitaciones en los rincones. No hay comunicación directa entre los *tabhane*s y la mezquita, porque las ventanas entre ellos están ahora tapiadas.

En el patio, un portal de elegante techo lleno de *muqarnas* introduce en la sala de oración, de 500 m^2 de superficie y cubierta con una cúpula de 20,55 m de diámetro que se alza sobre un tambor poligonal. El *mihrab* y el *mimbar* son de mármol, y la galería real destaca por el bosque de pequeñas columnas reutilizadas sobre las que descansa. Las hojas de la puerta y los postigos de armarios y ventanas están finamente decorados.

también cerrada, se encontraba en restauración, pero el *darüşşifa* y la *madrasa* están en buenas condiciones y los usa la Universidad de Trakya como Museo de la Medicina y ambulatorio, respectivamente.

Mezquita

Tres entradas llevan desde el patio común hasta el de la mezquita: una en el lado norte y las otras dos en los laterales. El patio, rectangular, está recubierto de planchas de mármol y rodeado totalmente de pórticos con cúpulas; en el centro hay una fuente. En el pórtico frontal de

Madrasa

En opinión de la mayoría de los investigadores que se han ocupado del complejo, esta *madrasa* era una escuela de formación médica. Algunos señalan que los estudiantes que completaban su preparación en la *madrasa* seguían viviendo en ella y continuaban estudiando medicina en el hospital contiguo. No obstante, en las fuentes históricas o actas del *waqf* del complejo no hay datos que lo aclaren.

La *madrasa* de Bayezid II es de planta rectangular, con un solo piso y un patio abierto. La entrada, en medio de la fachada

RECORRIDO VIII   *Terapia musical en el darüşşifa*
Edirne

oriental, da al patio con pórticos con cúpulas en sus cuatro lados y en cuyo centro quedan restos de una fuente. En las alas norte, sur y oeste estaban los cuartos de los estudiantes, todos con cúpula y un hogar. El *dershane*, situado en medio del lado occidental, frente a la entrada, es una estancia rectangular, saliente y cubierta por una gran cúpula. De su pared oriental sale una escalera de piedra, que lleva a una galería que quizá sirviera de biblioteca.

Darüşşifa

Al oeste de la mezquita y al sureste de la *madrasa* se encuentra el *darüşşifa,* formado por dos patios y una estructura principal, todos alineados en un eje de norte a sur. En el lado occidental del primer patio, de forma rectangular, hay celdas con cúpula detrás de un pórtico abovedado. En la parte norte del lado oriental hay habitaciones con cúpula destinadas a varias funciones. Finalmente, en el lado sur, dos grandes estancias con doble cúpula flanquean el *iwan* que comunica con el segundo patio. Este segundo patio es más pequeño y tiene dos *iwan*s a los lados, cada uno flanqueado por dos celdas con cúpula. Las celdas del primer patio y las del lado oriental del segundo sirven hoy de salas de exposición del Museo de la Salud. Lo más interesante del *darüşşifa* es el edificio principal: la sala central hexagonal está flanqueada por un *iwan* en el centro de cada lado y una habitación cuadrada con hogar en cada ángulo. Los *iwan*s y las habitaciones están cubiertos por una cúpula individual, y se accede a las habitaciones a través de los *iwan*s. Cubre la

Mezquita Yıldırım, vista desde el oeste, 1389-1402, Bayezid I, Edirne.

RECORRIDO VIII *Terapia musical en el darüşşifa*
Edirne

Mezquita Yıldırım, sala de oración vista en sentido este-oeste, 1389-1402, Bayezid I, Edirne.

sala hexagonal una cúpula bastante grande que se alza sobre una cornisa de *muqarnas*. La linterna de la cúpula y las ventanas situadas en las paredes de los *iwans* iluminan la sala principal, en cuyo centro hay una pila con fuente. El *iwan* del lado opuesto a la entrada es más profundo y sobresale en el exterior. Hoy, este edificio es una sala de exposiciones donde están excelentemente representadas con maniquíes escenas de la vida diaria del tiempo de los otomanos.

En fuentes históricas encontramos alguna información sobre las funciones de varias secciones del *darüşşifa*. Por ejemplo, se dice que las estancias del primer patio eran habitaciones de los médicos, despensa, cocina, celdas de aislamiento para los enfermos mentales, lavandería, etcétera, mientras que los medicamentos se preparaban y guardaban en las habitaciones que daban a los dos *iwans*, uno frente al otro, del segundo patio. Por los registros históricos se sabe también que en el gran *iwan* del edificio hexagonal a veces se daban conciertos. Cuenta la leyenda que el murmullo de la fuente tenía efectos tranquilizadores sobre los pacientes con alguna perturbación mental y servía de ayuda en su tratamiento.

İ. K.

VIII.1.j Mezquita Yıldırım

Quien viene desde la ciudad, debe seguir la avenida Talatpaşa en dirección a Kapıkule y Bulgaria; 200 m después de cruzar el río Tunca, torcer a la derecha y, tras pasar un pequeño puente, se llega a la mezquita. Desde el complejo de Bayezid II, seguir la orilla en dirección oeste y, al llegar a la carretera general, torcer a la derecha; torcer nuevamente a la derecha 200 m más adelante y, pasado el pequeño puente, se encuentra la mezquita.

Edirne, conquistada por el sultán Murad I en 1362, se convirtió en capital del Estado otomano en 1368. Muchos de los edificios construidos en los años siguientes a su conquista no han perdurado. La mezquita en pie más antigua de Edirne es la que lleva el nombre del sultán Bayezid I (r. 1389-1402), apodado Yıldırım, "el Rayo".

Muchas de las fuentes históricas coinciden en que esta mezquita se levantó sobre los cimientos de una iglesia, y avalan esta tesis los notorios errores apreciables en la planta y en la ubicación del *mihrab*. Pese a ello, algunos estudiosos sostienen que la mezquita no se erigió sobre los cimientos de una iglesia, sino que se planeó y construyó como tal. Es sabido que en los primeros tiempos del Islam, las iglesias de ciudades conquistadas se convertían en mezquitas. Antes de que se construyera la mezquita Mayor de Damasco, por ejemplo, musulmanes y cristianos rezaron un tiempo bajo el mismo techo. Por ello, es posible que la mezquita de Yıldırım fuese una iglesia reconvertida, y no hay razones para considerarlo un hecho extraño.

Algunas fuentes aluden a ella como mezquita de Küpeli, literalmente "de los pendientes". Según una leyenda, este último nombre se debió a las argollas y arañas que colgaban del techo, mientras que otra leyenda cuenta que fue porque la hija de Bayezid I, Küpeli Sultan, vendió sus pendientes de diamantes para pagar la mezquita.

El edificio está construido con filas alternas de ladrillo y piedra, materiales que se combinan también en los hermosos tímpanos de las ventanas. La parte occidental sobresale del edificio y tiene una puerta que da a la sala de oración. El pórtico, en el lado oriental de la mezquita y con techo originalmente de madera, está ahora en ruinas; la puerta de la derecha da entrada a un *tabhane*, hoy también en ruinas pero con una preciosa decoración de escayola encima del hogar. La puerta principal, en el lado oriental, introduce en un *iwan* con una diminuta puerta a la izquierda que comunica con el segundo *tabhane*, donde actualmente se guardan objetos funerarios. Este *iwan* de entrada se abre a un espacio central con cúpula, flanqueado por tres *iwans* más al norte, sur y oeste, lo que da forma de cruz a la sala de oración. El *mihrab* está situado en un ángulo del *iwan* meridional. Los cuatro *iwans* tienen bóvedas de cañón, mientras que el espacio central está cubierto por una cúpula que se alza directamente sobre una cornisa de *triángulos turcos*. Las pinturas murales se hicieron en una restauración del siglo XIX.

İ. K.

LOS PALACIOS

İnci Kuyulu

La vida en el palacio,
Surname-i Vehbi,
3593, fol. 170a,
Levni, 1720,
Biblioteca del Palacio
Topkapı, Estambul.

Los palacios (*saray,* en turco), que tanta importancia tienen para conocer la vida política, cultural y social de las épocas en que se construyeron, eran grandes complejos donde los sultanes vivían y resolvían los asuntos del Estado. Los palacios del periodo de los sultanatos, cuando Anatolia era política y económicamente débil, solían ser pequeños, ajenos a toda monumentalidad. Aun así, al ser edificios tanto residenciales como administrativos, tenían que construirse con más cuidado que otros.

El viajero norteafricano Ibn Battuta, que recorrió Anatolia en el siglo XIV, nos proporciona información acerca de los palacios del periodo de los emiratos, ninguno de los cuales ha llegado hasta nuestros días. Salvo el palacio aidiní de Birgi, todas las mansiones de *beyes* mencionadas por Ibn Battuta (las de Alanya, Eğirdir, Antalya, Beçin, Ladik y Bursa) eran, por lo que parece, palacios modestos. Por desgracia, no queda ni rastro de ellos.

El primer palacio otomano del que se tiene noticia es el construido por Osman Gazi en Yenişehir, ciudad conquistada en 1299 y que fue objeto de un amplio plan de construcción. De estos edificios solo quedan los restos de un *hammam*. Otro palacio del que hablan las fuentes estaba en Bursa y databa del periodo de Orhan Gazi; sabemos que a este edificio, que tampoco ha sobrevivido, se le fueron haciendo añadidos desde el momento mismo de su construcción. Situado en el interior de la ciudadela, el palacio de Bursa fue completamente abandonado cuando Edirne se convirtió en la capital.

En Edirne, que en 1362 pasó a dominio turco, se edificaron dos palacios. El primero, conocido como Saray-ı Atik ("palacio viejo") y donde vivieron los sultanes Bayezid I y Murad II, lo mandó construir Murad I, el conquistador de la ciudad. El viajero turco del siglo XVII Evliya Çelebi refiere que este palacio, situado en algún lugar cercano a la mezquita Selimiye, fue levantado entre 1365 y 1368, y que en épocas posteriores se le añadieron varios edificios.

El sultán Murad II comenzó la construcción del segundo palacio de Edirne, y su hijo Mehmet II lo agrandó y completó. El Yeni Saray ("palacio nuevo"), conocido también como Saray-i Cedid-i Amire ("palacio real nuevo"), Tunca Sarayı (por el nombre del río), Hünkar Bahçesi Sarayı ("palacio de los jardines reales") y Edirne Saray-i Hümayunu ("palacio real de Edirne"), estaba en el barrio que hoy se llama Sarayiçi. En la década de 1870, el sótano del palacio se utilizaba como arsenal y, en 1876, el edificio saltó por los aires al prenderse fuego el arsenal. No quedan más que ruinas.

El palacio nuevo de Edirne estaba formado por cinco grandes patios y edificios a su alrededor. En él vivían unas 6.000 personas, y conservó su importancia incluso después de que la capital se trasladara a Estambul. Se sabe que de vez en cuando los sultanes residían en él una temporada. La construcción se extendía por una gran área, se estaba agrandando continuamente y sirvió de modelo para los palacios de Estambul.

Cuando el sultán Mehmet II añadió Estambul a las posesiones otomanas (1453), ordenó inmediatamente la construcción de un palacio. Tenemos noticia de este edificio, llamado Saray-ı Atik ("palacio viejo"),

Diversiones en el palacio, Külliyat-ı Katibi, 1450-1480, R.989, 93a, Biblioteca del Palacio Topkapı, Estambul.

en el que residió de 1454 a 1478, por el testimonio de Evliya Çelebi y por algunas miniaturas de manuscritos. El Saray-ı Atik se levantaba en el lugar donde hoy está la Universidad de Estambul, ocupaba una gran superficie y estaba rodeado por un doble perímetro de murallas.

Poco después, Mehmet II dio orden de construir un segundo palacio. El Saray-ı Cedid (palacio nuevo), conocido hoy como palacio Topkapı, se erigió en Saraynurnu ("lugar del serrallo"), dominando el mar de Mármara, la entrada al Bósforo y el Cuerno de Oro. El palacio Topkapı ocupa una superficie de 700.000 m² y es un gran complejo de edificios que recuerda el palacio viejo de Edirne por su distribución y los nombres de algunos de sus pabellones y kioscos. Durante un tiempo, los sultanes, con sus mujeres e hijos, siguieron viviendo en el palacio viejo y despachando los asuntos de Estado en Topkapı. En 1578, el sultán Murad III terminó de trasladar el harén a Topkapı. Así, el palacio viejo perdió su importante condición y se convirtió en lugar de exilio o prisión para los hijos, las mujeres, las *cariye*s y, especialmente, las madres de los sultanes destronados, las ex *Valide*s *Sultan*. El palacio Topkapı se compone de tres partes: *Birun, Enderun* y *Mabeyn*. La parte que más atrae a los occidentales es el harén, situado en el interior del *Enderun*. En el palacio otomano vivían muchas *cariye*s, que habían sido compradas o tomadas como esclavas y que tenían que estar a mano para el servicio privado del sultán. Se sabe que en la época de establecimiento del imperio otomano la palabra "harén" (*harem*) tenía otro significado que el que la gente entiende ahora: el harén lo componían las dependencias privadas del sultán en el poder, las habitaciones de la *Valide Sultan* y otras habitaciones para las mujeres, las *ikbal*s, los príncipes y las princesas de la casa imperial, las *usta*s, las *kalfa*s y las *cariye*s. Los hombres elegidos entre los esclavos hechos en las conquistas o comprados eran educados en el *enderun* para servir al Estado, mientras que a las mujeres sanas se les daban lecciones de lectura, escritura y buenas maneras como preparación para servicios especiales al sultán. Aunque los cautivos poseían la condición de esclavos, ocupaban una posición diferente a la de los comprados o vendidos como propiedad.

Los palacios son importantes no solo por su valor arquitectónico, sino también como edificios que reflejan el estilo de vida de los sultanes otomanos. El hecho de que en 1853 el palacio Topkapi fuese abandonado por el de Dolmabahçe es buena muestra de cuánto había cambiado la manera de vivir de los sultanes: el palacio Dolmabahçe y otros palacios son ingentes edificios únicos como los palacios europeos. La concepción arquitectónica de este palacio, como la de otros construidos a partir de esta época, responde a la admiración por los grandes palacios europeos, levantados como un único gran edificio.

Según una leyenda, hacia 1350 unos soldados otomanos que iban de Anatolia a Rumelia se detuvieron a descansar en un prado. Unos cuarenta de ellos se emparejaron para luchar entre sí por deporte. Unos días más tarde, al llegar a un lugar llamado Kırkpınar, reanudaron la lucha. Finalmente, dos de los luchadores quedaron finalistas. Comenzada la pelea, ninguno de los dos fue capaz de hacerse con la victoria, y acabaron muriendo de cansancio. Fueron enterrados en el lugar donde habían muerto. Años después, unos soldados regresaron a aquel sitio para visitar las tumbas de sus amigos y vieron que había brotado un manantial donde estaban enterrados; llamaron a aquel lugar Kırkların Pınarı (manantial de los cuarenta). Desde entonces se organizan allí competiciones de luchadores, primero solo entre soldados pero después entre luchadores cualesquiera, y el nombre del lugar ha pasado a ser Kırkpınar, literalmente "Cuarenta Manantiales".

Los luchadores de Kırkpınar se untan el cuerpo de aceite antes de combatir. Visten unos pantalones llamados kıspet, *anudados fuertemente a la cintura y en los extremos. Generalmente, los* kıspet *están hechos de piel de becerro, y se sujetan a la cintura con una delgada tira de cuero. El combate dura hasta que uno de los dos se rinde o gana.*

Los combates de Kırkpınar se celebran todos los años a finales de junio y principios de julio en Sarayiçi. Para llegar allí, coger la avenida Hükümet; Sarayiçi está al otro lado del río, al final de la avenida.

La ciudad de Edirne es rica en monumentos, el más notable de todos el complejo Selimiye, en el centro, al este de la mezquita Eski, en lo alto de una pendiente desde la que se domina esta mezquita con sus cuatro alminares. Construido para el sultán Selim II por el gran arquitecto Sinan en la segunda mitad del siglo XVI, es considerado como la obra maestra en la carrera del propio arquitecto.

La zona situada al oeste de la mezquita Eski se conoce como Kaleiçi (ciudadela). Fue totalmente reconstruida tras el devastador incendio de 1905 y es una zona agradable para pasear entre las viejas casas y las huellas del mosaico cultural de judíos, cristianos y musulmanes de la ciudad de Edirne.

Hay numerosos puentes otomanos sobre el río Tunca, cada uno de ellos una maravilla.

GLOSARIO

Acemi ocaği	Cuarteles donde se instruía a los reclutas del cuerpo de jenízaros.
Ahi	Organización gremial de comercio establecida por mercaderes y artesanos, así como sus miembros.
Akçe	Pequeña moneda de plata.
Akritoi	Tropas fronterizas bizantinas.
Aralık	Pasillo entre el *soyunmalık* y el *ılıklık* en los *hammam*s.
Arasta	Fila de tiendas alineadas en una calle cubierta o descubierta.
Ayet	Versículo del Corán.
Balbal	Piedra funeraria antropomorfa que los turcos ponían en algunas tumbas y túmulos.
Bedesten	Edificio comercial de dos naves y cubierto por cúpulas idénticas; en los *bedesten*s, que funcionaban como los bancos de hoy en día, se guardaban las mercancías más valiosas.
Bey	Gobernante de un emirato independiente; gobernador de un *sançak*; título honorífico de los miembros de las clases altas.
Beylerbey	*Bey* de *beyes*: el rango más alto de los gobiernos provinciales del imperio otomano.
Beylerbeyik	Distrito gobernado por un *beylerbey*.
Beylik	Distrito gobernado por un *bey*.
Bezzaz	Vendedor de telas.
Birun	Parte pública del palacio del sultán, que incluye la administración.
Boza	Bebida pegajosa de cebada, maíz o trigo fermentados.
Cami	(Se pronuncia "yami".) En turco, mezquita.
Caravansaray	Hospedería situada a lo largo de las grandes vías de comunicación, destinada al albergue de viajeros y el almacenamiento de sus mercancías.
Cariye	(Lit. "joven esclava".) Rango más bajo en la jerarquía del harén de los palacios.
Chayj	Anciano, hombre respetado por su edad y conocimientos. Jefe de una escuela jurídica, título de algunos dignatarios religiosos.
Chayj al-Islam	(En turco, *şeyhülislam*). Jefe de la jerarquía de doctores de la ley canónica, la tradición y la teología musulmanas.
Cheurón	Pieza arquitectónica formada por varios filetes que dibujan un zigzag.
Comuni	(Sing. *comune*.) Ciudades con autogobierno en la Italia medieval.
Corán	(*Qur'an*, de la raíz árabe *qr'*, "recitar, leer".) Texto sagrado de la revelación islámica, trasmitida por el arcángel Gabriel al Profeta Muhammad.

Cuerda seca	Técnica cerámica consistente en separar los esmaltes de distinto color mediante una línea pintada con un material oleaginoso.
Darülhadiz	*Madrasa* para el estudio de los *hadiz*.
Darülhuffaz	*Madrasa* donde se enseñaba a memorizar el Corán.
Darüşşifa	Hospital; a veces, con manicomio.
Darüttıb	*Madrasa* donde se enseñaba medicina.
Defterdar	Ministro del tesoro.
Dershane	Aula (especialmente en las *madrasas*).
Derviche	Miembro de una orden religiosa musulmana, célebre por sus ejercicios de devoción.
Devşirme	Niños reclutados en las familias cristianas que eran instruidos como jenízaros o funcionarios de palacio; sistema de reclutamiento de estos niños.
Divan-i Hümayun	Consejo Imperial, presidido por el Gran Visir y que constituía el principal órgano de gobierno otomano.
Emir	Gobernante de un emirato o principado. Alto dignatario.
Enderun	Parte interior del palacio del sultán, donde estaban sus dependencias privadas, el harén, y la escuela palatina para la educación de los altos funcionarios estatales y de palacio.
Engobe	Mezcla de tierra no vitrificable y agua, que se aplica sobre toda la pieza de alfarería o parte de ella, para cubrir su color y decorarla, o trazar dibujos sobre ella.
Firman	Edicto del sultán.
Fiqh	Jurisprudencia canónica musulmana.
Futuwwa	Hermandad semirreligiosa que nació durante el imperio abbasí y se difundió por tierras musulmanas durante la Edad Media
Funduq	En el norte de África, hospedería (alhóndiga) para mercaderes y sus animales de carga, almacén para mercancías y centro de comercio equivalente al *caravansaray* o al *jan* (*han*, en turco) del Oriente islámico.
Gazi	Guerrero que combate en nombre del Islam.
Grabado	Dibujo hecho sobre una superficie dura incidiendo con un buril.
Grafito	Escrito o dibujo hecho a mano por los antiguos en los monumentos, cuya técnica consiste en rayar una capa para dejar al descubierto otra de color contrastante.
Hacı	En turco, musulmán que ha ido en peregrinación a La Meca.

Hadis	(En árabe, *hadiz*; lit. "dichos".) Tradición relativa a los hechos, dichos y actitudes del Profeta Muhammad y sus compañeros.
Halvet	Cámaras privadas de los *hammams* públicos.
Hammam	Baño público o privado.
Han	(En turco, *han*; en árabe, *jan*.) Posada, lugar de alojamiento para viajeros y mercaderes en las grandes vías de comunicación. Almacén y hospedería en aglomeraciones de cierta importancia. Véase *funduq* y *caravansaray*.
Hanikah	Edificio para albergar a *derviches* itinerantes, eruditos, etcétera, en el periodo de los selyuquíes de Anatolia.
Hoya	Maestro musulmán.
İkbal	Favorita del sultán; segundo rango en la jerarquía del harén de palacio.
Ilıklık	Tepidarium, estancia templada en el *hammam* turco donde los usuarios descansan después de haberse bañado.
Imaret	Conjunto de edificios e instituciones mantenidos por un *waqf*; a partir del siglo XVI la palabra pasó a significar "comedor de beneficencia".
Iwan	Sala abovedada sin fachada, con muros por tres de sus lados y provista de un gran arco al frente, o gran nicho abovedado, con fondo llano.
Janqa	Véase *hanikah*.
Kadı	Juez de la ley islámica y la otomana, y gobernador de un término municipal llamado *kadılık*.
Kadıasker	Segunda autoridad judicial del imperio después del *chayj al-Islam*, también llamada *kazasker*; había dos *kadıaskers*, uno para Rumelia y otro para Anatolia.
Kalemişi	Colorida decoración hecha con un pincel llamado *kalem*, sobre una superficie enyesada.
Kalfa	Segundo rango más bajo en la jerarquía del harén.
Kapıkulu	(Lit. "esclavo de la Puerta".) *Devşirme* o esclavo al servicio del palacio, de la administración o del ejército.
Kaplıca	Termas; manantiales de agua caliente con propiedades terapéuticas e instalaciones levantadas sobre esas aguas.
Kaptan-ı derya	Gran Almirante de la flota otomana.
Katı'	Técnica de decoración que puede definirse como "taracea de papel" y consiste en recortar el dibujo con un molde de papel o cuero, y luego pegarlo sobre papel, cuero o vidrio.
Kese	Áspero guante de baño; bolsa pequeña, bolso.
Külhan	Boca de la caldera de los *hammams*.

Glosario

Külliye	Complejo compuesto por una mezquita y otros edificios como *madrasas, imarets, hans, hammams, darüşşifas*, etcétera.
Kümbert	Tumba monumental, generalmente cubierta por una cúpula oculta bajo un chapitel.
Kündekari y falsa kündekari	Técnica de taracea en que piezas poligonales decoradas con incisiones de motivos florales se ensamblan gracias a muescas y varillas, sin necesidad de clavos ni cola; si se usan, se denomina falsa *kündekari*.
Mabeyn	Parte del palacio donde el sultán recibía a los embajadores, enviados y visires.
Madrasa	(En turco, "medrese".) Escuela de ciencias islámicas (teología, derecho, Corán, etcétera) y lugar de alojamiento para estudiantes.
Masyid	Mezquita sin mimbar donde, por esta razón, no puede celebrarse el oficio religioso del viernes.
Mektep	Escuela primaria, también llamada *sıbyan mektebi*.
Menzil han	*Han* "a una jornada de viaje".
Mevlevihane	Lugar para los *derviches* de la orden Mevlevi, también llamados "*derviches* danzantes".
Mihrab	Nicho situado en el muro de la *qibla* que indica la dirección de La Meca hacia donde los creyentes deben dirigir sus rezos.
Mimbar	Púlpito de una mezquita desde donde el imam dirige el sermón (*jutba*) a los fieles.
Mosaico	Composición formada por teselas o azulejos de diferentes colores, cortados de determinada manera y colocados sobre el enyesado.
Müderris	Profesor jefe y administrador de una *madrasa*.
Muecín	Funcionario religioso musulmán encargado de anunciar, desde lo alto del alminar, las cinco plegarias cotidianas.
Muʻid	Profesor de la madrasa ayudante del *müderris*.
Muqarnas	Mocárabe, decoración de prismas a modo de estalactitas cuya superficie inferior es cóncava.
Muvakkithane	Sala del reloj, provista de los aparatos necesarios para calcular las horas de la plegaria y también los horóscopos.
Müzehhip	Iluminador de manuscritos.
Namaz	Oración ritual musulmana que se reza cinco veces al día.
Namazgâh	Lugar al aire libre, en las carreteras entre ciudades o en zonas de recreo, para rezar el *namaz*.
Nasji	(Lit. "copiado".) Nombre de una de las caligrafías más extendidas del alfabeto árabe.

Glosario

Nişancı	Secretario del Consejo Imperial que se aseguraba de que el *tuğra* fuera puesto en las órdenes y cartas oficiales.
Nudo de Salomón	Motivo decorativo formado de líneas quebradas o curvas entrelazadas como la estrella de David.
Ocak	Hogar, chimenea; casa, hogar; cualquier institución para la instrucción de reclutas.
-oğlu	"Hijo de" en turco; plural *–oğullari*.
Opus sectile	Sistema decorativo a base de la combinación de mármoles de colores para formar dibujos geométricos o figurativos. Se usa tanto en pavimentaciones como en recubrimiento de paredes.
Palmeta	Motivo decorativo compuesto por hojas largas dispuestas simétricamente a ambos lados de un tallo.
Pechina	Superficie triangular y curvada que une una cúpula o su tambor con el espacio cuadrado sobre el que se alza.
Qibla	Dirección de la *Ka'ba*, hacia donde se orientan los creyentes para la oración. Muro de la mezquita en el cual se sitúa el *mihrab* que señala esta dirección.
Qur'an	Véase *Corán*.
Rum	Población marinera de la antigua Caria, región del sudoeste de Asia Menor.
Rumi	Motivo decorativo formado por hojas estilizadas; palmetas cortadas por la mitad.
Sadaka	Limosna.
Şadirvan	Fuente con grifos y una pila para las abluciones rituales.
Sançak	Subdivisión de un *beylerbeyik*.
Sançak Bey	Gobernador de un *sançak*.
Şehzade	Príncipe.
Şemse	Motivo decorativo de sol resplandeciente.
Şerefe	Balcón del alminar.
Sevap	Meritorio a los ojos de Dios.
Sherbet	Bebida dulce de fruta; bebida medicinal.
Sıbyan mektebi	Véase *mektep*.
Sicaklık	*Caldarium*, sala caliente de los *hammams* turcos.
Şifahane	Hospital; manicomio.
Soyunmalık	*Apodyterium*, vestuario de los *hammams* turcos.
Sufí	De *suf*, lana, vestimenta de los ascetas (*sufíes*).
Sufismo	Nombre dado al misticismo musulmán a partir del siglo VIII.
Sura	Cada uno de los 114 capítulos del Corán.

Tabhane	Hospedería de las mezquitas para *derviches* itinerantes y otros viajeros.
Tandır	Brasero; en los *hans* del periodo selyuquí, agujero en la tierra recubierto de arcilla o cuenco grande de barro enterrado en el suelo, que servía para calentarse y cocinar.
Tekke	Lugar donde los *derviches* vivían y practicaban su culto.
Tezhip	Arte de iluminar los bordes de la escritura de un manuscrito.
Tımar	Pequeño feudo militar con rentas anuales inferiores a 20.000 *akçes*.
Tımarlı sipahi	Hombre de armas que posee un *tımar*.
Traşlık	Pequeña habitación de los *hammam*s que se usaba para la depilación.
Triángulos turcos	Forma de transición entre las paredes de un espacio cúbico y la cúpula, con triángulos y *cheurones*.
Turbe	Tumba monumental o mausoleo, a veces con cripta. Lugar funerario privado.
Usta	Tercer rango más alto en la jerarquía de las mujeres del harén.
Valide Sultan	Madre del sultán reinante, por tanto la mujer más poderosa del imperio.
Wahhabi	Secta islámica que prohibía toda mediación con la divinidad a través de profetas, santos, veneración de los muertos o las tumbas u ofrendas votivas, y sostenía que el culto a Dios tenía que ser directo.
Waqf	(En turco, *vakıf*.) Donación a perpetuidad —usualmente suelo o propiedades— cuyos rendimientos se reservaban para el mantenimiento de fundaciones religiosas. Véase *habiz*.
Yeniçeri Ağasi	Oficial en jefe del cuerpo de jenízaros.
Yeniçeri Ocağı	Cuerpo de infantería del sultán, formado por *deşirme*s y pagado por el Estado.
Zawiya	Pequeño *tekke*; hospicio para *derviches* y viajeros. Establecimiento dedicado a la enseñanza religiosa, orientada a formar a los *chayj*s, que incluye el mausoleo de un santo, construido en el lugar donde vivió.

ÍNDICE DE PERSONAJES HISTÓRICOS

Nombre	Nacimiento y muerte	Información
Abdülaziz	1830-1876	Sultán otomano.
Abdülhamid II	1842-1918	Sultán otomano.
Abu Bakr	h. 570-634	Primer califa después del profeta Muhammad.
Ahmet Gazi	?-1391	Emir de Menteşe.
Ahmet Paşa	?-1497	*Müderris*, cadí y poeta.
Ahmet Vefik Paşa	s. XIX	Gobernador de Bursa.
Ahmeti	?-1413	Poeta y autor de una historia otomana.
Ahmet Bican Efendi	s. XV	Sufí y sabio otomano.
'Ala al-Din Ali	?-?	Hijo del sultán Murad II.
Keykubad I	?-1237	Sultán selyuquí de Anatolia (1220-1237).
Alem Şah	1466-1503	Hijo de Bayezid II.
Andrić, Ivo	1892-1975	Escritor yugoslavo, premio Nobel.
Aziza Hatun	s. XIV-XV	Mujer de İsa Bey, del emirato de Aydın.
Babinger, Franz	1891-1967	Historiador alemán especialista en Turquía.
Bartolomeu Dias	1450-1500	Navegante portugués.
Bayalun Hatun	s. XIII-s. XIV	Véase Nilüfer Hatun.
Bayezid I	1360-1403	Sultán otomano, también conocido como Yıldırım Bayezid, padre del sultán Mehmet I y de Süleyman Çelebi, İsa Çelebi y Musa Çelebi.
Bayezid II	1447-1512	Sultán otomano, padre de Selim I.
Bayezid Paşa	?-1421	Gran visir.
Bellini, Gentile	1429-1507	Pintor veneciano.
Bellini, Giovanni	1430-1516	Pintor veneciano.
Börklüce Mustafa	?-1416/19	Rebelde otomano.
Bülbül Hatun	s. XV	Mujer de Karaca Paşa.
Cantacuzeno	?-1383	Nombre familiar del emperador bizantino Juan VI (1341-1354).
Carlos VIII	1470-1498	Rey de Francia.
Cem Sultan	1459-1495	Hijo del sultán Mehmet II.
Chayj Bedreddin	1359-1419	Ministro de Justicia y Educación otomano; insurrecto.

índice de personajes históricos

Cüneyd	?-?	*Bey* de Aydın.
Davud de Kayseri	s. XIV	*Müderris.*
Dernschwam, Hans	1494-1568	Viajero alemán.
Devlet Hatun	?-1414	Devletşah Hatun, mujer del sultán Bayezid I.
Ducas	1400-1470	Cronista bizantino.
Emir Süleyman Çelebi	?-1411	Hijo de Mehmet I.
Emir Sultan	1368/69-1429/30	*Sufí* otomano yerno de Bayezid I.
Ertuğrul Bey	?-1281	Padre de Osman Gazi.
Evliya Çelebi	1611-1681	Viajero otomano.
Firuz Bey (Hoca)	?-1402	Comandante otomano.
Federico I Barbarroja	h. 1122-1190	Emperador alemán que atravesó los Balcanes y Anatolia con la III Cruzada, detenida en el río Tarso.
Gazi Umur Bey	?-1348	*Bey* de Aydın también conocido como Bahaeddin.
Geyikli Baba	s. XIV	Religioso musulmán heterodoxo durante el mandato de Orhan Gazi.
Gıyaseddin Keyhusrev II	1221/22-1246	Sultán selyuquí de Anatolia.
Grelot	s. XVII	Viajero.
Gülşah Hatun	?-1487	Mujer del sultán Mehmet II; enterrada en Bursa.
Hacı İvaz Paşa	?-1429	Hijo del *ahi* Bayezid, segundo visir del sultán Murad II; supervisó la construcción del *turbe* Yeşil.
Hacı Umur Ibn Menteşe	?-1400	Miembro de la dinastía de Menteşe.
Hafsa Hatun	s. XIV	Hija de İsa Bey, del emirato de Aydın, mujer de Bayezid I.
Hafsa Sultan	?-1534	Mujer del sultán Selim I.
Halil Hayreddin Paşa (Çandarlı)	?-1389	Gran visir; fundador del Cuerpo de Jenízaros.
Halil Yahşi Bey	s. XV	Gobernador de la provincia de Aydın.
Hallacı Mansur	857-922	Religioso musulmán heterodoxo.
Hartmann, R.	?-?	Estudioso alemán.
Hızır Bey	s. XIV	Hijo de Mehmet y *bey* de Aydın (1348-1360).
Hızırşah	?-1410	Último *bey* de Saruhan (1388-1390 y 1403-1410).

índice de personajes históricos

Holbein, Hans	1460-1524	Conocido como "el Viejo", pintor alemán.
Holofira	s. XIV	Otro de los nombres de Nilüfer Hatun, mujer de Orhan Gazi.
Hüsnüşah Hatun	s. XV-p. XVI	Mujer de Bayezid II.
Ibn Battuta	1304-1369	Viajero norteafricano.
İlyas Bey	?-1421	*Bey* de Menteşe, hijo de Mehmet.
İne Bey (Eyne Bey)	s. XIV	Oficial otomano.
İsa Bey	?-?	*Bey* de Aydın (1360-1390), hijo de Mehmet Bey.
İshak Çelebi (Muzaffereddin)	?-1388	*Bey* de Saruhan (1366-1388).
İshak Paşa	?-1485	Gran Visir.
Juan III Ducas Vatatzés	1193-1254	Emperador bizantino de Nicea (1222-1254).
Justiniano I	482-565	Emperador bizantino (527-565).
Karaca Paşa	?-1456	Beylerbey de Rumelia, también llamado Karaca Bey.
Kazanoğlu Mehmet Bey	s. XV	Potentado local de Tire.
Kılıç Arslan II	?-1192	Sultán selyuquí de Anatolia.
Kitsikis, Dimitri	1935-	Historiador griego.
Köse Mihail	s. XIV	Comandante del ejército otomano.
Küpeli Sultan	s. XV	Hija de Bayezid I.
Lotto, Lorenzo	1480-1556	Pintor veneciano.
Mahmud I	1696-1754	Sultán otomano (1730-1754).
Mehmet Bey	?-1334	Hijo de Aydın, *bey* de Aydın (1308-1334).
Mehmet I	h. 1389-1421	Sultán otomano también llamado Çelebi Mehmet, padre de Murad II.
Mehmet II	?-1423	*Bey* karamaní.
Mehmet II	1432-1481	Sultán otomano conocido también como Mehmet el Conquistador.
Menteşe Bey	?-1296	Almirante de los selyuquíes de Anatolia; fundó el emirato de Menteşe en 1282.
Mesut Bey	?-1319	*Bey* de Menteşe.
Mevlana Celaleddin Rumi	?-1273	Poeta y fundador de la orden Mevlevi de *derviches* danzantes.

Miguel Ducas	s. XIV-?	Científico y médico bizantino.
Miguel VIII Paleólogo	1224-1282	Emperador bizantino.
Molla Şemseddin Fenari	1350-1430	*Chayj al-Islam* y sabio otomano.
Montaigne	1533-1592	Escritor francés.
Murad I	h. 1326-1389	Sultán otomano también llamado Hüdavendigar, padre de Bayezid I.
Murad II	1403/4-1451	Sultán otomano, padre de Mehmet II.
Musa Bey	?-?	*Bey* de Aydın.
Musa Çelebi	?-1413	Hijo de Bayezid I.
Mustafa II	1664-1703	Sultán otomano (1695-1703).
Mutasım	776-842	Califa abbasí.
Nilüfer Hatun	s. XIV	Originalmente Holofira, mujer de Orhan Gazi, tal vez llamada también Bayalun Hatun.
Nizam al-Mulk	1018-1092	Gran visir del imperio de los grandes selyuquíes.
Orhan Bey	?- antes de 1344	*Bey* de Menteşe.
Orhan Gazi	h. 1281-1362	También llamado Orhan Bey, segundo sultán otomano, padre de Murad I.
Osman Gazi	h. 1258-1326	También llamado Osman Bey, fundador del imperio otomano.
Parvillé, Léon	s. XIX	Arquitecto francés, encargado de la restauración de los monumentos de Bursa destruidos por el terremoto de 1855.
Postinpuş Baba	s. XIV	Religioso heterodoxo de Khorasan.
Saruhan Bey	?-1345	Fundador del emirato de Saruhan.
Savcı Bey	s. XIV	Hijo del sultán Murad I.
Şehinşah	1461-1511	Hijo de Bayezid II.
Selim I	1467-1520	Sultán otomano (1512-1520) también conocido como Yavuz Selim, padre de Süleyman el Magnífico.
Şemseddin	s. XV	Cadí de Bursa.
Sinaneddin Yusuf Paşa	?-?	*Beylerbey* de Rumelia.
Sitti Hatun	1435-1486	Mujer de Mehmet II e hija de Süleyman, del emirato de Dulkadir del sureste de Anatolia.
Şücaeddin İlyas Bey	?-1421	*Bey* de Menteşe.
Süleyman Çelebi	?-1411	Hijo de Bayezid I.

índice de personajes históricos

Süleyman I	1495-1566	Sultán otomano (1520-1566) también conocido como Süleyman el Legislador o Süleyman el Magnífico.
Süleyman Paşa	1316-1360	Hijo de Orhan Gazi.
Süleyman Şah	?-?	Hijo de Mehmet Bey, del emirato de Aydın.
Sultan Abdullah	?-1481	Hijo de Bayezid II.
Sultan Mustafa	1451-1474	Hijo de Mehmet II, hermano de Cem Sultan.
Sultan Şah Hatun	?-?	Hermana de Mehmet, hijo de Aydın.
Taceddin el Kurdo	s. XIV	*Müderris*.
Tacü'n-nisa (Tay al-Nisa) Hatun	s. XV	Mujer de Murad II primero y luego de İshak Paşa.
Teodora	h. 500-548	Emperatriz bizantina (527-548), mujer de Justiniano I.
Tamerlán	h. 1336-1405	Timur Lang, conquistador mongol de Asia.
Torlak Kemal	s. XIV-1416/19	Insurrecto.
Yakup Bey	?-después de 1483	Comandante de Mehmet II y maestro de Cem Sultan.
Yakup Çelebi	?-1389	Hijo de Murad I, hermano de Bayezid I.
Yavukluoğlu o Yoğurtluoğlu Mehmet Bey	s. XV	Potentado local de Tire.

ORIENTACIÓN BIBLIOGRÁFICA

AKURGAL, E., *The Art and Architecture of Turkey*, Oxford, 1980.

ALDERSON, A. D., *The Structure of the Ottoman Dynasty*, Oxford, 1956.

ANHEGGER, R., *Beiträge zur frühosmanischen Baugeschichte*, Estambul, 1953.

ARIK, O., *Turkish Art and Architecture*, Ankara, 1985.

ASLANAPA, O., *Türkische Fliesen und Keramik in Anatolien*, Estambul, 1965.

ASLANAPA, O., *Turkish Art and Architecture*, Londres, 1971.

ASLANAPA, O., *İznik Tile Kiln Excavations Part I*, Estambul, 2000.

ATASOY, N., y RABY, J., *Iznik, The Pottery of Ottoman Turkey*, Londres, 1994.

BABINGER, F., *Mehmet the Conqueror and His Time*, trad. del alemán por R. Manheim, Princeton, 1978.

BRANDENBURG, D., *Die Madrasa, Ursprung, Entwicklung, Ausbreitung und künsterische Gestaltung der Islamischen Moschee-Hochschule*, Graz, 1978.

CAHEN, Cl., Pre-Ottoman Turkey, Nueva York, 1968.

CAHEN, Cl., La Turquie pré-Ottomane, 1988.

CARSWELL, J., *Iznik Pottery*, Londres, 1998.

ÇAĞMAN, F., y ATASOY, N., *Turkish Miniature Painting*, Estambul, 1974.

DEMIRALP, Y., *Erken Dönem Osmanlı Medreseleri (1300-1500)*, Ankara, 1999.

DEMIRIZ, Y., *Osmanlı Mimarisinde Süsleme I (Erken Devir 1300-1453)*, Estambul, 1973.

EVLIYA EFENDI (Evliya Çelebi), *Narrative of Travels in Europe, Asia and Africa in the 17th Century*, trad. por J. Von Hammer-Purgstall, 3 vols., Londres, 1834, 1846 y 1850.

DERMAN, U., *The Art of Calligraphy in the Islamic Heritage*, Estambul, 1998.

FRISHMAN, M., y KHAN, H., *The Mosque, History, Architectural Development and Regional Diversity*, Londres, 1997.

GABRIEL, A., *Une Capitale Turque, Brousse (Bursa)*, París, 1958.

GIBBONS, H. A., *The Foundations of the Ottoman Empire*, Oxford, 1916.

GOODWIN, G., *A History of Ottoman Architecture*, Londres, 1971.

GOODWIN, G., *The Janissaries*, Londres, 1994.

GOODWIN, G., *A Guide to Edirne*, Estambul, 1995.

HAMMER-PURGSTALL, J. Von, *Histoire de l'Empire Ottoman*, trad. del alemán por J. J. Hellert, 18 vols., París, 1835-1843.

HILLENBRAND, R., *Islamic Architecture*, Edimburgo, 1994.

IBN BATTUTA, *A través del Islam*, trad. por S. Fanjul y F. Arbós, Madrid, 1997.

IMBER, C., *The Ottoman Empire, 1300-1481*, 1990.

İNALCIK, O. E. y PITCHER, D., *An Historical Geography of the Ottoman Empire*, 1972.

İNALCIK, H., *The Ottoman Empire, The Classical Age 1300-1600*, Londres, 1973.

İNALCIK, H., *An Economic and Social History of the Ottoman Empire, 1300-1600*, 2 vols., Cambridge, 1994.

JANSSENS, H. F., *I. Batouta, 'Le Voyageur de l'Islam' 1304-63*, 1948.

KRITOVOULOS, M., *The History of Mehmet the Conqueror,* trad. por C. T. Riggs), Princeton 1954.

KURAN, A., *The Mosque in Early Ottoman Architecture,* Chicago, 1968.

KURAN, A., y SÖZEN, M., *Anadolu Medreseleri,* 2 vols., 1969-1972.

KÜHNEL, E., *Die Moschee,* Graz, 1974.

LEMERLE, P., *L'Emirat d'Aydın,* París, 1957.

LEVEY, M., *The World of Ottoman Art,* Londres, 1975.

ÖNEY, G., *Turkish Tile Art,* Estambul, 1976.

ÖNEY, G., *Anadolu Selçuklu Mimarisinde Süsleme ve El Sanatları,* Ankara, 1978.

ÖNEY, G., *Beylikler Devri Sanatı XIV.-XV. Yüzyıl (1300-1453),* Ankara, 1989.

OTTODORN, K., *Das Islamische Iznik,* Berlín, 1941.

ÖZEL, M., ed., *Traditional Turkish Arts,* Estambul, 1992.

PETERSEN, A., *Dictionary of Islamic Architecture,* Londres, 1996.

REINDL, H., *Männer um Bayezid. Eine Prosopographische Studie über die Epoche Sultan Bayezids II (1481-1512),* 1985.

RESTLE, M., *Estambul, Bursa, Edirne, İznik,* 1976.

SÖNMEZ, Z., *Başlangıçtan 16. yy'a Kadar Anadolu Türk-İslam Mimarisinde Sanatçılar,* Ankara, 1989.

TAESCHNER, F., *Zünfte und Bruderschaften in Islam,* 1979.

ÜNAL, R. H., ed., *Birgi (Tarihi, Tarihi Coğrafyası ve Türk Dönemi Anıtları),* 2001.

ÜNSAL, B., *Turkish Islamic Architecture in Seljuk and Ottoman Times 1071-1923,* Londres, 1959.

UZUNÇARŞILI, İ. H., *Anadolu Beylikleri,* Ankara, 1998.

WITTEK, P., *Das Fürstentum Mentesche,* 1934.

WITTEK, P., *The Rise of the Ottoman Empire,* 1938.

WULZINGER, K., WITTEK, P., y SARRE, F., *Das Islamische Milet,* Berlín, 1935.

YETKIN, S. K., *L'architecture Turque en Turquie,* París, 1962.

YETKIN, S. K., ÖZGÜÇ, T., et al., *Turkish Architecture,* Ankara, 1965.

YETKIN, Ş., *Historical Turkish Carpets,* Estambul, 1981.

ZACHARIADOU, E. A., *Trade and Crusade, Venetian Crete and the Emirates of Menteshe and Aydın (1300-1415),* Venecia, 1983.

AUTORES

Gönül Öney
Licenciada en 1955 en la Facultad de Lenguas, Historia y Geografía de la Universidad de Ankara. En 1957 entró a formar parte del cuerpo docente de esa misma facultad. En 1961 se doctoró en Historia del Arte y, en 1967, fue nombrada profesora asociada. Catedrática desde 1972, fue profesora del Departamento de Historia del Arte hasta 1981, año en que continuó su carrera académica en la Universidad Ege de İzmir. En 1982 fue nombrada Directora de la Facultad de Letras, cuyas funciones desempeñó hasta 1993, cuando se convirtió en Vicerrectora de la Universidad Ege, cargo que hoy ocupa. Es especialista en arte y arquitectura turcoislámicos. Ha publicado numerosos artículos y libros que se han traducido al inglés o el alemán.
Es miembro del Grupo de Especialistas en Educación Patrimonial del Consejo de Europa e ICOMOS.

Rahmi H. Ünal
Nacido en 1937, se licenció en la Facultad de Letras de la Universidad de Estambul en 1959. En 1961 inició su carrera académica como profesor asociado en el Departamento de Historia del Arte de Universidad Atatürk de Erzurum. Estuvo becado en Francia en 1963 para continuar sus estudios de Historia de la Arquitectura Turcoislámica. Tras doctorarse en la Facultad de Letras de La Sorbona de París, en 1965 se reincorporó a su puesto en la Universidad Atatürk de Erzurum. En 1968 pasó a ser profesor titular y es catedrático desde 1976. Enseña desde 1978 en la Facultad de Letras de la Universidad Ege. Actualmente es Director del Departamento de Historia del Arte.
Tiene en su haber numerosos artículos y libros sobre la historia de Turquía y la historia de la arquitectura turcoislámica.

Aydoğan Demir
Nacido en 1938, en 1960 se licenció en Historia en la Facultad de Letras de la Universidad de Estambul. Entre 1960 y 1963 enseñó en el Instituto de Enseñanza Media Salihli. De 1963 a 1980 fue profesor del Instituto de Educación. Desde 1980 imparte clases de Historia en los departamentos de Historia y de Historia del Arte de la Facultad de Letras de la Universidad Ege. Cuenta con numerosas publicaciones sobre las lápidas y los documentos de archivo otomanos.

İnci Kuyulu
Nacida en 1957, en 1980 se licenció en Historia del Arte en la Facultad de Ciencias Sociales y Administrativas de la Universidad Hacettepe. En 1982 terminó los estudios de posgrado y en 1989 recibió el título de doctora. Desde entonces es profesora adjunta del Departamento de Historia del Arte de la Facultad de Letras de la Universidad Ege. Ha publicado varios trabajos sobre la decoración arquitectónica en el arte turcoislámico.

Lale Bulut
Nacida en 1960, en 1983 se licenció en Historia del Arte en la Facultad de Lenguas, Historia y Geografía de la Universidad de Ankara. En 1987 terminó los estudios de posgrado y se doctoró en 1991. Desde entonces es profesora adjunta del Departamento de Historia del Arte y la Arqueología de la Facultad de Letras. Tiene publicados diversos trabajos sobre las artes menores en Turquía.

Yekta Demiralp

Nacido en 1959, en 1980 se licenció en Historia del Arte en la Facultad de Lenguas, Historia y Geografía de la Universidad de Ankara. Entre los años 1981 y 1984 trabajó como profesor de Historia del Arte en Samsum. En 1990 terminó los estudios de posgrado y se doctoró en 1997. Es profesor adjunto del Departamento de Historia del Arte de la Facultad de Letras de la Universidad Ege. Tiene varias publicaciones sobre la historia del arte y la arquitectura turcoislámicos.

Şakir Çakmak

Nacido en 1964, en 1986 se licenció en Historia del Arte y la Arqueología en la Facultad de Letras de la Universidad Ege. En 1991 concluyó los estudios de posgrado y se doctoró en 1998. Actualmente es investigador adjunto en la Facultad de Letras de la Universidad Ege. Ha publicado varios trabajos sobre la historia del arte y la arquitectura turcoislámicos.

Ertan Daş

Nacido en 1963, en 1986 se licenció en Historia del Arte y la Arqueología en la Facultad de Letras de la Universidad Ege. En 1998 terminó los estudios de posgrado. Es investigador adjunto del Departamento de Historia del Arte y la Arqueología de dicha universidad. Es también fotógrafo profesional y responsable de fotografía en este catálogo.

Museum With No Frontiers (MWNF)
Itinerarios-Exposición y guías temáticas
EL ARTE ISLÁMICO EN EL MEDITERRÁNEO

Las guías temáticas MWNF son elaboradas por expertos locales que nos presentan la historia, el arte y el patrimonio cultural desde la perspectiva del país tratado.

Egipto
EL ARTE MAMELUCO
Esplendor y magia de los sultanes   *236 páginas*

cuenta la historia de casi tres siglos de estabilidad política y económica, obtenida gracias a la exitosa defensa del territorio por los sultanes, ante las amenazas de mongoles y cruzados. El florecimiento intelectual, científico y artístico se manifiesta en la arquitectura y las artes decorativas mamelucas, de una elegante y vigorosa simplicidad casi moderna, que atestiguan la vitalidad de su comercio, su energía cultural, y su fuerza militar y religiosa.

España
EL ARTE MUDÉJAR
La estética islámica en el arte cristiano   *318 páginas*

descubre la riqueza fascinante de una simbiosis cultural y artística genuinamente hispánica, que se convirtió en un elemento distintivo de la España cristiana al finalizar la dominación árabe. Los mudéjares eran musulmanes a quienes se permitió permanecer en los territorios reconquistados, y los artistas y artesanos mudéjares tuvieron una gran influencia en la cultura y el arte de los nuevos reinos cristianos. Las iglesias, los monasterios y los palacios de ladrillo, bellamente decorados, en Aragón, Castilla, Extremadura y Andalucía, son un ejemplo sin igual de la creativa preservación de formas islámicas en el arte cristiano en España, entre los siglos XI y XVI.

Italia (Sicilia)
EL ARTE SÍCULO-NORMANDO
La cultura islámica en la Sicilia medieval   *328 páginas*

ilustra cómo el gran patrimonio artístico y cultural de los árabes, que gobernaron la isla en los siglos X y XI, fue asimilado y reinterpretado durante el posterior reinado normando, y alcanzó su apogeo en la era resplandeciente de Ruggero II, en el siglo XII. Los espectaculares paisajes costeros y de montaña proporcionan el telón de fondo para las visitas a las ciudades, los castillos, jardines, iglesias y antiguas mezquitas cristianizadas.

Jordania
LOS OMEYAS
Los inicios del arte islámico   *224 páginas*

presenta un recorrido por el gran florecimiento artístico y cultural que dio origen a la fase de formación del arte islámico durante los siglos VII y VIII. Los omeyas unificaron el Mediterráneo y las culturas persas, y desarrollaron una síntesis artística innovadora que incorporó e inmortalizó el legado clásico, bizantino y sasánida. La elegante arquitectura de los castillos del desierto así como los frescos, mosaicos y obras maestras del arte figurativo y decorativo aún evocan el fuerte sentido del realismo y la gran vitalidad cultural, artística y social de los centros del califato omeya.

Marruecos
EL MARRUECOS ANDALUSÍ
El descubrimiento de un arte de vivir *264 páginas*
cuenta la historia de los intercambios entre la frontera más alejada del Magreb y al-Andalus, durante más de cinco siglos. Las circunstancias políticas y sociales condujeron a una encrucijada de culturas, técnicas y estilos artísticos, evidenciada por el esplendor de las mezquitas, los minaretes y las madrasas idrisíes, almorávides, almohades y meriníes. La influencia de la arquitectura cordobesa y los modelos decorativos, los arcos de herradura, los motivos florales y geométricos andalusíes, así como el empleo del estuco, la madera y las tejas policromadas, muestran el intercambio continuo que hizo de Marruecos uno de los ámbitos más brillantes de la civilización islámica.

Territorios Palestinos
PEREGRINACIÓN, CIENCIAS Y SUFISMO
El arte islámico en Cisjordania y Gaza *254 páginas*
explora un período durante los reinados de las dinastías ayyubíes, mamelucas y otomanas, en el cual llegaban a Palestina numerosos peregrinos y eruditos de todo el mundo musulmán. Las grandes dinastías encargaban obras maestras del arte y la arquitectura para los centros religiosos más importantes. Por atraer a los sabios más destacados, muchos centros gozaban de un prestigio considerable y promovían la difusión de un arte peculiar que sigue fascinando. Los monumentos y la arquitectura islámica de este Itinerario-Exposición reflejan claramente las conexiones entre el mecenazgo dinástico, la actividad intelectual y la rica expresión de la devoción popular, arraigada en esta tierra durante siglos.

Portugal
POR TIERRAS DE LA MORA ENCANTADA
El arte islámico en Portugal *200 páginas*
descubre los cinco siglos de civilización islámica que dejaron su impronta en la población del antiguo Garb al-Andalus. Desde Coimbra hasta los más lejanos confines del Algarbe, los palacios, mezquitas cristianizadas, fortificaciones y centros urbanos atestiguan el esplendor de un pasado glorioso. Este recuerdo artístico es la expresión de una delicada simbiosis, que ha determinado las particularidades de la arquitectura vernácula y sigue omnipresente en la identidad cultural de Portugal.

Túnez
IFRIQIYA
Trece siglos de arte y arquitectura en Túnez *312 páginas*
es un viaje a través de la historia de la arquitectura islámica del Magreb, para descubrir una civilización milenaria que convirtió en obras de arte sus espacios más importantes. Las grandes dinastías islámicas –abbasíes, aglabíes, fatimíes, ziríes, almohades, hafsíes, otomanos–, así como las escuelas y los movimientos religiosos islámicos dejaron la impronta de su expresión artística a lo largo de los siglos. El arte islámico de Túnez es una encrucijada de culturas y ha sido ampliamente influenciado por las costumbres artísticas locales, por los elementos arquitectónicos y decorativos andalusíes y orientales, por tradiciones árabes, romanas y beréberes, y por la diversidad del paisaje natural.

Turquía
LOS INICIOS DEL ARTE OTOMANO
La herencia de los emiratos   *252 páginas*

presenta las expresiones artísticas y arquitectónicas del oeste de Anatolia y el surgimiento de la dinastía otomana en los siglos XIV y XV. Los emiratos turcos desarrollaron una nueva síntesis estilística de las tradiciones centro-asiática y selyúcida con el legado de las civilizaciones griega, romana y bizantina. Los esquemas arquitectónicos de las mezquitas, los hammam, hospitales, madrasas, mausoleos y grandes complejos religiosos, las columnas y cúpulas, la decoración floral y caligráfica, la cerámica y la iluminación atestiguan la riqueza de estilos. El florecimiento cultural y artístico que acompañó al surgimiento del Imperio Otomano estuvo profundamente marcado por la herencia de los Emiratos.

Solo disponible en inglés:

Siria
THE AYYUBID ART
Art and Architecture in Medieval Syria   *288 páginas*

was conceived not long before the war started. All texts refer to the pre-war situation and are our expression of hope that Syria, a land that witnessed the evolution of civilisation since the beginnings of human history, may soon become a place of peace and the driving force behind a new and peaceful beginning for the entire region.

Bilad al-Sham testifies to a thorough and strategic programme of urban reconstruction and reunification during the 12th and 13th centuries. Amidst a period of fragmentation, visionary leadership came with the Atabeg Nur al-Din Zangi. He revived Syria's cities as safe havens to restore order. His most agile Kurdish general, Salah al-Din (Saladin), assumed power after he died and unified Egypt and Sham into one force capable of re-conquering Jerusalem from the Crusaders. The Ayyubid Empire flourished and continued the policy of patronage. Though short-lived, this era held long-lasting resonance for the region. Its recognisable architectural aesthetic – austere, yet robust and perfected – survived until modern times.

www.ingramcontent.com/pod-product-compliance
Lightning Source LLC
Chambersburg PA
CBHW070343240426
43671CB00013BA/2392